진로진학상담총서 **2**

진로교육평가

CAREER EDUCATION EVALUATION

김성현 · 남현우 · 양길석 · 조영아 · 홍성표 · 정지은 공저

학지사

머리말

　최근 들어 진로교육, 진로상담, 진학지도 및 상담에 관련된 다양한 교육과 프로그램이 연구·개발되어 교육장면에서 적용되고 있지만, 이에 대한 평가방법론이 부족한 것이 현실입니다. 저 역시 현재 재직 중인 학교에서 진로교육평가방법론이라는 교과목을 3년 동안 수업을 하면서 수업 교재 개발이 필요하다는 것을 절실하게 느끼게 되었습니다. 이러한 필요성에 공감하고 집필에 흔쾌히 허락하고 참여해 주신 집필진 모두에게 감사하다는 말씀을 전하고 싶습니다.

　진로교육평가방법론에 관련된 연구들이 미약한 편이라서 집필 초기에는 많은 혼란과 더불어 어떠한 방향으로 집필해야 할 것인가에 대한 논의가 주로 이루어졌습니다. 그러한 과정 속에서 집필진의 지혜와 연구로 목차가 도출되었고, 그 목차에 따른 집필이 완료되어 이 책이 출간되었습니다. 이 책은 진로교육평가방법에 관한 개론서로 출발하지만 교육현장과 연관성 있게 집필하면 좋겠다는 취지로 교과 평가, 비교과 평가, 교과연계 평가, 진로역량 평가 등을 반영하였습니다. 이러한 집필 내용은 교육장면에서 진로전담교사가 교과 및 비교과 과정, 진로교육프로그램을 진행한 후 그 효과를 평가할 수 있는 근거가 될 것이며, 다양한 진로교육 및 진로 프로그램을 평가할 수 있는 방법을 제시하고 있다고 생각됩니다. 또한 이 책은 진로진학상담총서로서 진로교육평가에 대한 전문성을 향상시키는 데 도움을 줄 것입니다.

이 책은 총 8장으로 구성되어 있습니다. 제1장은 진로교육평가의 개념, 제2장은 진로교육평가의 유형, 제3장은 진로교육평가를 위한 측정 및 통계, 제4장은 '진로와 직업' 교과 평가, 제5장은 교과연계 진로교육평가, 제6장은 비교과 진로교육프로그램 평가, 제7장은 진로역량 평가, 제8장은 국가 진로교육평가로 구성되어 있습니다. 특히 이 책에서는 교육장면에서의 진로교육평가의 방법을 제시하기에 앞서 진로교육평가의 개념, 진로교육평가의 유형과 모형, 진로교육평가를 위한 측정 및 통계를 제시하고자 하였습니다. 이는 진로교육평가에 대한 이론을 보다 쉽게 이해할 수 있도록 하고 평가방법을 적용하기 위한 집필 의도가 있었습니다. 이 책을 교재로 활용할 때는 제1장과 제8장은 각각 1주차로 운영하는 것을 권장하며, 제2장부터 제7장까지는 각각 2주차씩 운영하는 것을 권장합니다.

이 책의 출판을 맡아 주신 학지사의 김진환 사장님과 좋은 원고를 작성할 수 있도록 세심히 배려해 주신 영업부 성스러움 대리님, 편집부 이수연 선생님께 감사드립니다.

집필진이 1년 정도 의기투합한 결과로 교육현장에서의 진로교육평가 방법을 제시하고자 하였는데, 이 책을 집필하면서 아쉬움도 남고 부족한 점도 많습니다. 앞으로 더 충실한 교재로 거듭나기 위해 보완해 나아갈 수 있도록 아낌없는 격려와 조언을 부탁드립니다. 감사합니다.

2023년 10월
저자들을 대표하여
김성현

차례

제1장

진로교육평가의 개념

1 진로교육평가의 정의

진로교육평가를 정의하기 위하여 우선 교육평가의 정의를 살펴보았다. 즉, 교육평가의 개념과 재개념화(박도순 외, 2012: 18-23)의 바탕 위에서 진로교육평가를 정의했다. 또한 시대 변화에 맞추어 진로교육을 재개념화해 보고, 그 속에서 진로교육평가의 개념을 도출하였다.

1) 교육평가의 정의

(1) 교육평가의 개념

평가(評價)는 한자의 뜻으로 보거나 영어(e-value-ation)의 조어(造語) 상태를 보더라도 가치를 드러내는, 즉 가치 매김 활동이라는 것을 알 수 있다. 우리말 사전에서는 "어떤 사물의 가치를 판단하는 것"으로 풀이하고 있다. 가치 매김이 이루어지기 위해서는 어떤 대상이 있어야 한다. 교육의 경우에는 교육목적, 교육내용, 교육방법, 학업성취도 등이 대상이 될 수 있다.

교육평가 분야의 이론과 실천의 발전에 지대한 영향을 끼친 R. Tyler (1949)는 "평가의 과정이란 본질적으로 교육과정 및 수업 프로그램에 의하여 교육목표가 실제로 어느 정도 실현되었는지를 밝히는 과정"이라고 규정하고 있다. 이 정의를 구체적으로 설명하면, 첫째, 평가가 성립하기 위해서는 특정 교육과정이나 수업 프로그램과 같이 평가에 앞서 있어야할 전건(前件)의 존재가 가정된다. 교육평가가 진실로 교육목표의 현실적인 달성도에 대한 판단 작용이 되기 위해서는 그런 교육목표를 실현시키려고 하는 교육과정이나 수업 프로그램이 구체적으로 실천되어 있어야 한다.

둘째, 평가를 통한 판단 작용의 표적이나 귀착점은 학생이 아니라 그런 평가를 있게 만든 전건인 교육프로그램이다. 우리의 교육 실제에서 평가와 관련된 잘못된 경향 중의 하나는 평가를 학생 성적을 규정하는 수단으로 삼는 것이다. 물론 평가라는 활동에서 학생의 성적을 매기는 일이 완전히 배제되지는 않는다. 개개 학생별로 교육목표의 성취를 확인하는 일은 그것대로 가치 있는 일이다. 그러나 더욱 중요한 것은 학생들에게 제공한 교육과정과 수업 프로그램의 질적 적합성이나 효율성에 관한 판단이다.

셋째, 평가를 통한 가치 판단 작용의 근거 자료는 학생들의 학습에 관련된 증거 자료들이라는 것이다. Tyler에 따르면, 평가를 통해서 밝혀져야 할 것은 교육목표의 달성도이다. 교육목표의 달성도란 본질적으로 학생들의 학습에 의해서만 실제로 달성될 수 있기 때문에 평가를 위한 근거 자료는 학생의 학습에 직접 관련된 것이어야 한다.

(2) 교육평가의 재개념화

교육평가 분야에서 우리가 안고 있는 큰 문제는 평가의 대상에 대한 그릇된 관념에 있다. 무엇이든 점수화할 수 있고, 그렇게 되어야 하며, 숫자로 표현된 것은 정확하다는 안이한 생각이 우리의 교육 실제를 어렵게 하고 있다. 따라서 평가의 대상에 대한 실재론적·인식론적·방법론적 고찰을 통한 재개념화가 필요하다.

길이, 무게, 부피 등과 같은 물리 측정의 대상은 측정자의 인식과는 관계없이 그 자체로 존재한다. 책의 무게를 재는 데 자신이 재고 있는 것이 책이라는 것을 알고 잴 때와 그렇지 않은 사람이 잴 때 달라지지 않는다. 측정하는 사람의 가치관과도 무관하다. 즉, 교육에서 책이 필요하고 중요하다고 생각하는 사람이 잴 때와 책은 교육에서 하루 빨리 사라져야 한다고 생각하는 사람이 잴 때의 무게는 달라지지 않는다. 물리 측정에서는 측정 대상이 측정자의 인식과는 관계없이 존재하기 때문에 안정적이고 객관적이어서 숫자로 표현될 수 있는 단일 실재이다. 또한 숫자로 표현하는 것이 다른 어떤 표현보다 더 좋다.

반면에 교육평가의 대상은 인간의 심리적인 속성을 담고 있는 구인(構因)인 경우가 대부분이다. 가끔 학생들의 몸무게나 신장을 재는 일이 있기는 하지만 이것들이 평가에서 차지하는 비중은 매우 낮다. 우리에게 문제가 되고 있는 것들은 학습자의 지적 또는 정의적 성취도, 지능, 성격, 자아개념, 동기, 태도 등이다. 이러한 것들은 물리적 실재와는 달리 평가자의 인식과 무관하게 존재할 수 없는 심리적인 복합 실재들이다.

단일 실재를 가정하는 물리 측정의 대상은 측정자의 인식과는 무관하게 존재하지만, 구성 실재 또는 복합 실재를 가정하는 교육평가의 대상은 평가자의 인식과 상호작용이 이루어질 때 비로소 존재할 수 있다. 심리적인 구인들은 인간이 그것에 주목하고 의미를 부여하기 전에는 존재하지 않는다. 따라서 평가에서는 평가자의 인식이 무엇보다 중요하다. 평가자의 가치관이 배제된 객관적인 평가방법이 선호되는 지금의 현실은 큰 모순을 안고 있다. 교육평가는 주로 심리적인 실재의 가치 매김을 하는 것이기 때문에 평가자의 가치관을 배제할 수 없다. 오히려 그 가치관이 평가에서 중요하게 고려되어야 한다.

평가의 대상이 단일 실재이고 평가자의 인식과는 무관하게 존재한다고 보는 입장에서는 평가결과들을 수로 표현할 수 있고, 이를 통해 미래의 성취를 예견하고 통제할 수 있다고 생각한다. 지능 검사 점수를 보고 향후 성취를 미리 점치는 것, 상급 학교 진학에서 선발 시험 점수를 가지고 판정하는 것, 몇몇 변인의 측정 결과들을 조합하여 미래의 행동을 예측하는 것 등이 여기에 해당한다.

반면에 평가의 대상을 구성 실재로 보고, 평가자의 가치 맥락 속에서만 가치 매김이 가능하다고 보는 입장에서는 평가대상에 대한 다양한 증거들을 통해 합의에 이르는 것만이 가능하다고 본다. 인간이 어떻게 감히 다른 인간을 판정하고 결정할 수 있다는 말인가! 평가대상에 대한 여러 정보를 수집하여 그가 과연 어떠한지 이해하려 애쓰는 것뿐이다. 예를 들어, 학생의 시험 점수나 등수가 문제가 아니라, 왜 그렇게 답했는지 또는 어떤 과정을 통해 그러한 결론에 도달했는지를 알려고 하는 것이 평가에서 중요한 것이다.

우리 인간이 평가를 통해 확실한 결론에 도달할 수 있다고 믿는 것은 지나친 자만이다. 객관적인 증거 몇 개만을 찾아내어 이를 증거로 정확한 결론에 이르렀다고 주장하는 것도 지나친 오만이다. 확실한 결론에 영원히 도달하지 못할 수도 있다. 다만 수집할 수 있는 다양한 증거들을 통해 어떤 합의에 도달할 수 있을 뿐이다. 이 합의가 정(正)이라고 하면, 이 정(正)은 필연적으로 반(反)을 낳아 더 나은 합의 과정으로 지양(止揚)한다. 이른바 변증법적 합의 과정을 반복할 뿐이다.

2) 진로교육평가의 정의

(1) 진로교육의 개념

진로(career)란 한 개인이 일생을 통해서 하게 되는 일의 총체를 일컫는 개념이다(Hoyt, 1974; Sears, 1982). 즉, 한 개인이 평생에 걸쳐 일과 관련하여 수행해 온 경험들을 전체적으로 포괄하는 개념을 진로라고 할 수 있을 것이다.

진로교육(career education)은 일반적으로 "개인의 진로 선택, 적응, 발달에 초점을 둔 교육으로 각 개인이 자기 자신과 일의 세계를 인식 및 탐색하여 자기 자신에게 적합한 일을 선택하고, 선택한 일을 잘 수행할 수 있도록 취학 전부터 시작하여 평생 동안 학교, 가정, 사회에서 가르치고, 지도하고, 도와주는 활동의 총체"(서울대학교 교육연구소, 1998)를 의미한다. 진로교육은 특정한 직업을 원하거나 필요로 하는 사람을 위한 기능·훈련에 초점을 둔 직업교육(vocational education)을 포괄하는 보다 넓은 개념으로 이해해야 한다. 따라서 진로교육은 "한 개인이 직업과 관련된 선택과 준비, 적응을 위한 교육적 활동을 넘어 이를 통해 생산적 사회구성원으로서 행복한 삶을 살아가도록 성장을 도와주는 교육적 활동과 과정"(한국진로교육학회, 2011)이라 할 수 있다.

그동안 전통적인 학교교육은 상급 학교 진학을 준비하는 데 주요 목적이 있었기 때문에 처음부터 학교교육현장에서 진로교육을 강조하지는 않았다. 이른바 명문 상급 학교에 진학하는 것 외에 다른 진로가 있을 리 없었기 때문이다.

우리나라의 경우 산업화가 절정에 치닫던 1980년대 중반부터 학교교육과정에 진로교육이라는 용어가 등장하기 시작하는데(장현진, 2017), 비슷한 시기에 학생의 심리적 특성으로서 적성과 흥미를 기존의 지능이나 학업성취도 못지않게 강조하기 시작했다. 향후 학업성적이 어찌 될 것인지를 예측하기 위한 목적으로 지능이나 학업성취도가 측정된다면, 어느 분야에 재능이 있으며 어떤 것에 관심이 있는지를 알아 보기 위해 적성이나 흥미가 측정되기 때문에, 심리검사의 변천은 진로교육의 등장과 무관치 않다.

1990년대 초반 제6차 교육과정부터 고등학교의 실업·가정 교과에서 진로교육이 도입되기 시작했으며, 1997년에 고시된 제7차 교육과정에서는 재량활동과 특별활동을 통하여 진로교육이 학교에서 본격적으로 실시되기 시작했다(교육부, 1997). 제7차 교육과정은 크게 두 부분, 즉 국민공통 기본교육과정과 고교 선택교육과정으로 구성되는데, 모든 학생에게 공통으로 재량활동이나 특별활동을 통하여 진로교육을 실시했다는 것은 당시 매우 획기적인 것이었다. 특히 고등학교에 '진로와 직업'

선택과목이 처음 신설됨으로써 진로교육에 대한 독립된 교과가 개설되었다는 점에서 의미가 있다.

과거 진로교육은 산업화 시대에서 취업을 준비하거나 호구지책의 생존 전략을 찾는 직업교육을 강조하기도 했다. 그러나 진로교육은 후기 산업화 시대를 맞이하여 취업 준비 또는 직업교육의 좁은 테두리를 벗어나 인생 전반을 설계하고 삶의 목표를 정립하는 일련의 과정으로서 그 포괄 범위가 넓다.

(2) 진로교육평가의 개념

진로교육평가는 진로교육에 대한 가치 매김, 진로교육에 대한 가치를 판단하는 과정으로 이해할 수 있다. 즉, 진로교육평가는 진로교육의 입력, 과정 및 성과에 대한 가치를 체계적으로 조사하고 판단하는 과정으로 학생 개개인의 흥미와 적성, 가치 등의 심리 특성을 측정하는 것 외에도 진로를 탐색·선택·준비·적응할 수 있도록 도와주는 교육적 활동(교과, 비교과, 교과연계 진로교육 등)들의 가치를 체계적으로 판단하며 진로교육 활동을 통해 나타난 양적·질적 발전과 변화를 판단하는 과정이다. 진로교육의 정의가 광범위한 만큼 진로교육평가의 개념 역시 매우 포괄적이라 할 수 있다.

취업 준비 또는 직업교육에 초점을 두었던 산업화 시대의 진로교육평가는 주로 개인의 심리 특성을 측정하는 것이었다. 일반 적성검사를 통하여 상급 학교 진학 유형을 결정하고, 특수 적성검사를 통하여 취업 분야를 결정하며, 직업흥미검사와 직업가치관검사를 통하여 개인이 관심을 갖는 직업 분야를 알아보고, 또한 개인이 어떤 직업을 통해 구현하고픈 소망 등을 알아보는 것이 대종을 이루었다.

후기 산업화 시대를 맞이하여 인생 전반을 설계하는 진로교육으로 범위가 확장되면서 진로교육평가는 학창 시절 전체에 걸친 포트폴리오가 되었다. 지필식 일제고사가 아닌 다양한 형태의 수행평가 그리고 상대적인 위치를 찾아가는 규준지향평가가 아니라 미리 설정된 성취기준과 평가기준에 따라 이루어지는 준거참조평가에 가깝다. 앞으로 중학교 자유학기제 등의 새로운 정책에 발을 맞춰 기존의 교과 목표 중심의 평가보다는 진로 역량 전반을 총평하는 방식이 될 것이다. 2025년 전면 도입되는 고등학교 고교학점제가 시행되면 학습 기회, 환경, 결과를 동시에 고려하되 서로 다른 교과목의 성적을 동일 잣대 위에서 비교 가능하게 하는 방안 등이 강구되어야 할 것이다.

진로교육평가의 지향점

 이 절에서는 인공지능 챗봇을 비롯한 정보과학기술의 급속한 발전과 코로나19 팬데믹으로 가속화된 제4차 산업혁명의 시기에 학교교육의 지향점을 진로교육평가의 관점에서 살펴본다. 또한 다른 어느 때보다 중시되는 공정성을 학교 진로교육평가에서 어떻게 구현할 수 있는지도 생각해 본다.

1) 시대적 요청

 코로나19 팬데믹은 사회 전반에 큰 충격을 주었고 교육도 예외는 아니었다. 팬데믹으로 어쩔 수 없이 전면 비대면 수업이 시행될 때 교사 없는 학교는 존재할 수 있어도 컴퓨터 없는 학교는 존재할 수 없었다. 시대 변화에 더디게 대응하던 학교 교사들도 예상 밖의 교육(실) 개혁을 이루고 말았다.
 코로나19가 종식되더라도 온전히 과거로 돌아가지는 않을 것이다. 새로운 일상 사회(new normal society)는 과연 어떤 모습일지 가늠하기 어렵지만, 교육에 대한 교사의 관점 전환을 강하게 요청받을 것이라는 짐작은 가능하다.

(1) 대중 교육에서 개인맞춤형으로(mass education → individuation)

공통 교육과정에 의한 대중 교육이 쇠퇴하고 개별 교육과정에 의한 개성화 교육 요구가 높아질 것이다. 대중 교육을 위한 학교는 18세기 산업혁명 이후 가정과 직장이 분리되면서 탁아 기능을 맡으며 시작되었다. 학교는 19세기 국가주의 이데올로기에 충실한 신민을 육성하는 데 대중 교육으로 맡은 바 소임을 다했다. 산업화 사회가 정보화 사회로 바뀌고 인간 존중과 자유, 평등을 강조하는 자유민주주의 사회로 이행된 지 오래됐어도 여전히 학교는 국가가 정하는 공통 교육과정에 따른 대중 교육을 붙들고 있었다. 그런데 컴퓨터 화면으로 학생들을 만나는 교사는 대중 교육을 주도할 만한 권위를 유지할 수 없게 되었다. 높은 교단 위에 선 교사와 일제히 정면을 응시하는 학생들로 만들어진 전통 교실과 달리, 비대면 수업의 교사와 학생들은 원탁의 기사들처럼 모두 평등하다. 모니터에 보이는 학생들은 교사를 응시하는 것이 아니라 화면을 향한 얼굴이 웹캠에 찍힌 것뿐이다. 그가 무엇을 보고, 듣고, 하고 있는지 알 수 없다. 전통 교육방식에 익숙한 우리로서는 속상한 일이지만 어찌할 수 없는 노릇이다. 세상이 바뀌었다. 학생 각자 필요한 것을 배울 것이고, 교사는 이를 돕는 역할을 할 뿐이다.

(2) 지필식에서 디지털 방식으로(paper & pencil → digitalization)

교사 주도의 일제식 수업은 빅 데이터 기반의 학습 공동체로 바뀔 것이다. 이렇게 바뀌는 데 디지털 대전환도 한몫했다. 종이 교과서는 디지털 텍스트로 바뀔 것이다. 이로써 교육과정, 교수·학습 그리고 교육평가의 고질적인 불일치가 해소될 수 있을 것이다. 교육과정 문서는 그럴듯하게 바뀌었지만 이에 아랑곳하지 않고 고리타분한 교수·학습이 이루어지고, 또 엄한 감독자의 눈초리 속에서 비밀리에 제작된 시험지가 모든 학생에게 일제히 부과되는 교육평가는 변함없었다.

학생들이 갖고 있는 또는 인터넷에서 얻은 정보들이 곧 교육과정이다. 이로써 국가의 공통 교육과정은 유지되기 어렵다. 학생 각자의 능력 증진에 공헌한 것들이 곧 교수·학습이다. 교사의 교수 독점권과 학교의 배타적인 울타리는 더 이상 인정받기 어렵다. 디지털로 저장된 각자의 교수·학습 기록이 곧 교육평가 증거들이다. 별도의 시험을 치러야 할 필요가 없다. 굳이 평가를 별도로 하겠다면 기억력에 의존하는 닫힌-책 시험에서 정보 활용 능력을 극대화하는 열린-책 시험(open-book test)으로 바꿔야 할 것이다.

(3) 가설 검정 방식에서 빅 데이터 방식으로(hypothesis testing → big data)

가설-연역적 진리 추구 방식은 빅 데이터 방식으로 대체될 것이다. 문학이나 예술과 달리 학문은 이론을 바탕으로 한다. 기존 이론을 바탕으로 가설을 설정하고, 모집단을 대표하는 표본을 통해 가설을 검정하고, 새로운 경쟁 가설이 대두될 때까지만 진리로 잠시 인정된다. 그런데 디지털 대전환으로 인해 형성된 빅 데이터는 이론의 종말을 초래하고 있다. 이론을 근거로 가설을 설정하거나 모집단을 대표하는 표본을 선정하거나 통계적인 가설 검정을 할 필요가 없어졌다. 학자들은 빅 데이터 속에 있는 사실들을 찾아내면 그만이다. 왜 그런 것인지 추론할 필요가 없다. "그냥 그런 것이다!"(한병철, 2015, 2023) 그동안 연구실에서 이루어지던 데이터 수집은 이제 플랫폼 기업의 포털에서 대신할 것이다.

(4) 기본으로 돌아가기(back to basics)

코로나19 팬데믹으로 인해 우리는 과도기 문화 현상을 경험하고 있다. 이른바 궐위의 시간(interregnum), 즉 낡은 것은 퇴보했으나 아직 새 대안은 없는 시대를 살아야 할 것이다. 이러한 시대에 다양한 병리적 증상들이 출현할 가능성도 있다(Bauman, 2011). 지식인의 냉철한 성찰이 요청된다.

디지털 대전환을 강조하다가 아날로그의 가치를 잃어버리는 지경에 빠져서는 안 될 것이다. 아날로그 감성과 디지털 논리를 아우르는 교육을 강조하는 것에는 변함이 없어야 할 것이다. 이런 때일수록 기본에 충실한 교육이 이루어져야 한다. 야구로 말하면, 어릴 때부터 변화구를 던지는 투수보다 처음에는 직구를 던지다가 나중에 변화구를 구사하는 투수의 승률이 장기적으로 볼 때 높다.

당장 써먹을 코딩 훈련을 한답시고 학생들을 전산 기사로 만들려 해서는 안 된다. 프로그래밍이란 예외를 처리하는 일이니(박태웅, 2021), 경우의 수를 생각하는 상상력을 기르는 것이 우선되어야 한다.

2) 공정성

우리는 자유민주주의 사회를 살고 있다. 자유민주주의 국가에서 권력은 특정 계급에게 집중되거나 귀속되지 않고 국민 모두에게 있다. 과거의 귀속주의(aristocracy) 사회에서 현대의 능력주의(meritocracy) 사회로 이동하면서 우리는 민주적인 권력 배분 장치를 만들었다. 그것이 곧 학력(學歷)이다.

요즘에 와서는 진정한 의미의 학력(學力)이 그 역할을 대신하여야 한다는 주장이 있지만, 아직도 이른바 가방 끈이 권력 배분의 중심에 있다. 대학 교육을 받았는지, 어느 대학을 나왔는지가 그 사람이 향유할 수 있는 권력의 정도를 가늠해 준다고 해도 과언이 아니다. 이러한 상황에서 국민 모두가 대학 입시에 매달리는 것은 당연한 현상이다. 대입 경쟁에서 남보다 좋은 조건에 들기 위해 고액 과외를 받거나, 입학 성적이 좋은 특목고에 진학하려는 행태를 비난하기 어렵다.

능력주의 사회에서는 어느 지역, 어느 가문에서 태어나고 자랐는지를 불문하고, 각자 주어진 능력을 최대한 발휘하여 더 나은 학력을 갖게 되었다면 그에 상응하는 사회적 지위가 주어진다. 주어진 조건에 의해서 사회적 지위가 정해지는 것이 아니라, 스스로가 노력한 결과를 가지고 공정하게 경쟁하여 계층 이동을 이룰 수 있기를 기대한다.

우리는 공교육을 통해 이런 제도적 장치를 만들어 왔다. 1960년대 후반의 중학교 무시험전형과 1970년대 초반의 고등학교 평준화정책이 그 일환이다. 이 두 정책은 공교육 기관이 권력 배분 역할을 충실히 하는 데 없어서는 안 될 핵심에 해당된다. 그러나 이러한 것만으로 충분하지는 않다.

시민은 태생의 청탁수박(淸濁秀薄)은 다를지라도 그 본성의 존엄함에 있어서 동일한 대접을 받아야 하는 존재이며, 현실태(現實態)의 우열은 있을지라도 평등주의적 인간관의 원칙(egalitarian ideal)에 의해서 교육돼야 할 권리를 소유한다. 젊음이란 가능태(可能態)일 뿐이다. 한 시점에서의 한 기준이란 위인의 준칙이 될 수 없다(중앙일보, 2007. 4. 28.).

국가 또는 지식인이 할 수 있는 것은 공정한 권력 배분의 잣대를 잘 만들어 실시하는 것이다. 과거에는 잣대의 객관성을 그 어느 것보다 중시했다. 이제는 객관성만을 담보한 잣대로 권력을 배분하기 어려운 상황에 처해 있다. 전에는 명문 대학을 졸업했기 때문에 부와 권력을 갖게 되었으나, 이제는 부와 권력을 갖고 있기 때문에 명문 대학에 입학할 수 있게 된 것이다(김동춘, 1999: 4; 사회과학연구원, 2004: 3).

학교가 더 이상 권력 배분의 장치 역할을 하지 못하게 되었다는 것이다. 지금은 비록 돈도 권력도 없지만 열심히 공부하여 좋은 대학에 입학하면 밝은 미래가 보장된다는 확신이 들 때 비로소 공교육이 제 구실을 할 수 있을 것이다. 대입 전형에서 단순히 현재의 성적만이 아니라 그가 처한 교육 환경까지도 고려하는, 즉 공정성(fairness)이 중시되는 잣대를 개발해야 할 시점이다.

교육평가의 기본 철학은 사회 정의의 실현에 있어야 한다(황정규, 2000). 학업 성적이라는 결과는 그 밑에 능력과 노력이라는 두 가지 요소가 복합되어 있다고 볼 수 있다. 능력이라는 개념은 이미 주어진 조건이거나 그렇지 않으면 적어도 그것은 오랫동안 가족 구성원이 보내 준 지원이나 사회적 기회의 불공정이 누적되어 나타난 집약체로서 형성되어 있다.

교육평가가 공정성을 극대화하는 방향으로 이루어지려면, 평가하려는 객체가 무엇이며, 그것을 결정하리라고 짐작되는 선행 변수 또는 선행 제약 조건이 공정하게 평가의 의사결정 과정에서 고려되고 있는지 되짚어야 한다. 잘할 수 있는데 잘하는 것은 자랑이 아니다. 할 수 없을 것으로 예상했는데도 잘할 때 칭찬이 필요하다.

3) 학교 진로교육의 방향

진로교육은 무엇보다도 개인별 역량을 함양하는 것을 강조한다. 각 학교 단위에서 학교장의 재량으로 교육과정을 구성하고 실현하는 자율적인 교육을 지향한다.

진로교육은 특정 교과가 아닌 모든 과목에 도입된다. 인간교육이 특정 과목의 지식만으로 성사될 수 없는 것처럼, 진로교육은 모든 교과와 연계하여 이루어질 때 비로소 소기의 성과를 거둘 수 있다. 특히 심층학습(deep learning)으로 세련된 인공지능 프로그램들, 예를 들어 Chat_GPT(Generative Pre-trained Transformer) 등을 활용하지 않는 진로교육은 상상하기조차 힘들다.

진로교육은 학교 울타리 안에서만 이루어질 수 없고 지역사회와 연계할 때 더 효과적이다. 사범대학에서 교과교육을 전공한 교사들만으로 미래 정보화 사회의 일꾼을 길러 내기는 어렵다. 변화 속도가 빠른 현대 사회의 교사 직위가 주변 지역사회의 다양한 전문가들에게 개방되어야 한다. 고학력의 학부모 전문가를 겸임교사, 초빙교사 등으로 적극 끌어들여야 할 것이다. 지역사회의 공공기관, 기업체, 시민단체, 복지기관 등으로 학교 공간이 확장되어야 할 것이다.

3 진로교육평가의 관점

　인간 행동 특성과 인간을 둘러싼 환경을 보는 시각에 따라 강조점과 자료 수집 방법 등이 달라질 수 있는데, 대체로 교육평가는 세 가지, 즉 측정(measurement)관, 평가(evaluation)관, 총평(assessment)관으로 나뉜 다(박도순 외, 2012). 교육평가의 세 관점을 진로교육평가에 적용하면 진로측정관, 진로평가관, 진로총평관을 상정할 수 있다.

1) 진로측정관

　진로측정관은 진로교육을 취업 지도나 직업교육 정도로 한정할 때 유효한 하나의 관점이다. 이 관점에 따르면, 인간의 행동 특성을 항구적이고 불변적인 것으로 간주하고, 인간을 둘러싼 환경은 불변할 뿐만 아니라 필요하다면 통제할 수도 있다고 보며, 규준에 비추어 본 개인의 양적 기술을 강조하고, 객관도와 신뢰도가 높은 지필식 표준화검사를 선호한다.

2) 진로평가관

　진로평가관은 진로교육을 하나의 프로그램 또는 하나의 교과(예, '진로와 직업')로 한정할 때 적합한 관점이다. 개인의 진로 역량이나 진로 가치관 등을 어떤 교과나 프로그램을 통해 변화시킬 수 있다는 신념에서 비롯된다. 개인의 진로 관련 특성들이 고정돼 있는 것이 아니라 교육을 통해 변화될 수 있고, 학생들의 진로발달을 촉진할 수 있다는 신념에 기초한 것이다. 이러한 관점에 따르면, 진로교육평가는 당초의 목표를 기점으로 이루어지는 프로그램 평가의 형태를 띨 것이고, 평가의 내용 타당도나 예언 타당도가 다른 무엇보다 강조된다.

3) 진로총평관

진로총평관은 진로교육을 학창 시절 전체에 걸쳐 이루어진 배움으로 확장할 때 실현 가능한 관점이다. 개인의 특성이 독립적으로 존재하는 것이 아니라 개인을 둘러싼 환경과의 상호작용에 의해 비로소 존재하며 언제든 변화될 수 있는 가변적 존재라는 관점이다. 학습자의 전인적 기능 또는 전체 적합도에 비추어 볼 때 비로소 진로교육을 평가할 수 있다는 것이다.

개인 주변 상황에 비춘 변화의 증거를 얻을 수 있는 모든 수단이 동원될 수 있다. 이러한 관점에 따른 평가에 가장 근사한 것이 포트폴리오이다. 한 학생이 어떤 진로에 들 것인지는 한두 가지의 가르침이나 프로그램으로 결정되지 않는다. 학생 시절을 포함한 인생 전반기에 많은 교사로부터 다양한 가르침을 받았고, 많은 교과를 배우고 익혔으며, 다양한 비교과 활동에 참여했었다. 그 학생의 지적·정서적 특성은 그를 둘러싼 환경과의 상호작용 속에서 어떤 욕구로 드러날 것이고, 개인이 처한 사회경제적 환경과 시대적 요청에 따라 적절한 진로가 결정될 것이다.

기존의 과학으로 설명되지 않는 애매한 진로 결정 과정을 우연이라며 봉합했지만, 진로측정관이나 진로평가관에만 머물지 말고 진로총평관으로 바라보면 필연일 수도 있을 것이다.

제2장

진로교육평가의 유형

진로교육평가의 유형

 진로교육평가란 진로교육의 목적과 본질에 기초하여 진로교육의 가치를 판단하는 과정으로서, 학습자 개개인의 진로 관련 특성들을 측정하는 것 이외에도 교육적 활동들의 실제와 가치를 체계적으로 드러내고 판단하는 다각적인 활동을 포함한다. 진로교육의 확장된 개념을 따르면, 학교를 포함한 다양한 형식적 교육 체제뿐만 아니라 가정이나 어떤 개인 혹은 모임을 통한 비형식적인 교육 체제를 포괄하게 된다. 그러나 이 광의의 개념을 취할지라도 그 상위 개념인 '교육'의 범주를 벗어날 수는 없다. 그렇기에 진로교육평가의 유형 분류 또한 일반적인 교육평가의 유형 분류 체계를 적용하여 이해하는 데 큰 무리가 없을 것이다.

 교육평가의 유형은 무엇에 따라 구분하는가에 따라 다양하게 분류된다. 여기서는 학교교육에 초점을 맞추어 널리 활용되는 분류 기준으로 '평가기능' '평가기준' '평가대상' '평가방법' 등을 설정하고 그에 따른 유형을 살펴본다.

1) 평가기능에 따른 유형

 교육에서 평가는 다양한 기능을 수행한다. 새로운 수업이나 교육이 잘 진행될 수 있는가 혹은 학생이 새로운 수업 및 교육을 받을 수 있는 준비가 되어 있는가와 관련하여 학생의 출발점 행동을 확인하는 것, 교육이 진행되는 과정 중에 학생들이 어느 정도 잘 따라오는가를 확인하여 그에 따라 수시로 교수 · 학습의 개선을 꾀하는 것 그리고 일정한 교육의 종료 시점에서 미리 설정된 교육목표를 학생들이 어느 정도 달성했는가를 판단하는 것을 평가의 주요 기능이라 정의할 수 있다. 이 기능에 따라 보통 진단평가(diagnostic evaluation), 형성평가(formative evaluation), 총합평가(총괄평가; summative evaluation)로 구분된다. 다음에서 다룰 평가의 세 가지 기능에서 볼 수 있듯이, 교수 · 학습의 진행 국면에 따른 평가 시행과 그 기능이 정의되고 있기 때문에, 평가 시기를 반영한 교수 · 학습 진행에 따른 평가 유형(성태제, 2019)으로 정의되기도 한다.

진단평가는 새로운 학습이나 교육이 시작되기 전에 학습자의 특성을 파악하기 위한 평가를 의미한다. 새롭게 전개할 수업의 선수 요건이 되는 출발점 행동의 소유 여부를 파악하는 데 중점을 두는 것으로, 이전까지 누적된 학습 곤란의 원인 및 특성을 진단하여 이를 보정하여 줄 수 있는 정보를 제공하는 기능을 강조한다. 따라서 진단평가는 보통 수업 프로그램 시작 직전 혹은 직후, 즉 초기(학교급 초, 학년 초, 학기 초 등)에 시행되고, 학생 간 비교보다는 새로운 수업을 전개하는 데 필요한 최소한의 지적 · 정의적 · 심동적 요건을 사전에 갖추고 있는가를 확인하는 데 주안점을 두기 때문에 주로 준거참조평가(목표지향평가, 절대평가)에 기반하여 실시한다는 특징을 갖는다. 지적 기능 중심의 검사 형태로 진단평가를 하는 경우엔 새로운 수업을 진행하는 데 미리 준비되어 있어야 할 최소한의 선수학습 요소를 중심으로 기초적이고 쉬운 문항을 출제하여 구성한다. 일반적으로 진단평가를 지적 능력을 측정하는 검사로 국한하여 이해하는 경우가 많다. 그러나 진단평가는 정의적 · 심동적 측면의 준비 상태를 파악하는 다양한 검사나 평가 활동을 비롯하여 이전까지의 학교생활기록부의 검토를 통하여 학생의 수준과 준비 상태 혹은 누적된 학습 곤란점 및 장애 요소를 파악하는 것도 포함하는 개념임에 유의할 필요가 있다.

형성평가는 수업 프로그램이 진행되는 과정에서 학생의 진보 상태 혹은 학습 성취의 정도를 수시로 파악하기 위한 평가를 뜻한다. 교사는 계획에 근거하여 수업을 전개하게 되는데, 수업에서 학습 단위별로 계획한 목표를 제대로 달성하고 있는지를 수시로 점검하고 그 결과를 피드백하여 학생들의 학습과 교사의 수업을 즉시적으로 개선하는 기능을 중시한다. 따라서 형성평가는 수업 프로그램이 진행되는 과정에서 수시로 실시되고, 차시와 같은 단위수업별로 설정한 목표들을 잘 성취하고 있는지를 파악하는 데 중점을 두기 때문에 규준참조평가(상대평가)가 아닌 준거참조평가로 이루어진다는 특징을 갖는다. 형성평가는 평가를 실시하는 시점까지의 진행된 학습단위의 목표 및 내용을 중심으로 그에 부합하는 난이도 수준의 문항들로 구성·운영된다. 차시별 수업계획서는 보통 '도입-전개-정리'의 순서로 작성되는데, 정리 부분에서 해당 수업에서 다룬 내용을 학생들이 제대로 이해하였는지, 혹은 바람직한 태도를 형성하였는지 등에 대한 평가 활동(쪽지시험, 주요 내용에 대한 질의-응답 등)이 포함되어 있다. 이것이 학교에서 이루어지는 대표적인 형성평가의 예로서, 이 평가를 통하여 제대로 수업을 따라오지 못한 학생이 어느 정도인지를 파악하게 되고, 그 원인을 파악하여 다음 차시에서 보완하여 수업을 전개하거나 개별적인 피드백(개선 정보를 담아)을 하는 등의 활동을 전개한다.

총합평가는 수업 프로그램의 종료 시점에서 교육목표의 달성 여부를 종합적으로 판정하기 위한 평가를 뜻하는 것으로, 학생의 교육목표 달성 정도에 따른 학생 성적의 판정이나 자격 부여 등을 주된 기능으로 삼는다. 학교에서 시행되는 중간고사, 기말고사, 학년말 시험 등이 대표적인 총합평가의 형태이며, 한국교육과정평가원이 주관하는 국가수준 학업성취도 평가, 대학의 졸업시험, 대학원의 종합시험 등도 총합평가에 해당한다. 학교에서 학생들의 성취수준 도달 정도에 따라 교과 성적을 부여하는 평가에서는 교사 주도의 평가도구 제작이 이루어지나, 진단평가나 형성평가보다 공적인 성격이 강하기 때문에 평가계획 수립, 실행, 결과 처리 및 보고 등 평가 절차에 있어 합리성과 체계성이 요구된다. 교사가 평가도구를 제작하더라도 동 교과 교사협의회 등을 통한 검토 및 합의의 방식을 취하여 최종 결정한 후 평가가 실행되는 것이 일반적이다. 한편, 국가수준 학업성취도 평가와 같이 공공 기관에서 시행하는 총합평가는 내용전문가 및 평가전문가가 중심이 되어 개발한 표준화 검사를 활용한다. 따라서 수업 프로그램이 진행된 전반적인 내용을 평가 범위로 설정하며, 다양한 난이도를 가진 평가문항들로 평가도구를 구성한다. 서열이나 석차 등급을 부여하고자 할 때에는 규준참조평가(상대평가) 형태를 그리고 학생 간 비교가 아닌 목표에의 도달 정도에 따라 미리 설정된 준거에 기초하여 성취수준 판정을 하고자 할 때에는 준거참조평가(절대평가) 형태를 취하여 운영된다.

지금까지 살펴본 진단평가, 형성평가, 총합평가를 비교하면 〈표 2-1〉과 같다.

〈표 2-1〉 진단평가, 형성평가, 총합평가의 비교

유형 항목	진단평가	형성평가	총합평가
평가목적	• 출발점 행동 확인 • 학습 곤란/장애 진단과 원인 분석 • 적절한 교수 투입	• 수업 진보 상태 수시 확인 • 수업(교수·학습) 개선	• 교육목표 달성 확인 • 성취도 판정(성적 부여) • 책무성 점검 및 교육적 의사결정
평가시기	• 수업 프로그램 시작 시점	• 수업 프로그램 진행 중(수시)	• 수업 프로그램 종료 시점
평가내용	• 출발점 행동 • 지적·정의적·심동적 요인	• 진행 중인 수업의 목표 • (주로) 지적 영역	• 수업 총괄 목표 • 지적·정의적·심동적 요인

평가방법	• 비형식적/형식적 평가	• 비형식적/형식적 평가	• 형식적 평가
평가기준	• 준거참조	• 준거참조	• 규준참조 혹은 준거참조
검사구성	• 준거에 부합하는 문항 • 선수학습 요소 중심의 쉬운 문항 위주	• 준거에 부합하는 문항 • 세부 목표 달성 확인을 위한 적정 난이도	• 규준참조: 다양한 난이도 분포 • 준거참조: 준거에 부합하는 문항

　　최근 학교의 교육평가는 학생 간 서열 비교를 위한 행정적 기능보다는 학생들의 교육적 성장을 위한 형성적 기능(교수적 기능)을 중시하는 경향을 보인다. 점수나 서열화보다 학생 자신의 학습을 성찰할 수 있는 기회를 부여하고 교육적 성장 · 발전을 위해 유용한 정보를 제공하는 평가로 전환하려는 다양한 시도가 이루어지고 있다. 즉, 기존 학습의 결과에 중점을 둔 총합평가(결과지향적 평가, assessment of learning)에서 학습지향적 평가(학습을 위한 평가, assessment for learning), 학습으로서의 평가(assessment as learning)로 나아가기 위한 학술적 · 실천적 노력이 경주되고 있다. 학습지향적 평가나 학습으로서의 평가에 대한 개념화, 형성평가의 개념 확장과 피드백 방법 및 효과에 대한 실증 연구 수행 등이 전개되고 있으며, 2015 개정 교육과정에 '과정중심평가[1]'를 명시하여 평가

1　학술적 용어이기보다는 2015 개정 교육과정에서 제시된 정책적 용어로서, "교육과정에 제시된 성취기준을 바탕으로 수업과 평가를 연계하여 계획 · 실행하고, 평가의 대상을 학습의 결과에 대비된 학습의 과정에 초점을 맞추며(결과에 대한 평가를 제외하는 것은 아님), 과정을 타당하고 의미 있게 파악할 수 있는 평가방법을 중시하고, 평가 후 학생의 성장과 학습을 돕고 수업의 개선을 지원할 수 있는 형성적 평가목적을 강조하는 평가"(김재춘, 소경희, 부재율, 양길석, 2017)라 정의할 수 있다.

결과에 대한 적절한 정보 제공과 추수 지도를 통해 학생 자신의 학습을 지속적으로 성찰하고 개선하는 평가, 수업의 질을 지속적으로 개선하는 평가가 학교에서 충실히 시행되도록 강조되고 있다.

2) 평가기준에 따른 유형

평가의 개념에서 확인할 수 있듯이, 가치판단은 평가의 고유 본질이다. 가치판단은 무엇에 근거하여 혹은 무엇에 따라 이루어지는데, 그것이 곧 평가기준이다. 평가기준이란 점수나 등급을 부여하고 해석하는 잣대(근거)를 의미하며, 이에 따라 규준참조평가, 준거참조평가, 능력참조평가, 성장참조평가로 구분된다.

규준참조평가(규준지향평가, norm-referenced evaluation)란 '규준'이라는 기준에 입각하여 점수를 산출하고 해석하는 평가체제를 의미한다. 달리 말하면, 개인이 획득한 원점수를 비교집단의 규준에 비추어 상대적 서열 혹은 위치로 점수화하여 결과를 판단하는 평가이다. 학생들의 성취 정도를 상대적으로 비교하는 평가이기에 소위 상대평가 혹은 상대비교평가로 불리기도 한다. 규준(norm)이란 학생이 평가에서 어떤 점수를 받았을 때 '그 점수(원점수)가 평가에 응시한 전체 집단에서 어떤 위치에 해당하는가를 알려 주는 잣대'를 뜻한다. 점수별 도수를 제시한 도수분포표, 응시 집단의 평균과 표준편차 등이 규준의 대표적인 예로서, 이러한 규준을 가지고 있으면 특정 원점수를 받았을 때 집단에서의 상대적 위치를 파악할 수 있다. 또한 상대적 서열을 알려 주는 점수 형태(백분위, 표준점수, 석차등급 등)를 가진 평가로서, 주로 선발을 목적으로 하는 평가 상황에서 운영되는 평가체제이다. 백분위와 표준점수 및 9등급의 점수 체제를 가진 대학수학능력시험(국어, 수학, 탐구과목), 석차 9등급으로 표기하는 고교 교과성적 평가 등이 대표적인 예이다. 규준참조평가에서 점수가 좋다는 것은, 무언가를 얼마만큼 알고 할 수 있다는 정보는 없이, 다른 학생과 비교하여 우월하다는 것을 뜻한다.

이에 경쟁을 통한 외적 학습동기를 유발하는 기능이 강하다는 긍정적 측면을 가지나, 교수·학습 개선을 위한 구체적 정보를 제공하지 못하며 학생 간 지나친 경쟁심, 이기심, 검사 불안 등을 조장한다는 부정적 측면도 지닌다.

준거참조평가(준거지향평가, criterion-referenced evaluation)란 '준거'라는 기준에 입각하여 점수를 산출하고 해석하는 평가체제로, 준거에 비추어 학생이 무엇을 얼마나 성취했는가에 중점을 두는 평가를 의미한다. 특정 원점수를 받으면 목표에 비추어 무엇을 어느 정도 알거나 할 수 있는 수준이라는 판단을 하기에 소위 절대평가라 불리기도 한다. 준거(criterion)란 학생이 평가에서 어떤 점수를 받았을 때 '학생(개별 수험자)이 어떤 일을 수행할 수 있다고 대중(public)이 확신하는 지식 혹은 기술 수준'을 의미한다. ○○점을 받으면 통과(합격)/미통과(불합격), 우수/보통/기초/기초미달, 수/우/미/양/가 등의 표기와 함께 각 수준별 능력 수준 진술이 제시·보고되는 성적 체제를 가지며, 교수적 기능을 강조하는 평가나 자격을 부여하는 평가에서 주로 활용된다. 국가수준의 학업성취도 평가, 기초학력 진단평가, 성취평가제에 근거한 교과성적 평가 등이 학교교육에서 진행되는 준거참조평가의 대표적인 예이다. 또한 운전면허시험, 한국사능력검정시험, 간호사(의사) 자격시험 등 상당수의 자격 부여 시험이 준거참조평가로 운영되고 있다. 준거참조평가에서의 점수는 무언가를 얼마만큼 알고 할 수 있다는 정보를 제공한다.

이에 교수·학습의 개선 정보 제공 기능이 강하며, 스스로의 노력과 성취감에 근거한 내적 학습동기 유발과 타인(다른 학생)과의 협동정신 함양을 촉진할 수 있다는 장점을 가진다. 반면, 학생 간 경쟁을 통한 외적 학습동기 유발 기능이 약하다는 단점을 지닌다.

능력참조평가(능력지향평가, ability-referenced evaluation)란 '개개인의 능력'이라는 기준에 입각하여 평가결과를 산출하고 해석하는 평가체제로, 학생이 자신의 능력에 비추어 얼마나 최선을 다했는가에 가치를 부여하는 평가를 의미한다. 개별 능력별로 최선을 다했을 때 성취해야 할 바를 설정하고 그 도달 정도에 따라 성적을 부여하는 평가이기에, 교수·학습의 시작 시점에서 개별 학생의 능력 수준을 파악하고 수업 전개 후 개별 학생이 최선의 학습 노력을 기울였다면 성취할 목표 도달 수준을 설정하는 것 그리고 교수·학습 종료 후 실제 개인별로 성취한 정도와 개인별로 설정된 목표 도달 수준을 비교하는 것이 평가의 핵심이다. 예컨대, 초기 능력이 낮은 학생에게는 최선을 다했을 때 도달할 성취수준을 중간 정도(70점 획득)로 설정한 후 이를 100% 도달(70점 이상)하면 최고의 성적(소위 A등급)을 부여하고, 초기 능력이 높은 학생에게는 최선을 다했을 때 도달할 성취수준을 매우 높게(95점 획득) 설정한 후 이를 100% 도달(95점 이상)하면 최고의 성적(소위 A등급)을, 100% 도달이 이루어지지 않았다면(95점 미만) 그 이하의 성적(소위 B등급 이하)을 부여하는 평가이다.

이에 개인별로 자신의 능력에 맞게 도달 목표를 달리 설정함으로써 학습동기를 촉진하고 맞춤형 수업의 원리에 입각한 개별 최대 성취를 이끌어 낼 수 있다는 장점을 가진다. 그러나 학습 전 혹은 초기에 개인별 능력에 대한 정확한 진단과 그 진단에 기초한 능력 수준별 최종 목표 설정이 용이하지 않을 뿐 아니라 그에 따른 부가적인 노력이 요구된다. 또한 최종 평가에서 원점수가 더 높게 산출되었다 하더라도 능력별 성취 정도에 따라 최종 평가 등급이 낮게 매겨지는 것(예: 동일 시험에서 85점을 받은 학생이 개인 목표 도달률이 낮아 B등급을 받고, 70점을 받은 학생이 개인 목표 도달률이 높아 A등급을 받는 것)에 대한 형평성 시비 문제가 불거질 수 있다는 단점도 있다. 따라서 평가결과가 입시의 내신성적에 활용되는 것과 같이 민감한 평가 상황에서는 능력참조평가를 취하기가 어렵다.

성장참조평가(성장지향평가, growth-referenced evaluation)란 '성장' 혹은

'향상도'라는 기준에 입각하여 평가결과를 산출하고 해석하는 평가체제로, 교육프로그램이나 수업을 통하여 얼마나 향상되었는가에 비추어 가치를 부여하는 평가를 의미한다. 교육프로그램이나 수업의 시작 시점에서의 능력과 종료 시점의 능력 간 차이가 클수록 높은 가치를 부여한다. 보통 시작 시점과 종료 시점에서 학생들이 두 번의 평가를 치렀을 때 종료 시점의 평가 점수에서 시작 시점의 평가 점수를 뺀 값이 향상도로 정의될 수 있다. 학교교육에서 찾아볼 수 있는 예로, 노력상, 진보상, 성적 향상장학금 등이 있다. 시작 시점의 개별 능력 능력을 반영한다는 점은 능력참조평가와 유사하다. 그러나 능력참조평가는 개별적으로 최대한 도달해야 할 목표와 수준을 미리 설정하고 서로 다른 출제 범위나 평가방식(개별화된 평가)이 활용될 수 있는 반면, 성장참조평가는 동일한 목표를 향해 동일한 출제 범위나 평가방식(집단 공통의 평가)이 활용된다는 점에서 다소 차이가 있다.

성장참조평가는 능력참조평가와 같이 개별화 수업 및 평가를 지향하기에 학생들의 학습동기를 높이고 능력에 따른 개별 노력을 촉진한다는 장점을 가진다. 그러나 이러한 평가체제를 시행한다면 학생들은 초기 시점에서 일부러 낮은 능력을 보이려는 인위적이고 비교육적인 태도를 취할 가능성이 높다. 그리고 성장에 비춘 평가에 대한 사전예고 없이 평가를 시행했을 경우에는 향상도는 적었지만 최종 평가에서 높은 결과를 보인 학생들로부터 형평성 시비를 받을 수도 있다. 그렇기에 능력참조평가와 마찬가지로, 평가결과가 민감하게 활용되는 평가 상황에서는 적용하기 쉽지 않다. 또한 사전에 평가를 실시해야 한다는 부담이 발생한다는 문제점도 가진다.

앞의 평가기준(규준, 준거, 능력, 성장)에 따른 평가유형을 비교하면 〈표 2-2〉와 같다.

〈표 2-2〉 규준, 준거, 능력, 성장 참조평가의 비교

유형 항목	규준참조평가	준거참조평가	능력참조평가	성장참조평가
점수 산출 및 해석 근거	• 규준과 개인 성취 (집단에서 개인의 상대적 위치)	• 준거와 수행[목 표(성취 준거)에 비추어 본 개인의 성취수준]	• 개별 능력 대비 성취 정도(능력에 따른 개별 목표 설 정과 그 성취 정도)	• 성장(능력 변화의 정도)
강조점	• 상대적 서열(개 인 능력 변별) • 행정적 기능 강 조(분류, 선발)	• 특정 영역의 성 취(목표 달성도) • 교수적 기능 강 조(도달 수준 확 인, 자격 부여)	• 서로 다른 개별 목표 달성을 위한 최대 능력 발휘 • 교수적 기능 강조 (개별 맞춤형 평가)	• 능력의 변화(학 습을 통한 향상의 정도) • 교수적 기능 강 조(학습 향상)
장점	• 경쟁을 통한 외 적 학습동기 유 발	• 교수·학습 개선 정보 제공 강화 • 내적 학습동기 유발 • 협동학습 촉진	• 개별 목표 도달 을 위한 학습동 기 유발과 최대 성취 촉진	• 학습동기와 개별 노력 촉진
단점	• 교수·학습 개선 정보 제공 미흡 • 과도한 경쟁, 이 기심 및 검사불 안 초래	• 외적 학습동기 유발 기능 약화 • 적절한 평가 준거 설정의 어려움	• 사전 능력 파악 과 개별 목표 설 정의 어려움 • 고부담 평가에 적 용하기 어려움	• 사전 평가 시행 의 부담 • 고부담 평가에 적 용하기 어려움

3) 평가대상에 따른 유형

평가는 가치판단을 해야 하는 대상이 무엇인가에 따라 다양한 유형을
갖기도 한다. 평가대상은 인적 대상과 물적 대상으로 대별된다. 교육과
관련한 평가의 인적 대상으로는 학생, 교사, 교장(감) 등이 있으며, 물적
대상으로는 수업, 교육프로그램, 교육과정, 교육정책, 평가 등 추상적 성

격의 대상과 교육기관(초·중등학교, 대학 등), 교육 시설, 환경, 예산 등의 구체적 성격의 대상이 있다. 이러한 대상에 기초하여 학생평가, 교사평가, 학교장평가, 수업평가, 프로그램평가, 교육과정평가, 교육정책평가, 메타평가, 교육기관평가(학교평가, 대학평가), 교육시설평가, 교육환경평가, 교육예산평가 등으로 유형화되어 사용된다.

학교교육에서 실시되어 온 평가의 핵심 대상은 학생이었기에 교육에서의 평가를 언급할 때 대부분 학생평가를 떠올린다. 학생이 지닌 인지적·정의적·심동적 영역의 특성이나 능력을 측정하여 가치를 판단하는 것으로, 중간시험/기말시험과 같은 지필평가와 수행평가를 중심으로 이루어지는 교과성적평가 및 학생행동발달상황평가 등이 초·중등학교에서 이루어지는 대표적인 예이다. 또한 국가수준 학업성취도평가, 기초학력진단평가, 대학수학능력시험, 적성검사, 진로역량검사 등 학생을 대상으로 하는 다양한 평가가 학생평가의 범주에 포함된다.

학생에 중점을 두었던 평가대상은 공교육의 책무성 점검과 체계적인 질 관리에 대한 요구가 증대하면서 점차 확대되어 왔다. 학교교육 관련 대표적 인적 대상의 하나인 교사에 대해 본연의 업무, 즉 교수활동 및 학생지도 활동을 충실히 수행하고 있는가를 중심으로 평가를 실시하고 있는데, 이는 곧 교사평가이며, 우리의 경우 교원능력개발평가라는 제도로 자리매김하고 있다. 대학에서도 교수를 대상으로 한 평가가 시행되고 있으며, 수업평가를 핵심으로 하는 교육업적평가, 연구업적평가, 봉사활동평가 등으로 구성되어 있다.

물적 대상의 대표적인 평가로는 학교평가가 있다. 학교를 대상으로 학교의 본연적 기능을 제대로 수행하고 있는가, 이를 위한 인력, 프로그램, 교육과정, 행정체제, 교육 시설 및 환경 등을 잘 조성하여 지원하고 있는가에 중점을 두어 평가를 실시하는 것으로, 학교교육의 책무성 제고 차원에서 널리 실시되고 있다. 대학평가 또한 초·중등교육의 학교평가와 유사한 맥락에서 실시되고 있는데, 그 대표적인 제도로 대학평가

인증제, 교원양성기관평가 등이 있다. 또한 추상적인 물적 대상을 평가하는 것으로 교육과정평가, 교육프로그램평가, 교육정책평가, 메타평가 등이 있다. 교육과정평가는 국가 교육과정, 시·도교육청의 교육과정, 단위 학교교육과정의 층위에 따라 구체적인 평가대상을 정하면 그에 따라 평가명(예: 학교교육과정평가)을 사용하기도 한다. 교육프로그램도 그 층위가 매우 다양하다. 진로교육프로그램평가, 진로교과목평가, 교과연계진로교육프로그램평가, 비교과활동으로서의 한 학기 또는 일회적 진로교육 및 체험 프로그램평가 등으로 구분되기도 한다. 교육정책평가도 정부나 시·도교육청 수준의 교육정책이 수립·운영되면 그에 대한 질 관리 및 성과 점검 그리고 정책 개선을 목적으로 실시되고 있다. 끝으로 메타평가가 있는데, 이는 평가를 대상으로 하는 것으로 '평가에 대한 평가' '평가의 평가'를 의미한다. 평가가 타당하고 신뢰가 가도록 제대로 실시되었는지를 평가하는데, 이는 평가의 실제를 정확히 드러내어 문제점을 파악하고 이를 개선하는 데 주요 목적을 두고 있다.

4) 평가방법에 따른 유형

평가에 활용되는 방법이 어떤 것이냐에 따라 양적 평가와 질적 평가로 구분하기도 한다. 양적 평가란 객관성을 담보할 수 있는 수량화된 자료의 수집을 중시하는 평가로, 정해진 정답에 따라 객관적으로 맞고 틀리고가 판정되고 그에 의하여 점수 부여가 이루어지는 선택형 검사, 농구에서 자유투의 성공 횟수에 따라 점수를 부여하는 실기평가 등이 이에 해당한다. 반면, 질적 평가란 수량화되지 않은 다양한 형태의 자료 수집, 즉 관찰이나 면담에 근거한 자료의 수집을 중시하는 평가로, 평가자의 주관적 판단(전문성)에 의존한다. 논술형 평가, 구술 평가, 발표 평가, 토론 평가, 평가자의 질적 판단에 의한 실기 평가(실제 농구시합을 운영하면서 패스의 횟수보다는 패스의 유용성, 상황에 따른 적절한 위치 선정, 운동 신경 등을 종합하여 농구능력을 평가하는 것) 등이 질적 평가에 포함된다.

한편, 우리의 학교교육에서 평가방법에 따라 유형화한 것으로 지필평가, 수행평가, 컴퓨터기반평가의 유형이 있다. 지필평가(paper and pencil test)란 '종이와 필기구를 이용한 평가' '학생이 자신의 지식 및 기능에 대한 습득 여부를 나타내기 위해 종이와 필기도구를 이용하여 주어진 문항에 응답하는 방식의 평가'로 학교교육에서 널리 활용되어 온 전통적인 평가유형이다. 종이로 만들어진 문제지와 답안지 및 필기구를 사용하는 검사로, 선택형(진위형, 연결형, 선다형) 문항이나 서답형(완성형, 단답형, 서술형·논술형) 문항으로 구성된다. 지필평가는 구조화된 인위적 검사 상황에서 정답을 고르거나 쓰는 것 그리고 무언가를 구성하여 창의적으로 쓰는 능력을 측정하는 데 유용하게 활용될 수 있다. 그러나 정답을 고르거나 간략하게 기억해 내어 쓰는 지필평가는 제한된 인지적 능력만을 측정하는 데 머물기 때문에 고차적인 사고력이나 실제적인 능력을 측정하기 어렵다는 문제점을 안고 있다. 이에 고차적인 사고력이나 실제 능력을 잴 수 있는 직접적인 평가방법으로 수행평가가 최근 강조되고 있다.

수행평가(performance assessment)란 "교사가 학생이 학습과제를 수행하는 과정이나 그 결과를 보고 그 학생의 지식이나 기능 혹은 태도 등에 대해 전문적으로 판단하는 평가방식"(백순근 편, 1998), "학생이 자신의 지식 및 기능에 대한 습득 여부를 나타내기 위해 산출물을 만들어 내거나 실제 수행을 통해 보이는 방식의 평가"(한국교육과정평가원, 2017)라고 정의할 수 있다. 학습의 결과 및 산출물뿐 아니라 과정까지 함께 평가할 수 있는 방법으로, 실기 평가, 포트폴리오, 실험법·실습법, 구술 평가, 찬반토론법, 면접법, 관찰법, 연구 보고서법, 서술형·논술형 평가 등의 여러 방법이 이에 해당한다.

그런데 지필평가와 수행평가를 완전히 대립되는 개념으로 오해해서는 안 된다. 지필평가 중에서도 선다형 위주의 평가로 인해 학교교육의 수업이 지식 중심의 수업, 암기 위주의 수업, 교사 주도의 전달식 수업이 주를 이루었던 학교교육을 개선하기 위해 대안적 접근으로 수행평가 정책을 도입·추진하였던 배경 때문에 서로 대립되는 개념으로 인식하는 경우가 많다. 이 두 유형은 대안적 측면에서 상호 비교되는 평가방법으로 자주 소개되었지만, 완전히 상호 배타적인 개념이 아니다. 수행평가의 한 방법으로 서술형·논술형 평가가 포함되고 있으며, 실제적인 쓰기 능력 평가가 지필평가방법을 취하고 있기 때문이다. 서술형 평가는 제시된 문제에서 요구한 응답(서술) 내용의 분량과 충실성 및 정확성을 중점으로 채점하는 평가방식으로 논술형 평가에 비해 분량이 상대적으로 적다. 반면, 논술형 평가는 글을 조직하고 구성하는 표현 능력이나 논리성, 창의성 등을 중점으로 채점하는 평가방식으로 서술형 평가에 비해 분량이 상대적으로 크다. 내용의 정확성, 특히 출제자의 모범 답안과의 유사성을 기준으로 채점을 하는 서술형, 즉 학생으로 하여금 새로운 구성력을 특별히 요구하지 않고 기억에 의한 정확한 내용 서술을 요구하는 서술형은 수행평가의 범주에 포함하지 않는다. 그러나 내용의 정확성을 요구하더라도 답안 구성의 자유도가 높고 기억 이외의 고차적 사고력을 가미할 수 있는 서술형 문항이라면 수행평가의 범주에 포함할 수 있다. 그리고 논술형 평가가 수행평가에 포함된다는 것에는 이론의 여지가 거의 없다. 또한 실제적인 쓰기 능력을 직접적으로 측정하는 쓰기 평가는 지필평가의 한 형태이자 수행평가에 포함된다. 우리나라의 종합교육행정정보시스템(NEIS)은 서술형 및 논술형 평가를 지필평가로, 기타 실제 수행에 근거한 여러 가지 수행평가방법들은 수행평가로 규정하여 입력 항목을 구성하고 있다. 학생의 답안 구성의 자유도가 높고 사고력을 측정하는 서술형·논술형 평가나 쓰기 평가는 수행평가에 포함되는 것이자 지필평가의 한 형태이므로, NEIS는 학교의 혼선을 최소화하기 위해 조작적으로 서술형·논술형 평가를 지필평가에 포함했을 뿐임에 유의해야 한다.

끝으로, 과학 및 정보통신 기술의 발달에 따라 교수·학습뿐 아니라 평가도에서도 다양한 변화가 이루어졌는데, 그 대표적인 평가의 한 유형으로 컴퓨터기반평가를 들 수 있다. 컴퓨터기반평가란 말 그대로 컴퓨터를 활용한 평가라 할 수 있는데, 컴퓨터 활용 방식에 따라 컴퓨터보조검사, 컴퓨터이용검사, 컴퓨터이용개별적응검사로 발전되어 왔다. 컴퓨터보조검사(computer assisted testing)는 지필검사의 채점이나 결과 분석 시에 수작업을 대체하여 컴퓨터를 이용하는 방식, 즉 평가에서 채점 및 결과 분석을 위한 교사의 업무를 컴퓨터로 보조하는 방식을 의미하는 것으로 초기 단계의 컴퓨터기반평가이다. 컴퓨터 사용이 대중화되면서 채점 및 결과 분석뿐 아니라 컴퓨터상에서 검사를 치르게 하는 컴퓨터이용검사로 발전하였다. 컴퓨터이용검사(Computerized Testing: CT)란 컴퓨터상에서 화면에 제시된 문제를 보고 입력장치(키보드, 마우스, 터치스크린 등)를 활용하여 답을 하는 방식의 검사를 뜻한다. 이는 다시 컴퓨터를 통해 학생의 능력 수준에 부합하는 문제가 개별적으로 제시되는 평가방식, 즉 컴퓨터이용개별적응검사(Computerized Adaptive Testing: CAT)로 발전한다. 컴퓨터이용검사(CT)에서는 검사에 응시하는 학생에게 모두 동일한 문제가 제시된다. 이와는 다르게 컴퓨터이용개별적응검사(CAT)는 학생의 능력 수준에 맞도록 개별 학생에게 서로 다른 문제들이 제시된다. 그리고 학생의 능력 진단이 정해진 일정 기준의 정확성을 보이면 시험이 종료된다. 학생별로 주어지는 문제 수가 다를 수 있으며, 일반적인 검사에 비해 상대적으로 적은 수의 문제로도 학생의 능력 측정의 정확성을 확보할 수 있다. 이를 위해서는 다양한 수준의 문제들을 충분히 확보해야 하며, 학생들의 개별적으로 주어지는 문제에의 정답 여부에 따라 능력 수준이 파악되고 그에 맞는 문제들이 후속적으로 제공되도록 하는 기제를 갖추어야 한다. 따라서 문제의 세부 정보를 담은 문제은행, 학생들의 능력을 정확히 진단할 수 있는 측정이론, 문제별 정답 여부에 따른 후속 문제의 제시 로직과 그 프로그램화 등이 결합된 전산 체제가 필수적으로 요구된다.

진로교육프로그램 평가모형

프로그램이란 '일정한 목적을 달성하기 위하여 사전에 치밀하게 조직된 활동이나 서비스', 즉 '어떤 문제를 해결하기 위하여 설계된 일련의 계획된 행동'을 뜻한다[2](정재삼, 2004). 그런데 프로그램 평가는 평가의 기본 관점이 무엇인가에 따라 그 정의도 다양하게 나타난다. 전통적인 개념으로 "프로그램의 목표 달성 정도를 결정하는 과정"(Tyler, 1949), "어떤 프로그램(활동, 서비스)의 의사결정을 위하여 유용한 정보를 획득하여 제공하는 과정"(Stufflebeam, 1971), "특정 대상이나 프로그램에 대한 장점이나 가치를 판단하는 체계적 과정"(Scriven, 1974) 등이 있는데, 각기 목표중심, 의사결정/운영 중심, 전문가 중심의 평가 관점에 따른 정의이다. 이후 고전적 정의를 계승·발전시킨 정의나 이들을 종합하는 정의가 제안되어 왔으며, 최근에는 평가대상 프로그램의 참여자를 중심으로 자체 전문성 신장과 프로그램 개선을 강조하는 프로그램 평가의 개념과 모형이 부각되고 있다.

평가에 대해 어떤 관점을 택하는가에 따라 평가의 정의나 평가방법 및 절차가 달라진다. 그러므로 평가에 대한 올바른 이해를 위해서는 그 토

---

2 이에 준하여 교육프로그램이란 '교육의 목적을 달성하기 위하여' '교육과 관련한'이란 문구를 포함하여 정의할 수 있다. 즉, '교육 분야의 특정한 목표를 달성하기 위하여 설계된 일련의 계획된 활동'으로, ① 내부 구조인 교수자와 학습자, ② 성취도 향상, 창의성과 인성 함양 등과 같은 교육목표, ③ 그 목표 달성을 위해 의도적인 교육내용을 가지고 일정 기간 수행되는 교수·학습 활동의 교육적 속성을 갖는다(김혜숙, 2008). 교육프로그램은 국가수준의 '초·중등학교교육과정', 시·도교육청 수준의 '교육과정 편성·운영지침', 학교수준의 '교육과정 운영계획', 교사수준의 '수업계획서' 등에 근거하여 운영되는 것으로 그 규모와 세부 속성은 매우 다양하게 나타난다. 진로교육에 있어서도 국가수준의 진로교육 문서부터 학교수준의 진로교육프로그램으로 연결되는 다양한 수준과 형태의 프로그램이 존재한다.

대가 되는 기본 관점이 드러나는 평가모형들에 대한 고찰이 필요하다 (성태제, 2019). 특히 학교에서 진로교육을 실제적으로 담당하는 교사의 입장에서는 학교 내 진로교육프로그램(교과목 프로그램, 교과연계 프로그램, 비교과 프로그램)의 지속적인 모니터링과 성찰 및 개선을 위한 평가를 수행하는 주체이기에 프로그램 평가에 대한 전문가적 식견을 갖출 필요가 있다. 즉, 이론적 토대가 되는 프로그램 평가모형에 대한 충실한 이해를 토대로, 평가에 대한 자신의 관점을 정립하고 평가목적 및 상황에 맞는 평가방법 및 절차를 수립할 수 있는 역량을 함양해야 한다.

　평가모형의 분류는 다양한 접근이 있으나 여기서는 프로그램 평가 분야에서 널리 소개되어 활용되고 있는 Worthen, Sanders와 Fitzpatrick (1997)의 분류 체계를 준용하여 모형의 개념 및 특성을 약술한다. 이들은 평가의 주된 정의나 목적을 어떻게 규정하느냐에 근거하여 6개의 모형으로 분류하면서, House(1983)의 공리주의적 접근(utilitarian approach)과 직관적·다원적 접근(intuition−pluralist approach)의 연속선상에 6개 모형을 배치하여 다음과 같이 제시하였다(Worthen et al., 1997: 69).

　공리주의는 사회의 행복을 최대로 하는 이념을 의미하기에, 공리주의적 평가에서는 평가를 통하여 대다수의 개인에게 이익을 가져다주는 것이 최대의 선이라는 가치를 전제한다. 공리주의적 평가는 '최대 다수를 위한 최대 선'이라는 공통 지표를 사용함으로써 개인보다는 전체집단의 이익에 관심을 갖는다. 이에 가치를 결정하기 위해 공적으로 선정된 준거에 비추어 최대의 이익을 산출하는 프로그램이 가장 높은 프로그램이라

는 관점을 취한다. 반면, 직관적·다원적 평가는 다수의 이익이 아닌 개인
의 혜택에 초점을 맞춘다. 공동 지표보다는 준거와 판단의 다양성을 중
시하며, 평가자는 더 이상 공평무사한 '평균인'이 아니며 단지 상이한 가
치와 요구의 '표현자'에 불과하다. 그렇기에 시험점수, 소득과 같은 자료
보다는 사적인 면담과 프로그램 참가자의 증언 등의 자료를 더 선호한
다(한국교육평가학회, 2004).

1) 목표중심평가모형

목표중심평가모형(objective-oriented evaluation approaches)은 교육과
정, 수업 또는 행정적 조치 및 경영·관리를 통해 교육목표나 교육을 위
한 제도적·행정적 목표가 달성된 정도를 사정하는 평가모형이다. 따라
서 학생들의 성취도를 평가하든, 행동발달상황을 평가하든, 교사의 수
업을 평가하든, 학급경영을 평가하든, 교육행정을 평가하든, 교육재정
을 평가하든, 교육시설을 평가하든, 미리 설정하여 놓은 목표를 평가의
기준으로 하는 평가는 모두 목표중심평가모형이라 한다(정재삼, 2004).
목표중심평가모형은 목표를 미리 설정한 후 그 목표가 어느 정도 달성
되었는지를 판단하는 데 초점을 두는 입장으로서 이 모형에서는 평가를
통해 얻게 되는 정보를 근거로 교육목표와 교육내용 및 평가절차와 평
가도구를 개선하게 된다. 교육 분야에서 목표중심평가를 개념화하고 일
반화하는 데 가장 많은 영향을 미친 학자는 Tyler로서 목표중심적 접근
을 취하는 모형들을 일컬어 Tylerian 평가모형이라고도 한다. 우리에게
익숙한 Tyler(1949)의 모형이 대표적인 사례로, 교육평가란 교육프로그
램이나 수업에 의해 교육목표가 어느 정도 달성되었는가를 확인·결정
하는 것으로, 측정 가능한 형태의 교육목표 설정과 그 교육목표에 대한
체계적인 자료 수집 및 목표 도달 정도의 결정을 중시한다. Tyler 평가
모형에서 권장하고 있는 주요 평가절차는 다음과 같다.

- 제1단계: 광범위한 목적(goals) 또는 목표들(objectives)을 설정한다.
- 제2단계: 설정된 목적 또는 목표들을 분류한다.
- 제3단계: 분류된 교육목표를 행동적 용어로 정의한다.
- 제4단계: 교육목표 달성이 측정될 수 있는 평가장면을 설정한다.
- 제5단계: 측정도구를 개발하거나 선택한다.
- 제6단계: 수행자료를 수집한다.
- 제7단계: 수행자료를 행동적 용어로 진술된 목표와 비교한다.

Tyler(1949)는 목적에 대한 논의, 합의, 규정이 전제되지 않는다면 평가 및 교육이 진척될 수 없음을 강조한다. 목적/목표의 설정을 평가의 출발 단계로 제안하면서, 잠정적으로 설정된 목적을 교육목표로 설정하는 여과 장치로서 철학적 가치(지식의 본질), 사회적 가치, 교육적 가치(학습자와 학습과정의 특성)를 제시하였다. 그에 따라 최종 설정된 목표들의 분류, 측정 가능한 행동적 목표로의 전환, 행동적 목표를 측정하는 도구의 개발·선정과 자료 수집의 단계를 거쳐 목표의 도달도를 확인, 결정하는 최종 단계를 제안한 것이다. 목표에서 출발하여 목표로 종착되듯이 목표는 프로그램 평가를 관통하는 핵심 키워드이다.

목표를 평가하는 방법으로 Sanders와 Cunningham(1973, 1974)은 논리적 방법과 실증적 방법을 제안하고 있다. 논리적 방법(logical methods)은 세 가지, 즉 ① 각 목표의 배경이 되는 합리적 근거(rationale) 혹은 목표 주장의 설득력 점검, ② 목표 성취에 수반되는 결과(대립될 수 있는 목표들에 비해 상대적으로 갖게 되는 장점과 단점, 유용성 등)에 대한 논리적 점검, ③ 현 사회 체제, 법률, 정책 등과 같은 상위 가치들과의 부합성 점검으로 구성된다. 목표를 평가하는 실증적 방법(empirical methods)은, ① 집단의 가치에 대한 인식을 파악하기 위한 조사연구, ② 잠재적 목표 혹은 예상치 못한 목표들을 평가하고 검토하기 위한 전문가회의나 공청회의 활용, ③ 목표와 관련하여 주장하는 주요 가치 양상 파악을 위한 연설문,

사설, 뉴스레터 등 각종 기록 자료의 내용 분석, ④ 목표의 달성 가능성과 목표 달성의 형태를 파악하기 위한 예비연구 수행 등을 제안하고 있다.

목표중심평가는 교육목표가 평가에서 핵심적인 역할을 하고 있으며, 교육목표의 행동적 정의와 진술은 측정 및 평가의 용이성과 효율성을 증대시킨다. 이에 다음과 같은 장점을 지닌다. 첫째, 논리적이고 합리적이며 명확한 절차를 제시함으로써 다양한 상황에 쉽게 적용할 수 있다. 둘째, 교육목표와 학생 성취 간의 합치 여부에 대한 체계적인 검증이 가능하다. 셋째, 교육과정과 평가 간의 논리적 일관성을 유지할 수 있다. 넷째, 목표의 중요성을 강조함으로써 프로그램 운영자 혹은 교사로 하여금 교육활동에 대한 책무성을 가지도록 자극한다.

그러나 미리 설정된 목표 이외에도 프로그램 운영 중 생겨나는 부수적·확산적 목표의 중요성을 간과하게 되고, 행동 목표로 진술하기 어려운 교육목표(정의적 특성 중심의 목표들)에 대해서는 평가가 이루어지지 않거나 소홀히 된다는 점, 측정하는 목표 중심으로 수업이 전개되는 현상, 즉 수업이 평가에 종속되는 결과를 초래한다는 점, 결과 중심의 평가로서 과정에 대한 평가가 간과되며, 교육 실제의 복합적 측면을 드러내기 어렵다는 점 등의 한계를 지닌다.

2) 운영중심평가모형

운영중심평가모형(management-oriented evaluation approaches)은 평가란 의사결정자에게 필요한 정보를 제공하여 의사결정을 돕는 과정이라 정의하는 평가적 접근으로, 의사결정중심평가모형이라 부르기도 한다. 가장 대표적인 모형이자 널리 활용되는 것으로 Stufflebeam의 CIPP 모형이 있다. Stufflebeam(1973)은 평가란 '의사결정에 필요한 정보를 설계, 획득, 제공하는 과정'이라는 정의를 바탕으로 모형을 제안했는데, 상황평가(context evaluation: C), 투입평가(input evaluation: I), 과정평가

(process evaluation: P), 산출평가(product evaluation: P)의 4개 평가 국면으로 구성한 복합적 평가모형으로서 각 국면의 영문 첫 글자(이니셜)를 모아 CIPP 모형이라 불리고 있다. 그는 프로그램을 개선하기 위해 네 가지 종류의 의사결정(계획적 의사결정, 구조적 의사결정, 수행적 의사결정, 재순환 의사결정)이 이루어지는데, 각 의사결정의 성격과 내용에 적합한 평가형식으로 상황평가, 투입평가, 과정평가, 산출평가를 매칭하여 제시하고 있다.

　상황평가는 계획적 의사결정에 대응하는 평가로서, 프로그램 목표를 결정하기 위한 정당한 근거를 제공하기 위한 목적으로 이루어지는 가장 기본적인 평가형식이라고 할 수 있다. 적절한 환경의 규정, 바람직한 실제적인 환경의 기술, 잠재된 요구와 기회의 규정, 그 장애를 진단하는 일 등이 상황평가의 주된 활동이다. 평가방법으로는 체제 분석(system analysis: 체제의 현 상태에 대한 진단), 조사, 문서 검토, 공청회, 인터뷰, 진단검사, 델파이기법 등이 활용된다. **투입평가**는 구조적 의사결정에 대응하는 평가로서, 프로그램의 목적을 달성하기 위하여 어떻게 자원을 활용할 것인가를 결정하는 데 필요한 정보를 제공하기 위한 평가이다. 담당기관의 적절한 잠재력(인적·물적 자원의 목록화 및 분석), 프로그램 목표 달성 전략, 선정된 전략의 실천 방안, 즉 적절성(relevance)과 실행 가능성(feasibility) 및 경제성(economy)을 갖는 절차 등을 확인하고 사정하는 일이 그 중심이 된다. 문헌연구, 사례 프로그램에 대한 현장방문, 예비 조사 등이 주요 평가방법으로 사용된다. **과정평가**는 수행적 의사결정에 대응하는 평가로서, 프로그램 실천 단계에서 실천과정 및 절차 방안상의 결점을 파악하고, 이미 결정된 프로그램에 필요한 정보를 제공하며, 절차적 사안과 활동을 기록하고 판단하는 데 목적을 둔다. 잠재적인 절차상 장애물을 점검하고 예상치 않은 방해에 대하여 경고하며, 실제적 과정을 기술하고 담당 스태프들과의 지속적인 접촉 및 그 활동의 관찰 등의 방법을 사용한다. **산출평가**는 재순환 의사결정에 대응하는 평가로서, 프로그램 종료 단계와 실시 도중에 산출(획득)된 결과를 측정하고 해석하기 위한 목적으로 시행되며, 산출 정보를 목표, 상황, 투입 및 과정에 관련된 정보와 관련시키는 데 중점을 둔다. 성과 준거(outcome criteria)에 대한 조작적 정의와 측정, 성과에 대한 이해관계자들(stakeholders)의 판단 자료 수합, 성과에 대한 질적·양적 분석의 수행이 이루어진다.

CIPP 평가모형에 대한 이해를 돕고자 이 모형을 적용한 학교교육프로그램 평가 연구 사례, 특히 평가준거와 평가지표 혹은 평가척도 개발 연구를 소개하고자 한다. 강윤희와 안선회(2015)의 연구는 2014년 시범 운영한 서울형 자유학기제를 중학교 진로교육과 진학지도를 중심으로 평가하는 데 목적을 두고, CIPP 모형을 활용하여 평가준거와 지표 및 문항을 개발한 후 연구학교 중 11개를 대상으로 조사를 실시한 결과를 제시한 것이다. 구경호와 남수미(2019)의 연구는 자유학기 활동 프로그램을 평가하기 위한 평가척도 개발을 목적으로 수행된 것으로, CIPP 모형을 적용하여 최종 5개 평가영역, 16개 평가항목 및 45개 평가문항(상황 9문항, 투입 18문항, 과정 8문항, 산출 10문항)을 제시하고 있다. 한편, 한홍련과 김석우(2010)의 연구는 당시의 방과후학교 프로그램에 대한 체계적인 평가체제를 구축하기 위하여 CIPP 모형을 적용한 평가지표를 개발한 것으로, 타당화 과정을 통하여 최종 5개 영역 42개 평가지표를 개발·제시하고 있다.

이 연구들을 종합하면, 상황평가는 요구 진단과 목표 설정에 초점이 맞추어져 있고, 투입평가는 운영계획(예산, 내용, 위원회 구성 등)과 전략 및 환경이 정책이나 교육목표 및 프로그램 목표 달성에 적합하도록 제대로 마련되었는가에 중점을 두고 있으며, 과정평가는 프로그램이 실제 전개된 활동이 적절하고 효율적이었는지 그리고 이를 모니터링할 수 있는 체계적인 평가 시스템을 구축·운영하고 있는지에 대해, 끝으로 산출평가는 프로그램 운영의 결과 혹은 산출물로서 참여자들의 학습 능력 및 태도 변화, 만족도 수준, 정책 방향에 미친 효과, 특성화/우수 프로그램의 생성 등에 대해 평가의 강조점이 맞추어져 있음을 확인할 수 있다.

지금까지 살펴본 연구에서 제시하고 있는 평가준거나 지표 혹은 항목 및 평가척도(문항)를 요약 · 제시하면 〈표 2-3〉과 같다.

〈표 2-3〉 CIPP 기반 교육프로그램 평가의 준거, 지표 및 척도 사례

구분	강윤희, 안선회(2015)의 자유학기제 평가 준거 및 지표(항목)	구경호, 남수미(2019)의 자유학기 활동 프로그램의 평가척도(문항)	한홍련, 김석우(2010)의 중학교 방과후 프로그램 평가지표
상황평가(C)	준거1. 요구진단 1~4. 진로교육/진로지도의 중요성과 필요성 준거2. 요구측정 5. 학생, 학부모 요구 반영도 준거3. 목표설정 6. 정책목표 파악 준거4. 실현가능성 7. 정책목표 실현 가능성 준거5. 실시시기 8. 시기 및 기간 적절성 준거6. 사전준비 9~13. 내용 파악, 사전 안내, 공유, 주변 인프라, 고교진학 도움, 준비 및 지도 체계	[요구진단 및 준비 영역] 1. 교육과정 요구 반영 2. 평가시기 선정의 적절성 3. 교사 선정의 적절성 4. 목표 진술의 명확성 5. 목표 실현의 가능성 6. 프로그램 준비 및 지도 체계 7. 교사대상 내용 안내 8. 학생대상 내용 안내 9. 학부모대상 내용 안내	[요구 및 목표 영역] 항목1. 프로그램 요구 사정 1. 수준별 학습기회 제공 2~5. 학생, 학부모, 지도교사, 교육당국의 요구 항목2. 프로그램 목표 설정 6~8. 목표의 명확성, 타당성, 실현 가능성 항목3. 교육적 기여도 9~10. 사교육 없는 학교 만들기, 1교 1특성화에의 기여도
투입평가(I)	준거1. 운영계획 및 예산 1-1. 전반적 운영계획 1~5. 계획, 장소, 운영 모형 1-2. 예산 6. 예산 배분의 적절성	[운영계획 영역] 1. 내용 운영 적합성 2. 운영위원회의 구성 3. 운영위원회의 활동 4. 예산 배분의 적절성	[예산 및 운영 영역] 항목1. 예산 1. 예산 확보 및 배분의 적절성 항목2. 강사 인력 풀 2. 지도교사(강사)의 역량

| | 준거2. 교육전략
2-1. 교육계획
7. 서울형 목표와의 부합성
8. 학생 흥미 기반 편성
9. 교과 평가 진로요소 반영
2-2. 교육내용
10. 교과수업 진로요소 강조
11~12. 학습동기/인성 함양
2-3. 교육환경
13. 지도교사 인원 적절성
14. 교사 연수 프로그램 적절성 | 5. 예산 집행의 적절성
6. 교육내용과 목표의 일치
7. 교육내용과 초기 계획 일치

[운영환경 영역]
8. 학습자 중심 여부
9. 학습자 동기 유발
10. 학습자 수준 고려
11. 연수 프로그램 여부
12. 연수 프로그램 효과성
13. 시간 운영의 적절성
14. 강사의 수준
15. 교육 자료의 양과 질
16. 수업 장소의 적절성
17. 수준별 수업 여부
18. 수강 인원의 적절성 | 항목3. 운영위원회 구성
3. 위원회 구성 및 활동

항목4. 시간/교재 적정성
4. 지도교사와 학생지도의 적절성
5. 교재/자료의 적절성
6. 시설 및 ICT 수준

항목5. 홍보/안내
7~9. 프로그램 운영에 대한 학생, 지도교사, 학부모 안내 |
| 과
정
평
가
(P) | 준거1. 세부 프로그램 사전준비
1~5. 목표, 학생 흥미 및 수준에 맞는 계획

준거2. 세부 프로그램 활동
6. 서울형 학기제의 학생 흥미 위주 다양한 운영
7~10. 진로탐색프로그램/선택프로그램/동아리활동/예체능교육의 흥미 중심 다양한 운영

준거3. 세부 프로그램 평가
11. 정기평가 실시
12. 학생 포트폴리오 관리 | [프로그램 적용 영역]
1. 타 모형과 연계성
2. 평가시스템 여부
3. 체계적 기록 관리
4. 성과 피드백 여부
5. 이수평가 실시 여부
6. 학생 만족도 조사
7. 학부모 만족도 조사
8. 교사 만족도 조사 | [프로그램 활동 영역]
1. 관리자/부장의 장학활동
2~3. 수업 전문성, 수업 기술
4. 강사 사전연수 실시
5. 담당 교사 간 상호 협력성
6~7. 수업 계획, 수업 실행
8. 자유수강권 대상 학생들의 참여도
9~12. 학생의 정의적 특성 변화, 참여율, 교사-학생 간 신뢰감 및 관계 형성, 학습동기/태도 향상
13. 학업성취수준 향상도
14~16. 예산 효율 사용, 강점과 약점 평가/환류 |

	13. 성취수준 확인하여 진로 진학에 활용		17~20. 만족도 조사(환류/교정) [프로그램 평가영역] 21. 평가환류 체제 구축 22. 평가방법의 적절성 23. 주기적 모니터링 실시 24. 학생 이수평가 실시 25. 개별화 수준평가 실시
산출평가(P)	준거1. 효과성 평가 1~10. 정책목표 달성도, 진로교육목표 달성도, 고교 선택 및 진학 도움, 사교육, 2학년 학습적응 준거2. 만족도 조사 11~15. 운영 전반 및 진로/진학 프로그램 만족도, 2학년 공부 도움, 교사−학생 간 신뢰도 형성 도움 준거3. 유지능력 평가 16~18. 특화 프로그램, 보급 및 지속가치 프로그램 환류평가(F)[1] 준거4. 평가결과 활용 19. 주기적 만족도 조사 20. 조사 후 편성에 반영	[결과의 효과성 영역] 1~3. 학교, 학생, 교실 변화 4~6. 교사, 학생, 학부모 만족도 향상 7. 학생의 학습태도 유지 8. 학생의 학업성취 유지 9. 관련 우수사례 개발 10. 특성화 프로그램 개발	[프로그램 효과성 영역] 1. 학생 만족도 수준 2. 학부모 만족도 수준 3. 지도교사 만족도 수준

주: 1) 강윤희와 안선회(2015)는 CIPP 평가모형에 따른 4개 평가에 환류평가(feedback) 영역을 추가한 것으로, 여기서는 표의 간명성을 위해 산출평가 영역에 포함시켜 제시하였음.

운영중심평가모형은 프로그램의 개선에 초점을 두어 국면별 의사결정을 도와주기 위한 평가의 기능을 강조한다는 특징을 지닌다. 이 모형의 장점은 다음과 같다. 첫째, 의사결정 상황에 적합한 평가 정보를 제공함으로써 프로그램의 개선에 직접적으로 기여할 수 있다. 둘째, 평가의 각 단계에서 다루어야 할 중요한 질문을 생성할 수 있도록 도움을 주어 평가의 초점을 명료화한다. 셋째, 프로그램의 시행과 변화에 따른 모든 요소를 평가할 수 있다. 반면, 평가자와 의사결정자의 역할이 구분됨으로써 평가자가 의사결정자에 종속되는 현상을 초래한다는 단점도 있다. 평가자의 역할이 의사결정자의 관심과 요구에 적합한 정보만을 제공하는 데 제한되며, 평가자가 중요하게 여기지만 의사결정자의 관심 밖의 것들은 평가에서 다루어지지 않는다는 것이다.

3) 소비자중심평가모형

소비자중심평가모형(consumer-oriented evaluation approaches)은 교육의 행위를 서비스로 간주하여 교육프로그램의 대상인 소비자가 무엇을 원하고 필요로 하는가에 관심을 두는 평가모형이라 할 수 있다. 이 모형은 1960년대 중후반부터 미국 연방정부의 기금이 교육과정 개발에 투입되면서 그 프로그램들이 학생이나 교사에게 얼마나 필요한지를 설명하고 프로그램의 시장성 · 유용성 · 생산성 등을 분석하는 과정에서 Scriven(1967b)에 의해 제안된 평가 접근법이다. 그는 평가를 사물의 가치나 장점을 체계적으로 판단하는 일이라 정의하고, 교육프로그램 평가는 단지 목적 달성 여부만을 판단하는 데 그치지 않고 그 목적 달성이 소비자의 복지 향상에 기여하는지를 판단해야 한다고 주장하였다. 특히 교육프로그램의 소비자의 요구를 기준으로 실제적인 가치를 판단해야 하므로, 평가자는 소비자의 대리인 역할을 해야 하며, 실제적으로 소비자 요구분석을 실시하고 그 결과를 반영하여 소위 '소비자 보고서'의 형식과 유사하게 프로그램의 가치를 판단해야 한다.

Scriven(1967b)은 초기에 교육프로그램의 성과를 판단하는 준거로, ① 중요한 교육목표 성취의 증거, ② 중요한 비교육 분야의 목표(예: 사회적 목표)의 성취 증거, ③ 추수 효과, ④ 의도하지 않은 이차적 효과(예: 교사나 교사 동료, 다른 학생, 행정가, 학부모, 학교, 납세자 등에게 미치는 우연적인 긍정적·부정적 효과), ⑤ 유용성의 폭(혜택을 받는 대상의 범위), ⑥ 윤리(적절하지 않은 처벌이나 쟁점이 큰 내용의 사용 등), ⑦ 비용 등을 제시하였다. 이후 그는 이 평가 준거들을 확장하여 13개 항목의 준거체제를 마련하였으며(Scriven, 1974), 추후 프로그램 평가를 평가(메타평가)하기 위한 지침서로 활용하기 위해 다음과 같은 핵심 평가 체크리스트를 제안하였다(〈표 2-4〉 참조).

〈표 2-4〉 핵심 평가 체크리스트

1. 평가대상(evaluand)에 대한 기술
2. 평가 의뢰자 및 발주자 확인
3. 평가와 평가대상의 배경 및 상황 파악
4. 사용 가능한 자원의 파악
5. 평가대상의 수행에 대한 기술
6. 실행체제(delivery system)에 대한 파악
7. 소비자(사용자 및 수혜자) 확인
8. 각 소비자 집단의 요구와 가치 파악
9. 교육프로그램의 의도적·비의도적 효과 파악
10. 일반화 가능성
11. 비용
12. 유사 프로그램과의 비교 결과
13. 프로그램의 특성에 대한 종합적 기술
14. 제언
15. 평가보고서 작성
16. 메타평가

출처: Scriven (1991): 성태제(2019: 540) 재인용.

소비자중심평가는 소비자 체크리스트와 같이 소비자 입장에서 교육 프로그램 선택에 필요한 것이 무엇인지에 근거하여 평가해야 할 준거를 구체적으로 제시해 주기 때문에 교육자(교육 공급자)의 프로그램 평가에 명확한 지침을 제시한다. 그리고 그 평가를 통하여 상품으로서의 교육 프로그램 평가결과를 소비자에게 유용하게 제공해 줄 수 있다. 그러나 교육프로그램 평가를 위해 소요된 시간과 비용이 결국 상품인 프로그램의 가격을 높이게 되어 소비자 부담이 증가되는 결과를 초래할 수 있다. 또한 소비자의 입장만을 지나치게 강조하다 보면 교사나 교육과정 혹은 프로그램 개발자들의 전문성과 자발성 및 의욕이 저해될 수 있다는 문제점도 안고 있다.

4) 전문가중심평가모형

전문가중심평가모형(expertise-oriented evaluation approaches)은 가장 오래되고 널리 쓰이는 모형으로, 전문가의 활용과 그들의 판단에 매우 의존하는 평가적 접근이라 할 수 있다.

Worthen 등(1997)은 전문가중심평가모형을 공식적 심의체제, 비공식적 심의체제, 특별전담위원회 심의, 특별전담 개인 심의로 구분한다. 공식적 심의체제(formal professional review systems)는 정기적 심의(평가)를 행하기 위한 구조와 조직이 있으며, 심의에 사용할 공표된 기준과 도구, 사전에 수립한 계획, 가치판단을 위한 여러 전문가의 참여, 심의 결과가 심의 대상에게 미치는 영향력 등을 포함하는 평가모형을 뜻한다. 공식적 심의체제의 가장 대표적인 예이자 널리 활용되는 것으로 인증평가제도가 있다. 인증평가(accreditation)는 공식화된 인증평가협회나 인증평가기관이 학교, 대학, 병원과 같은 기관을 승인하는 과정을 의미하며, 교육뿐 아니라 의료와 법률 등 여러 분야에서 적용되고 있는 평가모형이다. 우리나라의 경우, 한국대학평가원의 대학기관 평가인증, 한국의 학교육평가원의 의학교육인증평가, 한국간호교육평가원의 간호교육인증평가 등이 대표적인 사례이다. 한국대학평가원의 '대학기관 평가인증'의 절차를 살펴보면 [그림 2-1]과 같다.

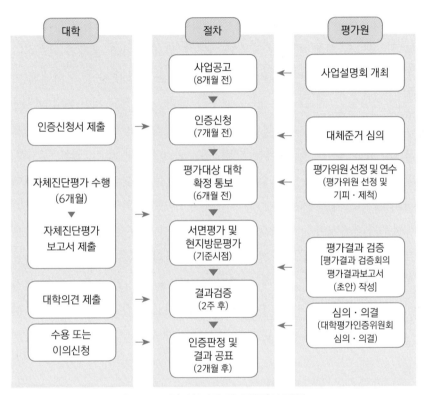

[그림 2-1] '대학기관 평가인증'의 절차

출처: 한국대학평가원 홈페이지(http://aims.kcue.or.kr/EgovPageLink.do?subMenu=3040000).

비공식적 심의체제(informal professional review systems)는 심의를 위한 전담 기구가 조직되어 있고 다수의 전문가로 구성되어 있으나, 공표된 기준이나 구체화된 심의(평가) 계획을 가지고 있지 않는 심의체제를 의미한다. 정부의 특별한 사업이나 정책에 기반하여 운영되는 프로그램에 대한 평가체제로, 심의가 필요한 상황이 발생하면 전문가들이 참여하여 심의 계획을 구체화하고 심의 기준을 설정·공표한 후 전문가들의 심의가 진행된다. 그 심의 결과는 해당 프로그램 운영 주체에게 영향을 미친다.

특별전담위원회 심의(ad hoc panel review)는 특별 상황이 발생하여 필요한 경우에만 전문가위원회를 구성하여 실시하는 심의(평가)를 의미한다. 심의를 위해 미리 조직화된 기구가 없으며 미리 결정된 기준이나 정기적인 계획도 없다. 그리고 심의 결과가 프로그램 운영 주체에게 미치는 영향도 크지 않거나 없는 경우가 많다. 특별전담 개인 심의(ad hoc individual review)는 해당 분야의 권위자로 인정받고 있는 특정 개인에게 프로그램을 심의하도록 하는 방법으로, 전담기구나 조직, 공표된 기준, 다수 전문가 참여 등의 요소를 갖지 못한다. 또한 심의 결과의 영향력이 거의 없거나 미미하다.

전문가중심평가는 평가과정에서 전문가의 활용과 판단에 의존하므로, 사회적으로 인정받는 전문성 구비자로서의 전문가들의 공동 지성을 효율적으로 활용할 수 있다는 특징을 갖는다. 하지만 전문가들의 선정이 제대로 이루어지지 않거나 전문가들의 개인적 편견이나 선입견이 평가에 많이 작용할 경우엔 많은 문제점을 안게 된다.

5) 반론중심평가모형

반론중심평가모형(adversary-oriented evaluation approaches)은 평가과정에서 완전히 통제되기 어려운 편견의 개입 문제를 완화하기 위하여 제안된 평가방법의 하나로, 상호 대립되는 견해나 관점을 모두 다룸으로써 프로그램의 장점과 단점을 모두 드러내는 평가적 접근을 의미한다. 상호 반대되는 관점이나 의견을 드러내는 것이기에 찬반토의식 평가라고도 불리며, 법정의 재판 형식을 평가에 도입하여 교육적 의사결정에 이용하는 데서 출발하였기 때문에 법정평가모형(judical evaluation model)이라고도 한다.

반론중심평가모형은 정부의 효율성을 점검하기 위하여 Rice(1915)가 모의재판과 배심원제도를 평가에 도입했던 데에서 출발하였으며, Wolf(1975)에 의해 평가에 고소인, 변호인, 증인, 판사, 배심원을 구성하여 대립되는 관점들을 드러내고 최종 의사결정(판결)하는 방식의 법정평가모형으로 제안되었다. 이 모형에 따르면, 평가는 4가지 단계, 즉 쟁점 생성, 쟁점 선정, 논쟁 준비, 심문의 순서로 진행된다. 쟁점 생성(issue generation)은 평가대상(프로그램)의 무엇에 대해 심문할 것인가와 관련하여 주장될 쟁점들을 모두 드러내고 이해할 수 있도록 하는 단계이다. 보통 자연주의적 연구 패러다임을 사용하는 것이 일반적이다. 쟁점 선정(issue selection)은 평가에서 다룰 수 있도록 쟁점의 범위를 축소시키는 단계로서, 쟁점들의 현안으로서의 적절성을 분석·결정하는 데 중점을 둔다. 논쟁 준비(preparation of arguments)는 쟁점별로 나타날 수 있는 두 가지 반대되는 관점에 대해 논쟁을 충실히 할 수 있도록 증거를 수집하는 단계이며, 마지막 심문(the hearing)은 증거에 근거한 논쟁이 진행되고 최종 배심원단에 의해 쟁점에 대한 의결이 이루어지는 단계이다.

반론중심평가모형은 평가대상, 즉 프로그램의 긍정적 측면과 부정적 측면 모두를 잘 드러내 주며, 경쟁의 방식을 이용하여 청중의 정보에 대한 욕구를 흥미로운 방식으로 만족시킬 수 있다는 장점을 지닌다. 반면, 특정 위기나 쟁점이 있을 때에만 평가를 수행하는 것으로 오해할 소지를 제공하고, 쟁점에 대해 관점에 따른 경쟁 요소가 큰 경우 자발적인 합의를 도출하기가 어려우며, 설득이나 논쟁의 기술이 판단(의사결정, 판정)에 많은 영향을 미친다는 단점도 가진다. 또한 재판관의 역할을 하는 사람의 자질이나 편견에 따라 평가의 결과가 달라질 수 있고, 비교적 많은 시간과 비용 및 준비를 요구한다는 단점도 있다.

이에 Worthen 등(1997)은, ① 평가대상이 여러 사람에게 영향을 미치고, ② 평가대상에 관한 쟁점이 많은 관심을 불러일으키며, ③ 총괄적인 의사결정을 내려야 하고, ④ 평가자들이 외부 인사이며, ⑤ 관련된 쟁점이 명확하고, ⑥ 행정가들이 반론중심적 접근의 장점을 이해할 수 있어야 하며, ⑦ 찬반토의를 위해 요구되는 추가 비용이 마련되어 있을 때 반론중심평가를 사용하면 유용할 것이라고 제안한다.

6) 참여자중심평가모형

참여자중심평가모형(participant-oriented evaluation approaches)은 1967년 일부 평가이론가들이 당시 교육 분야에서 영향력이 큰 전통적인 평가모형(방식)에 대해 비판하면서 시작되었다고 볼 수 있다. 즉, 기존의 평가는 기계적이고 무반응적인 평가로서 프로그램에서 실제 발생하고 있는 점을 정확히 파악하지 못하고 있다고 지적하고, 프로그램 활동과 상황에 대한 직접적 경험을 중시하고 다양한 가치와 관점에 근거하여 판단 활동을 수행해야 함을 강조하였다. 이에 직관적-다원주의적 철학을 반영하여 자연주의적 탐구 방식과 참여자의 평가 참여를 중시하는 평가모형이나 개념들이 제안되어 왔다.

참여자중심평가모형들이 갖는 공통된 특성은 다음과 같다. 첫째, 상황특수성(맥락성)을 강조하는 것으로, 복잡한 맥락 속에서 인간과 그 행위들을 이해하고자 한다. 둘째, 가치 다원화주의(value pluralism)를 중시하는 것으로, 다양한 집단의 이질적인 판단과 선호도를 파악하기 위한 평가자의 직관적 총명함(intuitive sagacity)과 전문적 의사소통 기술을 요청한다. 셋째, 귀납적 추론에 의존하는 것으로, 세심한 관찰과 발견을 통해 프로그램에서 나타나는 이슈나 사건 혹은 과정을 이해하는 데 중점을 둔다. 이 외에 다양한 자료를 수집하여 사용하고, 표준화된 계획을 따르지 않으며, 단순한 실제보다는 복합적인 실제를 기록한다는 점도 공통 특성이다.

참여자중심평가로 매우 다양한 모형이 제안되어 왔으나, 여기서는

Stake(1975a)의 반응적 평가, Parlett와 Hamilton(1976)의 조명적 평가 그리고 Guba와 Lincoln(1989)의 자연주의적 평가에 국한하여 간략히 소개한다.

(1) Stake의 반응적 평가

Stake(1975a)는 1970년대 초반 반응적 평가(responsive evaluation)를 제안하였는데, 이는 프로그램의 의도보다는 실제 활동을 중시하고 정보에 대한 청중의 요구에 반응하며, 프로그램의 성공/실패를 보고할 때 다양한 가치와 관점을 포함하는 평가를 의미한다. 평가의 타당성이란 청중이 평가대상(프로그램)을 총체적으로 이해하는 정도를 뜻하는 것이기에, 구성원 간 혹은 프로그램 요소 간 상호작용을 면밀히 관찰하여 현안에 대한 지속적인 집중화를 유도해야 함을 강조한다.

이 모형에서 제안하는 평가자의 역할은, ① 관찰, 협상 및 교섭 계획 수립, ② 다양한 관찰자 선정, ③ 자료수집(관찰자 조력 포함), ④ 청중에게 가치 있는 것을 발견하기, ⑤ 다각도에서 가치 파악, ⑥ 프로그램 운영자(참여자)로 하여금 자신에 대한 묘사(서술)의 정확성에 반응하도록 하기, ⑦ 전문가가 다양한 결과의 중요성을 판단하게 하기, ⑧ 청중이 평가결과의 적절성을 판단하게 하기, ⑨ 이러한 절차 번복(계속적인 행위/반응의 기록), ⑩ 청중과의 의사소통을 최적화하기 위한 미디어 선택, ⑪ 보고서 작성 등이다(stake, 1975b).

(2) Parlett와 Hamilton의 조명적 평가

조명적 평가(illuminative evaluation)란 전체로서의 프로그램, 즉 그 조직 상황에서 프로그램의 정당성, 프로그램의 전개, 프로그램의 운영, 프로그램의 성취 및 프로그램의 장애요소 등을 집중적으로 연구하듯 실시되는 평가를 의미한다(한국교육평가학회, 2004). Parlett와 Hamilton(1976)이 고전적인 실험연구 패러다임에 반대하는 입장을 취하며 제안한 개념으로, 측정과 예측보다는 기술과 해석에 일차적인 관심을 두는 평가적 접근이다.

조명적 평가는 우선 프로그램의 환경과 매일 매일의 실제에 친숙해진 이후에 관찰(참여관찰 방식 권장)을 실시하고, 이후 선택한 프로그램 관련 쟁점이나 문제에 대해 보다 심도 있는 탐구를 시행한 다음, 관찰된 결과들 사이의 관계를 설명하는 단계를 거친다. 이를 위해서 평가자는 현장에서 많은 시간을 보내야 하며, 프로그램을 둘러싼 복잡한 현실을 포괄적으로 이해할 수 있는 전체적 상호관계망에 관심을 두어야 한다.

(3) Guba와 Lincoln의 자연주의적 평가

자연주의적 평가(naturalistic evaluation)는 인류학과 사회학 분야에서 주로 활용되는 자연주의적 연구관에 입각하여 Stake의 반응적 평가와 자연주의적 탐구방식을 연결한 평가 개념으로 Guba와 Lincoln(1981, 1983, 1989)에 의해 제안되었다. 기존의 과학적 패러다임에 입각한 공리주의적 평가의 문제점을 해결하고 대체할 수 있는 대안으로서 현상학적·해석학적·구성주의적 패러다임을 기반으로 하는 새로운 평가를 통칭하는 개념으로 4세대 평가로 명명되기도 한다. 다양한 이해 관계자의 요구와 주장에 반응하는 것을 평가의 주요 역할로 설정하고 있으며, 질적 연구처럼 평가방식을 미리 설정하지 않고 평가과정에서 생성되는 요구와 상황에 반응하여 평가영역과 방식을 평가자와 평가의뢰자가 협의·결정·변형해 나가는 방식을 취한다. 또한 반복적인 관찰과 비구조화된 면접을 위주로 자료를 수집하고, 귀납적 분석 방식을 취하며, 맥락의 의미와 전체로서의 관계망에 근거하여 충실한 기술과 해석을 수행하는 데 중점을 둔다. 평가자는 평가 관련자들의 주장이나 관심사 및 이해관계를 파악하여 이해집단 간의 합의를 통한 해결을 이끌어 내기 위해 협상을 준비하며, 경쟁적인 요소가 최소가 될 때까지 변증법적 순환과정을 거치면서 결론에 도달하도록 노력해야 한다.

이와 같은 참여자중심평가모형들은 평가대상(프로그램)의 속성을 다각적인 측면에서 충실히 드러냄으로써 프로그램에 대한 종합적인 이해를 가능하게 하며, 특히 프로그램 참여자들의 반응에 기반함으로써 그들의 요구와 성찰에 기반한 자체 프로그램 개선을 유도할 수 있게 한다는 장점을 지닌다. 반면, 평가에 개입하는 주관성이나 선입견을 배제할 수 있는 기제가 없고, 가치 판단이라는 평가의 속성이 약화될 수 있으며, 평가에 소요되는 시간과 비용 및 노동력이 과하게 요구된다는 문제점도 가진다.

　지금까지 살펴본 프로그램 평가의 여섯 가지 평가모형에 대해 종합 정리하면 〈표 2-5〉와 같다. 각 평가모형은 평가를 바라보는 관점과 목적, 강조하는 평가 활동의 측면에서 서로 대비되는 고유한 특성을 보인다.

〈표 2-5〉 평가모형의 종합 비교

모형 항목	목표중심	운영중심	소비자중심	전문가중심	반론중심	참여자중심
평가 목적	목표성취 정도에 대한 결정	의사결정에 필요한 정보 제공	소비자의 구매/선택 지원을 위한 정보 제공	프로그램 질에 대한 전문적 판단	현안에 대한 다양한 입장과 각각의 장단점 점검	심층적 서술과 이해＋청중의 정보 요구 반응
주요 특징	• 측정 가능한 목표 구체화 • 객관적 자료수집 도구 활용 • 목표-수행 간 불일치 확인	• 합리적 의사결정 지원 • 프로그램 전 국면(단계) 평가	• 상품 분석 체크리스트 활용 • 품질 검사 • 소비자를 위한 정보 제공	• 지식 · 경험 판단 토대 • 합의된 기준의 활용 • (팀)현장방문 평가 활용	• 대립 관점의 공청회 활용 • 논쟁 시 드러난 주장(논거)에 기초한 결정	• 다중(복합) 실제의 반영 • 귀납적 추론과 발견 • 현장의 직접 경험

활용분야	• 프로그램 개발 • 성과 모니터링 • 요구사정	• 프로그램 개발 • 기관 운영 체제 • 책무성 점검	• 소비자 보고서 • 상품 개발 • 확산용 상품 선정	• 자체 평가 • 인증제 • 전문가패널 • 위원회 조사	• 대립 프로그램/쟁점 점검 • 정책 공청회	• 혁신/변화의 조사·발굴 • 프로그램 민속지학
장점	• 적용 용이 • 성과 초점 • 수용도 높음 • 책무성 제고	• 의사결정에 적합한 정보 제공 • 평가의 체계적 접근 • 다양한 정보 활용	• 소비자 정보 요구 충족 • 소비자에 맞는 프로그램 개발 촉진 • 비용-효과성/유용성 제고	• 공동지성 활용 • 광범위 활용	• 청중의 정보 욕구 충족 • 광범위 활용	• 종합적 이해 가능 • 참여자 요구와 성찰에 기반한 프로그램 개선 촉진
단점	• 부수적·확산적 목표와 성과 간과 • 결과 치중, 과정 소홀 • 지나친 단순화(실제 복합성 간과)	• 의사결정자에 종속된 평가: 평가자 역할과 평가 정보 제한	• 소비자에게 시간과 비용 부담 전가; 스폰서 부족 • 소비자 입장만 대변(개발자의 전문성과 자발성 위축)	• 전문가 편견·선입견 개입 가능성 • 복제 가능성(재생성) 낮음	• 쟁점에 국한 • 대립성이 큰 경우 자발적 합의 곤란 • 설득이나 논쟁 기술의 영향력 큼 • 재판관 자질·편견의 영향 • 시간과 비용	• 무정형성 • 주관성과 선입견 영향 • 노동집약적 • 시간과 비용

출처: Worthen, Sanders와 Fitzpatrick(1997: 179-181)의 종합 비교표에서 부분 발췌하여 정리.

그러나 프로그램 평가의 실제에 있어서는, 하나의 평가모형에 근거하여 운영되는 것도 있지만, 필요에 따라 기준이나 절차 등의 측면에서 혼합된 모습으로 나타나는 경우가 많다. 예컨대, 전문가중심의 인증제 평가가 실시된다 하더라도, 평가의 기준이 운영중심평가모형인 CIPP 모형 단계에 따른 요소 설정이 이루어질 수도 있고, 최근 강조하는 수요자 중심 교육 관점을 수용하여 프로그램의 수요자를 대상으로 한 평가의 요소와 방법을 추가하여 운영하는 양상을 보인다. 이에 진로교육프로그램 평가의 실제를 이해할 때 평가의 목적과 평가자의 역할, 평가의 기준, 절차 등의 측면에서 주된 평가모형과 혼합된 평가모형의 특성들이 어떻게 구현되는지를 파악하는 것이 중요하다. 이를 토대로 진로교육프로그램 평가를 기획 · 운영하는 전문가로서의 역량을 함양할 수 있을 것이다.

제3장

진로교육평가를 위한 측정 및 통계

측정의 기본 원리

1) 심리 측정의 본질

"열 길 물속은 알아도 한 길 사람 속은 모른다."는 속담이 있다. 열 길 물속은 고사하고 5,600만 킬로미터 떨어진 화성에서 생명의 흔적을 찾을 수도 있는 세상이지만 정작 평생을 해로한 배우자의 마음조차 여전히 알기 어렵다. 어쩌면 인간의 마음은 실체가 없어서 우리가 아무리 노력해도 끝내 알 수 없을지도 모른다.

알기 어렵다는 인간의 심리를 직접 재 보겠다며 19세기 후반에 나타난 일군의 학자들이 있다. W. Wundt를 비롯한 심리학 개척자들이다. 그들은 물리 측정의 원리를 과감하게 인간 심리 측정에 적용함으로써 과거 철학자들의 사변적으로만 탐구하던 관행으로부터 벗어났다.

인간의 심리를 객관적으로 잴 수 있다는 생각은 20세기 초 미국의 행동주의 심리학자들에 의해 구체화되었다. "모든 것은 양(量)으로 존재한다. 양으로 존재하는 한 측정할 수 있다."는 과감한 명제를 제시한 E. Thorndike가 대표적이다. 물리 측정의 전통을 차용한 이들은 "관찰 점수는 진 점수와 오차 점수의 합이다."는 전제로부터 출발한다. 인간이 정교한 도구를 개발하여 관찰 점수를 알 수 있고, 무선 오차(random error)가 가진 특성을 통해 오차 점수 분포를 유추할 수 있기 때문에, 비록 진 점수는 알 수 없을지 몰라도 확률적으로 추론할 수는 있게 된 것이다.

심리 측정(psychological testing)이란 인간의 심리적 구인(psychological constructs)을 진단하고 예견하기 위해 행동 표본(behaviors sample)을 수집하는 행위라 정의된다. 물리 측정과 달리 인간의 심리를 직접 잴 방도는 없다. 어떤 심리적 특성이 과연 존재하는지조차 알 길 없다. 다만, 드러난 인간 행동을 관찰함으로써 심리를 간접적으로 측정할 뿐이다. 인간의 심리는 반드시 행동(외현적 또는 내현적)으로 나타난다는 행동주의자들의 가정이 있기 때문에 이 일이 가능하다.

한 인간의 심리를 파악하기 위해 그 사람의 모든 행동을 관찰할 수는 없는 노릇이다. 그럴 수가 없을 뿐 아니라 그럴 필요도 없다. 행동의 전집을 대표하는 행동 표본(behaviors sample)을 표집하는 방식이 가능하다. 인간은 확률적 표집을 통해 행동의 대표성(representativeness)을 확보하는 지혜를 창안했다. 통계학의 표집 분포 이론을 활용하면 표본 분포를 가지고 전집의 특성을 추론할 수 있다. 당뇨 환자의 인슐린을 측정하는 데 온 몸에 있는 피를 전부 뽑아 볼 필요가 없고 그래서도 안 되며, 상수원의 수질을 측정하는 데 호수의 물 전체를 마셔 볼 필요가 없고 그럴 수도 없다. 하루에 세 번 정도 채혈하여 인슐린의 양을 측정하여 당뇨병 상태를 파악할 수 있고, 계절, 시간, 위치 등을 달리하며 호수에서 몇 번 채수한 것으로도 상수원으로 적합한지 판단할 수 있다.

길이, 무게 등과 같은 물리적 실재와 달리 지능, 적성, 성격 등과 같은 심리적 실재는 학자의 조작적 정의에 의해 비로소 존재한다. 물리적 속성과 다른 점을 감안하여 심리적 속성의 개념을 심리적 구인(psychological constructs)이라 부른다. 심리적 구인은 물리적 속성처럼 이미 존재하는 것이 아니라 학자의 조작적 정의에 의해 존재할 거라 가정되는 것에 불과하다. 따라서 각 심리 측정 도구가 측정하고자 하는 것이 다를 수 있다.

길이, 무게와 같은 물리적 속성은 이미 존재하는 잣대로 정확히 재면 그만이다. 그러나 지능, 적성, 성격과 같은 심리적 속성은 개인차(individual difference)에 의해 생긴 분포를 통해 잣대를 만든다. 따라서 심리적 구인을 측정하는 절대적 기준(standards)은 없고 상대적 규준(norms)만 있을 뿐이다. 규준을 통해 우리는 개인 간 우열을 규정하기보다 개성(distinctiveness)을 찾고자 한다.

2) 척도

측정(measurement)이란 어떤 대상(objects)이나 사건(events)의 속성(attributes)에 대해 일정한 규칙(scales)에 따라 수(numbers)를 할당하는 과정이다. 대상의 예로는 남/여, 초/중/고, 학년, 연령 등이 있을 수 있고, 사건의 속성에 대한 예로는 비행의 횟수, 비행의 종류, 첫 비행 시기 등이 있을 수 있다.

변인(variables)이란 서로 다른 수치를 부여할 수 있는 사건이나 대상의 속성이다. 따라서 측정은 상수가 아니라 변인에 주목하며, 관심 있는 변인('변수'라고도 함)에 일정한 규칙에 따라 수를 할당하는 과정인 셈이다.

일정한 규칙을 가진 측정의 도구를 척도(scale)라 하는데, 척도에는 수준이 다른 네 가지가 있다. 명명(유명) 척도, 서열(순서) 척도, 동간(등간) 척도, 비율 척도 등이 그것이다. 명명 척도(nominal scale; 예: ~와 다르다)는 남/여, 소재지, 국적 등과 같이 서로 다름을 나타낼 뿐 서열이나 차이, 비율 등을 가늠할 수 없다. 서열 척도(ordinal scale; 예: ~보다 크다 또는 작다)는 상/중/하, 백분위, 석차 등과 같이 서로 다름뿐만 아니라 이들 간의 순서도 가늠해 볼 수 있다. 등간 척도(interval scale; 예: ~와 차이가 같다)는 온도, (올림픽이나 월드컵 개최) 연도 등에 관한 정보와 같이 이들의 다름이나 서열뿐만 아니라 이들 간의 간격이 일정하다는 특징이 있다. 따라서 이들을 더하거나 빼는 것이 자유롭다. 그러나 절대 영점이 없기 때문에 곱하거나 나누는 것이 자유롭지 못하다. 비율 척도(ratio scale; 예: ~보다 몇 배 크다 또는 작다)는 길이나 무게 등과 같이 서로 다름, 순서, 일정한 간격 등의 특징을 갖고 있을 뿐만 아니라 절대 영점이 존재하기 때문에 가감승제(加減乘除)가 자유롭다.

심리검사의 원점수는 사실상 서열 척도에 불과하다. 그래서 채점된 원점수를 등간성이 존재하는 표준점수(z-score)로 바꾸고, 정규분포 가정하에 연령이나 학년에 따른 전환 점수를 개발하여 규준표를 작성한다.

3) 측정 오차의 분류와 근원

심리 측정 관련 오차는 측정 오차(measurement error)와 측정과 관련 없는 오차(non-measurement error)로 구분되며, 측정 오차에는 체계적 오차와 비체계적 오차가 있다. 측정과 관련 없는 오차 중 대표적인 것은 표본 관련 오차이다. 표집 방식, 표본 크기 등이 여기에 관련된다.

체계적 오차(systematic error)는 일종의 편향(bias)으로서 측정의 타당도를 떨어뜨리는 주요 원인이다. 선택형 문항에서 가장 긴 답지가 정답일 가능성이 높은 경우, 특정 인종이나 성별 집단에 유리하거나 불리한 내용의 문항으로 이루어진 경우 등에서 자주 발생한다. 비체계적 오차(non-systematic error)는 측정 과정에 우연히(by chance) 무작위(random)로 발생하는 것으로서 측정의 신뢰도를 결정하는 주요 요소이다. 아무리 정교하게 잰다 해도 여러 번 측정하다 보면 비록 작지만 이유를 알 수 없는 오차가 발생할 수 있다.

적절한 방식으로 표본이 선정되고, 체계적 오차를 최소화하여 도구의 타당도가 확보된다면 인간의 심리적 특성을 추정할 수 있다. 표본 크기가 충분히 크면 오차 점수가 정규분포를 이룬다는 무선 오차 분포의 특성을 활용하여 개인별 심리 특성을 확률적으로 추정할 수 있다.

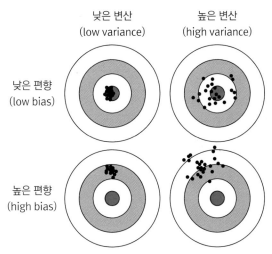

[그림 3-1] 체계적 오차와 무선(무작위) 오차

출처: Fortmann-Roe (2012).

[그림 3-1]의 동심원 그림에서 가운데 가장 작은 (초록) 동그라미가 표적 특성이고 주변에 찍힌 (검은) 점들이 측정값들이라 한다면, 체계적 오차도 작고(낮은 편향) 무작위 오차도 작은(낮은 변산) 경우에 측정이 잘 이루어졌다고 본다. 체계적 오차는 작으나 무작위 오차가 크면 표본 크기를 크게 함으로써 측정 오차 문제를 해결할 수 있다. 한편, 무작위 오차는 작으나 체계적 오차가 크면 영점 조준이 잘못된 경우이니 표적 행동에 맞는 도구 문항인지 검토해야 한다.

▷ ② 점수 분포

1) 점수 분포의 개념과 유형

심리적 특성의 측정 결과는 점수로 나타나는데, 아무렇게나 나열되어 있는 점수들의 더미에 일정한 규칙을 부여하여 데이터를 구축한다. 측정 변수의 종류에 따라 점수 분포는 다양한 유형이 있을 수 있다. 또한 점수 분포의 중심경향 값과 변산도를 통해 대략적인 특징을 파악할 수 있다.

변수(또는 변인)는 질적 변수와 양적 변수로 나뉘는데, 질적 변수는 특정 범주에 속하는지의 여부에 따라 두 가지 또는 그 이상으로 구분될 뿐이라서 범주 변수라고도 한다. 양적 변수는 셀 수 있는 이산 변수(예: 인구 수, 가구 수 등)와 셀 수 없고 측정만 가능한 연속 변수(예: 신장, 체중 등)로 나뉜다.

측정 변수가 이항(二項) 변수(예: 맞다/틀리다, 그렇다/아니다, 성공/실패 등)라면 이항 분포를 이루며, 측정 변수가 다항(多項) 변수(예: 그렇다/아니다/모르겠다, 찬성/반대/중립, 대/중/소 등)라면 다항 분포를 이룬다. 측정 변수가 이산 변수 또는 연속 변수라면 정규분포를 이루거나, 그렇다고 가정한다. 심리적 구인들을 대상으로 하는 심리 측정의 결과가 정규분포의 기본 가정에 어긋난다고 하더라도 대부분의 심리 척도 개발자들은 정규분포를 가정하고 분석한다.

2) 점수 분포의 특성

(1) 중심경향 값

점수 분포의 중심경향을 나타내는 것으로는 최빈값, 중앙값, 평균 등이 있다.

이항 또는 다항 분포에서 중심경향은 최빈값으로 가늠해 볼 수 있다. 빈도가 가장 높은 값이 곧 최빈값인데, 예를 들어 중학교 자유학기제를 자유학년제로 확대하는 것에 반대하거나 유보적인 사람들보다 찬성하는 사람들의 비율이 가장 높다면 '찬성'이 최빈값이다.

이산 변수 또는 연속 변수로 이루어진 점수 분포에서 중심경향은 최빈값으로도 알아 볼 수 있으나 중앙값 또는 평균으로 더 정밀하게 알아 볼 수 있다.

점수들을 크기 순서로 나열했을 때 중간에 해당하는 것이 곧 중앙값이다. 빈부 격차가 심한 나라의 소득 분포나 고령화 사회로 접어든 나라의 연령 분포 등은 정적(positively) 또는 부적(negatively)으로 편포(skewed)돼 있기 때문에 정규분포라 가정하기 어렵다. 이럴 때 중앙값으로 점수 분포의 중심경향을 알아 보는 것이 좋다.

최빈값이나 중앙값으로 점수 분포의 집중 경향을 알아 보는 것이 좋기는 하지만 이들이 가감승제에 자유롭지 못하다는 단점이 있다. 양적 변수로서 최소한 동간성을 갖고 있는 변수의 측정값들이 이루는 점수 분포의 집중 경향은 평균으로 가늠한다. 평균은 일종의 무게 중심으로서 놀이터에서 볼 수 있는 시소의 중심점에 해당한다.

좌우 대칭인 정규분포에서 평균값은 중앙값이기도 하고 또한 최빈값이기도 하다.

(2) 변산도

점수 분포의 흩어져 있는 정도를 나타내는 변산도는 범위, 사분편차, 표준편차 등으로 알아 볼 수 있다.

범위는 가장 높은 값과 가장 낮은 값의 차이로서 점수 분포의 대략적인 변산도를 알아 볼 때 사용된다.

사분편차는 점수 분포의 면적을 넷으로 나누었을 때, 중앙부에서 전체 분포의 50%를 포함한 범위의 절반이다. 하위 25%와 상위 25%를 제외한 중앙의 50%에 해당하는 점수의 범위가 곧 사분편차이다.

표준편차는 점수 분포의 각 값들이 무게 중심인 평균으로부터 떨어져 있는 평균 정도이다. 낮은 값들 또는 높은 값들은 평균으로부터 많이 떨어져 있고, 중간쯤에 있는 값들은 평균으로부터 적게 떨어져 있다. 이들의 떨어져 있는 정도를 평균한 것이 곧 표준편차이다.

심리 측정에서 가장 흔하게 활용되는 정규분포는 평균과 표준편차로써 점수 분포의 집중 경향과 변산도를 나타낸다. [그림 3-2]에서 볼 때, 세 분포는 평균과 표준편차가 같거나 다를 뿐 비슷한 속성을 가진 가족 분포라는 것을 알 수 있다(다른 분포에 비해 확률분포를 표준정규분포 표 하나만으로 충분히 나타낼 수 있어서 편리하다).

평균은 같고 표준편차는 다른 경우(검은색과 회색), 표준편차는 같고 평균이 다를 경우(검은색과 초록색), 평균과 표준편차가 모두 다른 경우 등을 볼 수 있다(회색과 초록색).

평균이 크면 오른쪽에, 작으면 왼쪽에 분포한다. 표준편차가 크면 평퍼짐하고, 작으면 뾰족하다. 다른 분포와 달리 가족 분포이기 때문에 이들을 하나의 표준 분포로 나타낼 수 있다. 평균과 표준편차만 다를 뿐 모든 면에서 같기 때문에 일정한 평균과 표준편차를 가진 분포로 전환할 수 있다. 평균이 0.0이고 표준편차가 1.0인 표준정규분포 $N(0.0, 1.0)$로 환산하여 분포 간 차이를 가늠할 수 있다.

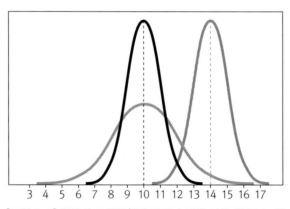

[그림 3-2] 평균과 표준편차가 같거나 다른 가족 정규분포들

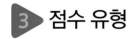

3 점수 유형

1) 원점수

측정 결과 얻은 것을 원점수라 한다. 어떤 대상이나 사건의 속성에 일정한 규칙에 따라 수를 할당한 결과로 얻은 것일 뿐이기 때문에 여기에는 어떤 기준점이 없다. 서로 다른 검사에서 얻은 원점수를 직접 비교하는 것도 의미가 없다. 문항 수나 문항당 배점 등이 다를 뿐만 아니라 난이도를 비롯한 문항의 특성들이 다를 것이기 때문이다. 그저 개인 간 차이를 드러낸 것에 불과하다.

2) 변환점수

원점수에 어떤 의미를 부여하고 모종의 해석을 가능하게 할 목적으로 변환한 점수를 말한다. 변환점수의 대표적인 예가 표준점수(z-점수)이고, 표준점수를 바탕으로 만들어진 변환점수들(예: T-점수, 편차 IQ) 외에 백분위(percentiles), 9간 점수(stanines) 등이 있다([그림 3-3] 참조).

(1) 표준점수

점수들이 정규분포를 이룬다고 가정할 수 있을 때 표준정규분포로 변환하여 개인 간 차이를 비교할 수 있는 규준을 작성할 수 있다. 척도 법칙에 따라, 점수들에 일정한 값을 더하거나 빼면 그만큼 평균이 커지거나 작아지지만 표준편차는 달라지지 않는다는 점을 활용하여, 개인들의 원점수(Y_i)에서 원점수 분포의 평균($\overline{Y}$)을 빼고 표준편차(s_Y)로 나눔으로써 평균이 0.0이고 표준편차가 1.0인 표준점수(z)를 산출할 수 있다.

$$z_i = \frac{Y_i - \overline{Y}}{s_Y}$$

예를 들어, 평균이 100이고 표준편차가 15인 점수들이 정규분포를 이루고 있다 할 때, 이들 중 115점은 표준점수 1.0이고 85점은 표준점수 -1.0이다. 한편, 평균이 50이고 표준편차가 10인 점수들이 정규분포를 이루고 있다 할 때 이들 중 60점은 표준점수 1.0이고 40점은 표준점수 -1.0이다. 이렇듯 평균과 표준편차가 다르더라도 가족처럼 정규분포를 이루고 있다면 이들을 상호 비교할 수 있다.

정규분포의 특성상 평균보다 약 1.0 표준편차 높은 점수로부터 약 1.0 표준편차 낮은 점수 사이($\overline{Y} \pm 1.0 \times s_Y$)에 전체 점수들의 약 68%가, 평균보다 약 2.0 표준편차 높은 점수로부터 약 2.0 표준편차 낮은 점수 사이($\overline{Y} \pm 2.0 \times s_Y$)에 약 95%가 분포되어 있다.

(2) T-점수와 편차 IQ

척도 규칙에 의해 만들어진 표준점수는 동일한 척도 규칙에 의해 다양한 표준화 점수들로 전환될 수 있다. 표준점수 분포에 일률적으로 10을 곱하고 50을 더해 주면 평균이 50이고 표준편차가 10인 T-점수 분포

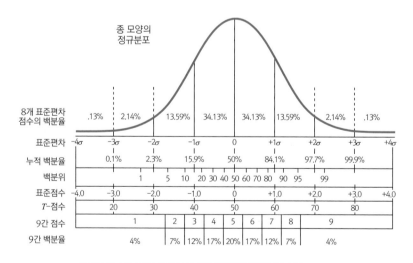

[그림 3-3] 표준 정규분포와 다양한 변환 점수들

로 전환된다. 비슷한 논리로, 표준점수(z-점수) 분포에 일률적으로 15를 곱하고 100을 더해 주면 평균이 100이고 표준편차가 15인 편차 IQ 분포로 전환된다.

(3) 백분위

백분위(percentiles)는 전체 점수들을 크기 순서로 나열했을 때 특정인이 얻은 점수를 포함하여 그보다 낮은 점수를 얻은 사람들의 백분율을 의미한다. 즉, 전체 점수를 백 등분했을 때의 위치에 해당한다. 점수가 정규분포를 이룬다고 했을 때 중앙값은 50 백분위이고, 평균보다 1 표준편차 높은 점수는 약 84 백분위이다.

(4) 9간 점수

9간 점수(stanines)란 전체 점수 분포를 9개의 구간으로 나눈 점수로서, 중앙값을 중심으로 전체 점수 분포의 20%를 중간 점수 5로, 그것보다 낮거나 높은 점수 분포의 17%를 점수 4나 6으로, 그것보다 더 낮거나 높은 점수 분포의 12%를 점수 3이나 7로, 그것보다 더 낮거나 높은 점수 분포의 7%를 점수 2나 8로, 나머지 가장 낮은 4%와 가장 높은 4%의 점수 분포를 각각 1과 9로 한다. 상대적인 서열을 대략적으로 알아 보려 할 때 유용한 전환 점수 중 하나이다.

4 상관계수

사람들이 모여 사는 사회는 모든 것이 상호 연관이 있다. 산업혁명 이후 급격한 도시화는 사회의 익명성을 높였고, 자연스럽게 과거 농경사회에서 볼 수 없었던 흉악 범죄가 늘어났다. 범죄의 원인을 찾던 유전학자 F. Galton은 범인의 가계를 조사하던 중 묘한 점을 발견하게 되었다.

조상의 범죄 유무와 자손의 범죄 유무 간에 어떤 관계가 있음을 4간의 분할표로 표현하였다. 이를 수치화한 통계학자가 C. Pearson이다.

1) 적률 상관계수

한 변수의 변화 정도를 분산(variance: s_Y^2)이라 한다면, 두 변수 간의 변화 정도는 공분산(covariance: s_{XY})이라 한다.

$$s_Y^2 = \frac{\sum_{i=1}^{n}(Y_i - \overline{Y})^2}{n-1}$$

$$s_{XY} = \frac{\sum_{i=1}^{n}(X_i - \overline{X})(Y_i - \overline{Y})}{n-1}$$

Pearson 적률 상관계수는 공분산 개념으로부터 시작한다. 두 변수가 평균으로부터 떨어져 있는 정도가 크면 클수록 공분산 값은 커진다. 두 변수의 편차들이 동시에 양수이거나 음수일 경우에는 편차의 곱이 양의 방향으로 커지지만, 두 변수 편차들의 부호가 서로 다를 경우에는 편차의 곱이 음의 방향으로 커진다. 이 점이 공분산의 부호를 결정한다. 한편, 편차들의 부호가 양수이거나 음수인 경우가 무작위로 나타날 경우에는 편차들의 곱은 서로 상쇄되어 작아진다.

공분산은 두 변수 간 관계의 크기와 방향을 알려 주기는 하지만 다양한 관계들을 상호 비교할 수 있게 하는 계수가 되기에는 아직 부족하다. 측정 단위가 달라지면 공분산의 크기가 달라진다는 문제점을 안고 있다. 예를 들어, 동일한 집단 구성원들의 키와 몸무게를 미터와 킬로그램으로 측정했을 때의 공분산보다 센티미터와 그램으로 측정했을 때의 공분산이 커진다는 문제가 있다. 이를 해결할 수 있는 방안으로 Pearson은 두 변수를 표준화했다. 미터가 센티미터로 또는 킬로그램이 그램으로 전환되더라도 표준점수는 달라지지 않기 때문에 측정 단위를 어떻게 바꾸어도 상관계수는 달라지지 않는다.

$$r_{XY} = \frac{s_{XY}}{s_X s_Y} = \frac{\sum_{i=1}^{n}(X_i - \overline{X})(Y_i - \overline{Y})}{\frac{s_X \quad s_Y}{n-1}} = \frac{\sum_{i=1}^{n} z_{X_i} z_{Y_i}}{n-1}$$

　이렇게 계산된 값은 최대 ±1.0이고, 최소 0인 계수로 표시된다. 두 변수가 같은 방향으로 증가하거나 낮아질 때 정적 상관을, 반대로 한 변수가 증가할 때 다른 변수가 낮아지면 부적 상관을 갖는다. 상관계수 값이 ±1.0에 가까워지면 상관이 높은 것이고, 0에 가까워지면 낮은 것이다.

　상관계수는 동간성도 없고 절대 영점도 없기 때문에 이를 해석할 때 주의해야 한다. 상관계수는 공분산에서 연유된 것이기 때문에 두 변수 간의 관계 정도로 해석하는 것이 일반적이다. 예컨대, 상관이 .80이라면, 이것의 제곱 값 .64를 해석한다. 즉, 한 변수가 이루는 변산의 64%를 다른 변수로 설명할 수 있고, 나머지 36%는 설명할 수 없다고 해석하는 것이다.

2) 순위 상관계수

　적률 상관계수는 두 변수가 동간 척도 이상의 수준에서 측정된 연속 변수일 경우에만 계산 가능하다. 두 변수 중 하나 또는 둘 다 서열 변수(예: 순위, 백분위 등)일 경우에 활용 가능한 것 중의 하나가 C. Spearman이 제안한 순위 상관계수이다.

$$r_s = 1 - \frac{6 \sum_{i=1}^{n} d_i^2}{n(n^2 - 1)}$$

이때, $d_i = R(X_i) - R(Y_i)$, 즉 두 변수의 i번째 값의 순위의 차이며, n은 표본 크기이다. 점수 분포가 극히 이질적이고 등위 이외에는 별다른 의미를 갖지 못할 때, 산술평균보다는 중앙값을 구하는 것이 더 적절한 데이터인 경우에 유용하다.

3) 기타

연속 변수와 이분 변수 사이의 관계는 점이연(point biserial) 상관계수로 계산할 수 있다. 예를 들어, 성별에 따른 지능지수, 도시와 농어촌 거주지에 따른 성취도 등을 상관계수로 계산할 때 유용하다.

두 변수 모두 연속 변수인데 그중 하나를 이분 변수로 취급하고 관계를 알아보려 할 때 이연(biserial) 상관계수를 계산할 수 있다. 예를 들어, 어느 과목을 수강한 학생 중 60%가 합격 점수를 얻었고 나머지 40%가 불합격 점수를 받았다고 가정하고, 합격한 학생과 불합격한 학생들의 지능지수 평균이 달랐다면, 이들 간에 어떤 관계가 있다고 볼 수 있고 그 정도를 이연 상관계수로 계산할 수 있다. 만일 상관이 높게 계산된다면 특정 과목에서 합격 점수를 받을 가능성을 지능지수로 예측할 수 있다는 말이다.

두 변수가 모두 이분 변수일 때의 관계는 파이(ϕ)계수로 계산할 수 있다. 예를 들어, 특정 의견에 대한 찬반의 성별 차이, 중·고등학생의 차이 등을 상관계수로 계산할 때 유용하다.

둘 이상의 범주로 분류된 명명척도 점수들 간의 관계는 분할계수(contingency coefficients)로 계산할 수 있다. 예를 들어, 선호하는 직업 유형이 초중고 학생들 간에 같거나 다른지, 부모의 결혼 생활 형태에 따라 학생들이 기대하는 결혼관이 다른지 등을 상관계수로 계산할 때 유용하다.

두 변수 간의 관계를 직선으로 나타내는 것이 적합하지 않다면 적률상관계수는 실제보다 낮게 추정될 가능성이 높다. 두 변수의 관계를 곡선으로 나타내는 것이 적합할 때 상관비(correlation ratio)를 계산하는 것이 좋다. 예를 들어, 연령과 운동 기능은 직선 관계라 할 수 없다. 일정 수준까지는 운동 기능이 증가하다가 어느 지점부터는 오히려 하강하는 경향이 있다. 이렇듯 직선 관계를 가정할 수 없는 두 변수 간의 관계는 상관비를 통해 상관을 계산할 수 있다.

둘 이상의 예측 변수와 하나의 준거 변수 간 관계는 중다상관(multiple correlation)으로, 여러 개의 예측 변수와 둘 이상의 준거 변수 간 관계는 정준상관(cannonical correlation)으로 나타낼 수 있다. 중다상관의 예로는, 학업성취도를 예측하는 여러 예측 변수들(예: 지능, 부모의 사회경제적 지위, 선행 학습 정도 등)의 결합과 준거 변수인 학업성취도와의 상관이 있을 수 있다. 정준상관의 예로는, 예측 변수들에 의해 설명되는 여러 과목의 성취도들(예: 국어, 수학, 영어 점수 등)의 결합과 예측 변수들의 결합 간 상관이 있을 수 있다.

5 ▶ 검사 양호도

몸무게를 재려면 체중계로 재되 오차 없이 정밀하게 재야 한다. 체중계가 없는데 키가 크면 대체로 몸무게도 많이 나갈 거라 생각하고 신장계로 쟀다면 타당하지 않은 것이고, 소나 돼지와 같은 가축들의 대략적인 무게를 재는 데 사용하던 저울로 사람의 몸무게를 쟀다면 신뢰할 수 없다.

측정 도구 중의 하나인 검사의 양호도는 "재려고 한 것을 정말로 재고 있는가?"를 묻는 타당도와, 그것을 "오차 없이 재고 있는가?"를 묻는 신뢰도로 가늠한다. 사람의 감각이 측정의 도구로 활용될 때의 신뢰도를 객관도라 별도 칭한다.

[그림 3-4]에서 볼 때, 표적 근처에 탄착점이 형성된 (a)의 경우는 정확도(accuracy)와 정밀도(precision)가 모두 높다. 검사 작성 원리를 잘 지키며 많은 노력을 들여 타당도와 신뢰도가 높게 제작된 표준화검사 등이 좋은 예이다. 탄착점이 잘 형성되어 있기는 하지만 표적의 중앙으로부터 벗어난 (b)의 경우는 정밀도는 높되 정확도는 낮다. 대학수학능력을 측정하는 데 신뢰도를 강조하여 선택형 문항만으로 검사를 구성하는 대학수학능력시험이 좋은 예이다. 탄착점이 표적 중앙 부근에 형성되어 있기는 하지만 흩어져 있는 (c)의 경우는 정확도는 높되 정밀도가 낮다. 논리적 사고력과 합리적 표현력을 측정하는 데 논술식 문항만으로 구성된 대학별고사가 타당도는 높으나 신뢰도가 낮은 좋은 예이다. 탄착점이 표적 중앙에서 벗어나 있을 뿐만 아니라 흩어져 있는 (d)의 경우는 정확도와 정밀도 모두 낮다. 검사 작성 원리를 알지 못하고 전문성도 부족한 초보 교사가 자기 생각만으로 졸속 제작한 중간고사나 기말고사 등이 좋은 예이다.

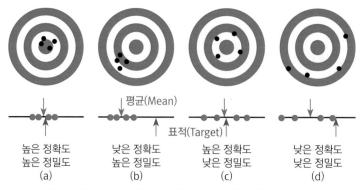

[그림 3-4] 표적의 정확도와 정밀도로 표현된 타당도와 신뢰도

출처: let's talk science (2022. 3. 17.).

1) 타당도

　검사의 타당도는 내용 관련 타당도, 준거 관련 타당도, 구인 타당도로 대별된다.

(1) 내용 관련 타당도

　국어 검사라면 국어 내용이, 수학 검사라면 수학 내용이 포함돼 있어야 한다. 너무나 당연한 얘기이지만 내용 전문가가 아니라면 이 판단을 하기는 어렵다. 전문가들조차도 의견이 다를 수 있다. 검사 제작자가 당초 만든 설계도에 따라 실제 문항 내용이 포함돼 있는지를 전문가에게 판단하도록 요구하고, 전문가들 사이의 합의 정도를 Cohen's Kappa로 계산하여 내용 타당도를 가늠한다.

$$\kappa = \frac{p_0 - p_e}{1 - p_e}$$

　이때, p_o는 두 전문가들 간에 일치한 비율이고, p_e는 두 전문가가 우연히 같은 의견에 도달한 비율이다.

(2) 준거 관련 타당도

　검사의 타당도를 판단할 때의 준거가 미래에 발생할 행동 특성이라면 예측 타당도이고, 현재의 행동 특성이라면 공인 타당도이다. 지능검사 점수가 높은 학생들이 낮은 학생들에 비해 학업성취도가 높은지를 확인해서 지능검사의 타당도를 판단하려는 경우가 예측 타당도의 좋은 예이다. 한편, 최근 연구된 인지과학 이론을 바탕으로 새롭게 개발된 지능검사로부터 얻은 점수가 기존 Wechsler 지능검사 결과로 얻은 점수와 얼마나 일치하는지를 판단하려는 경우가 공인 타당도의 좋은 예이다.

예측 타당도와 공인 타당도 모두 검사 점수(X)와 준거(Y)와의 상관계수(r_{XY})로 계산된다.

(3) 구인 타당도

심리적 특성은 물리적 특성과는 달리 그 속성을 미리 알 수 없다. 물리적 대상의 길이나 무게 등은 그 속성을 미리 알 수 있고, 오직 그것들을 정밀하게 측정하면 그만이다. 그런데 심리적 대상(예: 지능, 성취도, 성격, 태도 등)의 속성을 미리 알 수 없고, 그것들이 과연 존재하기는 하는지조차 알 길이 없다.

심리적 특성을 지칭하는 개념들은 연구자들에 의해 구성된 요인들, 즉 구인(constructs)이라 불린다. 지능이라는 구인은 A. Binet에 의해 처음으로 제안되었고, 그의 정의에 따라 비로소 존재하게 되었다. 김춘수 시인의 시 〈꽃〉(내가 그의 이름을 불러 주기 전에는 그는 다만 하나의 몸짓에 지나지 않았다. 내가 그의 이름을 불러 주었을 때, 그는 나에게로 와서 꽃이 되었다.)에서 노래한 꽃이 처음부터 존재했던 것은 아니다.

특정 개념을 제안한 학자가 생각한 구인의 조작적 정의를 바탕으로, 문항을 작성하여 검사를 구성하고, 그것을 표본에게 실시한 후, 검사 점수의 변산을 활용하여 도구의 타당성을 확인하는 작업이 이루어진다.

문항 점수들 간의 분산-공분산 행렬을 바탕으로 요인 구조를 확인하는 작업이 그중 하나이다. 예를 들어, 지능의 하위 요인으로 언어 지능, 수리 지능이 있다고 가정할 때, 언어 지능을 측정하는 문항 점수들 간 또는 수리 지능을 측정하는 문항 점수들 간에는 상관이 높지만, 언어 지능 요인과 수리 지능 요인 간 상관은 그보다 낮아야 할 것이다. 그렇다고 상관이 전혀 없으면 그것 또한 곤란하다. 이른바 요인분석(factor analysis)을 통해 구인 타당도를 확인하는 것이다.

또 다른 방안 중의 하나는 처음 제안된 구인과 유사하거나 다른 특성(multi-traits)들을 여러 방식(multi-methods)으로 측정한 후 이들 간의 분산-공분산 행렬을 구하여 상호 관계를 확인해 보는 것이다. 예를 들어, 적성의 개념을 창안할 때 이미 알려진 지능과 성취도를 선천성과 후천성의 측면에서 견주어 보는 것이다. 적성은 지능에 비해 선천성보다 후천성이 높고, 성취도에 비해 후천성보다 선천성이 높을 것으로 추측된다. 세 구인의 선천성-후천성 정도의 점수 간 상관을 계산하면, 지능과 적성 간 상관이 지능과 성취도간 상관에 비해 높을 것이고, 지능과 적성 간 상관과 적성과 성취도 간 상관은 비슷할 것이며, 성취도와 적성 간 상관이 성취도와 지능 간 상관보다 높을 것이다.

구인		T_1		T_2		T_3	
구인	측정방식	M_1	M_2	M_1	M_2	M_1	M_2
T_1	M_1						
	M_2						
T_2	M_1						
	M_2						
T_3	M_1						
	M_2						

[그림 3-5] 중다특성-중다방법 행렬의 구인 타당도

[그림 3-5]를 보면, 세 구인(T_1, T_2, T_3)을 각각 두 가지 방식(M_1, M_2)으로 측정했을 때, 동일 구인-동일 방식의 측정 점수(T_1M_1, T_1M_2, T_2M_2, T_3M_1, T_3M_2) 간 상관(재검사 신뢰도 지수에 해당함)이 가장 높고(검은색), 이질 구인-이질 방식의 측정 점수 간($T_1M_1-T_2M_2$, $T_1M_2-T_2M_1$, $T_3M_1-T_1M_2$) 상관이 가장 낮으며, 동일 구인-이질 방식($T_1M_1-T_1M_2$, $T_2M_1-T_2M_2$) 또는 이질 구인-동일 방식($T_1M_1-T_2M_1$, $T_2M_2-T_3M_2$)의 측정 점수가 중간쯤 되는데, 동일 구인-이질 방식의 경우가 이질 구인-동일 방식의 경우보다 조금 더 높을 것으로 예상된다.

2) 신뢰도(객관도 포함)

일반적으로 신뢰도는 검사-재검사 상관계수, 내적 합치도 지수, 측정의 표준오차 등으로 계산된다. 인간의 관찰 자체가 도구일 때의 신뢰도를 객관도라 부르기도 하는데, 단일 평정자의 일관성 또는 여러 평정자간 일치도로써 객관도를 측정한다.

(1) 검사-재검사 상관계수

인간의 특성이 일정 기간 변하지 않는다고 가정할 때, 어떤 도구를 이용하여 그 특성을 두 번 측정하고, 그 결과(X, X') 간의 상관($r_{xx'}$)을 계산하면 신뢰도를 파악할 수 있다. 이론상으로 1.0의 상관을 기대할 수 있으나 실제는 그보다 낮을 것이다. 그만큼 신뢰도에 의문을 가질 수 있는 것이다.

인간의 심리적 특성 중 일정 기간 변하지 않는다고 가정할 수 있는 것이 있을까? 비교적 선천성이 높은 특성들, 예를 들어 지능이나 성격 등을 측정하는 도구에는 사용에 별 문제가 없겠지만, 후천성이 높은 특성들, 예를 들어 성취도나 태도 등을 측정하는 도구에는 적합하지 않다.

선천성이 높은 특성의 측정에도 문제가 전혀 없는 것은 아니다. 두 측정 간 간격에 따라 피험자의 기억 효과가 작용할 여지가 있기 때문에, 겉모습은 다르지만 실제 같은 내용을 담고 있는 문항들로 구성된 동형검사(equivalent-form test)를 제작하여 동일 피험자에게 두 동형 검사를 실시한 후 그 결과 간의 상관을 계산하는 노력이 필요하다.

(2) 내적 합치도 지수

어떤 특성을 측정하기 위한 목적으로 개발된 도구에는 다양한 자극들이 포함되어 있다. 피험자들은 도구에 포함돼 있는 많은 자극에 일관되게 반응할 것으로 기대된다. 예를 들어, 지능검사는 많은 문항으로 구성되어 있고, 수리 능력을 재는 문항을 손쉽게 푼 피험자는 당연히 그와 비슷한 문항에 정답을 표시할 것으로 기대된다. 그런데 여러 자극에 대한 반응들이 합치되지 않는다면 그 도구의 신뢰도를 의심할 수밖에 없다.

내적 합치도를 알 수 있는 방안 중의 하나는 어떤 한 검사의 문항들을 둘로 나누어(예: 전후, 홀짝, 짝진 배정 등등) 각각을 하나의 검사인 양 간주하고 이들 간의 상관($r_{hh'}$)을 계산하는 것(반분 신뢰도)이다. 만일 한 검사가 100개 문항으로 구성되어 있다면 $r_{hh'}$는 사실상 50개로 구성된 검사들(h, h') 간의 상관에 불과하기 때문에 이것을 원래 100문항짜리 검사의 신뢰도($r_{XX'}$)로 교정할 필요가 있다. 이를 Spearman–Brown 공식이라 한다.

$$r_{XX'} = \frac{n r_{hh'}}{1+(n-1)r_{hh'}}$$

이 공식에서 n은 검사가 쪼개진 숫자이다. 검사를 둘로 쪼갰다면 $n=2$가 될 것이다. 만일 검사 문항 수만큼 쪼갠다면, 즉 한 문항을 한 검사로 취급하고, 문항 점수 간의 상관들을 평균한다면 내적 합치도를 알아 낼 수 있을 거라는 생각의 산물이 Cronbach Alpha 계수이다.

$$r_{XX'} = \frac{k}{k-1}\left(1-\frac{\sum_{i=1}^{k} s_i^2}{s_X^2}\right)$$

이 공식에서 k는 문항 수, s_i^2은 i번째 문항 점수의 분산, s_X^2은 검사 점수의 분산이다. 검사 점수의 분산이 클수록, 문항 점수의 분산이 작을수록 문항 내적 합치도는 높다.

(3) 측정의 표준오차

어떤 사람이 몸무게를 알아 보기 위해 체중계에 올라가 눈금을 보니 대략 65kg쯤을 가리키고 있다고 가정하자. 과연 그 사람의 진짜 몸무게는 얼마일까? 우리 인간들이 그것을 알 수는 있을까? 아무도 모르고, 다만 인간의 지혜를 통해 확률적으로 추론할 뿐이다.

만일 그 사람의 정확한 몸무게를 알기 위해 체중계에 여러 번 올라가서 눈금을 관찰하여 적어 본다면 관찰 값들이 대략 정규분포를 이룬다. 정규분포는 대푯값으로서 평균과 변산도로서 표준편차로 그 특성을 가늠해 볼 수 있다.

체중계에 오르내릴 때 몸무게가 변화지 않는다고 가정하면 체중계의 신뢰도는 평균(기대값)을 중심으로 흩어져 있는 관찰 값들의 표준편차로 유추할 수 있다. 그것을 측정의 표준오차(standard error of measurement)라 하며, 다음과 같이 계산된다.

$$SEM = s_X \sqrt{1 - r_{XX'}}$$

이때, s_X는 관찰 점수 분포의 표준편차이고, $r_{XX'}$는 도구의 신뢰도 지수이다. 신뢰도 지수가 높으면 높을수록, 점수 분포의 표준편차가 작으면 작을수록 측정의 표준오차는 0에 가까워진다.

정규분포의 특성을 응용하여 진짜 점수의 신뢰구간을 추정하는 것도 가능하다. 예를 들어, 표준오차가 5.0인 지능검사로 얻은 어떤 학생의 지능지수가 110이라면, 그 학생의 진짜 지능은 약 100과 120 사이에 포함돼 있을 확률이 95%(110−1.96×5.0≤IQ≤110+1.96×5.0)라고 추론할 수 있다.

(4) 평정자 내 일치도와 평정자 간 합치도

어떤 행동을 관찰하여 기록하거나, 서술형 문항을 채점하거나, 학생의 수행을 평가하는 등 평가자 스스로가 도구가 되었을 때의 신뢰도, 즉 객관도를 계산하는 방법도 다양하다. 그중 하나는 평정 결과 간 상관계수를 계산하는 것이다. 다른 하나는 앞서 내용 타당도에서 언급한 Cohen's Kappa 계수를 산출하는 것이다.

여러 대상에 대해 한 평정자가 얼마나 일관되게 평정했는지 그리고 한 대상에 대해 여러 평정자가 평정한 결과가 얼마나 합치되는지, 즉 평정자 내 일치도와 평정자 간 합치도를 동시에 고려할 수 있는 또 다른 방안이 일반화가능도 이론(generalizability theory)이다.

P명의 피험자 수행에 대해 I명의 채점자가 모두 평정한 결과는 단일 국면 교차($P \times I$)설계 행렬을 낳는다. 여기서 얻은 점수 분포의 분산은 세 개(피험자, 채점자, 둘의 상호작용)의 성분으로 분해될 수 있다. 피험자 요인(σ_P^2), 채점자 요인(σ_I^2), 피험자와 채점자 간 상호작용 요인($\sigma_{P \times I}^2$) 등이 그것이다.

전체 분산 중에서 피험자 분산이 큰 것은 대체로 무난한 일이다. 피험자들이 이질적이라거나 피험자 간의 변별이 잘 되었다는 것을 나타내기 때문이다. 그러나 채점자 분산 또는 피험자와 채점자 간 상호작용 분산이 차지하는 비율이 크다면 객관도에 문제가 있다는 뜻이다. 채점자로 인해 생겨난 분산(σ_I^2)이 크다면, 채점자 간의 채점 기준이 상이하여 채점자의 주관성이 개입되었을 가능성이 있음을 뜻한다. 피험자와 채점자 간 상호작용에 의한 분산($\sigma_{P \times I}^2$)이 크다면, 채점자가 채점의 일관성을 유지하지 않고 특정 피험자에게는 후하게 또 다른 피험자에게는 박하게 채점했을 가능성이 있음을 뜻한다.

일반화가능도 계수는 전체 분산 중에서 피험자 분산이 차지하는 비율로써 계산되며, 다른 신뢰도 계수와 마찬가지로 1.0에 가까울수록 채점자 내 일치도와 채점자 간 합치도가 높다고 해석한다.

제4장

'진로와 직업'
교과 평가

'진로와 직업' 수행평가 개념 및 특징

'진로와 직업' 교과의 평가는 '진로와 직업' 교과를 통해 학습자가 달성해야 하는 핵심 아이디어와 성취기준 등을 반영하여 이루어진다. '진로와 직업' 교과 평가방식에는 지필평가, 수행평가 등 다양한 방식이 활용될 수 있으나 '진로와 직업' 교과 성격상 현재 학교현장에서 가장 많이 사용되는 방식이 수행평가이기에 이 장에서는 수행평가를 중심으로 살펴보고자 한다.

1) 수행평가 개념

수행평가(performance assessment 혹은 performance-based assessment)는 '많은 사실을 아는 것'이 중요하던 것에서 '아는 것을 실제로 적용할 수 있는 것'이 보다 중요해진 사회변화 속에서 강조된 개념이라 할 수 있다. 실제 어떤 사실을 아는 것(what they know)은 물론, 알고 있는 지식을 할 수 있는 것(what they can do)을 평가하기 위해서는 기존의 평가방식으로는 한계가 있기에 기존의 평가방식을 보완한 새로운 평가방식이 필요하였다.[1] 예를 들어, 기계를 조작하는 순서를 이해하는 것에서 실제

---

1 일부 학자는 수행평가를 새로운 평가방식이 아닌 기존부터 존재하던 평가방식으로 언급하기도 한다. 수행평가가 조선시대 과거시험에서 이루어졌던 방식이

기계를 순서에 맞게 조작하는 능력을 갖추었는지를 평가하는 것이 중요해진 것이다.

사전적으로 수행(遂行, performance)이란 용어는 "생각하거나 계획한 대로 일을 해냄 또는 해내다."(표준국어대사전, 2022)의 의미를 지닌다. 일반적으로 수행은 구체적인 상황에서 실제로 이루어지는 행동이나 달성에 이르는 과정(process) 및 그 결과(product)로 이해되는데(홍세희 외, 2020), 교육 현장에서 새로운 평가방식으로 제시되고 있는 수행평가는 기본적으로 지식이나 기능에 대한 수행 정도를 측정하여 판단하는 평가방식을 의미한다(김석우, 2009; 성태제, 2019).

수행평가는 다양한 평가 개념과 유사하게 또는 혼용되어 사용되기도 한다. 대표적으로 대안적 평가, 과정 평가, 실제적 평가, 직접 평가 등의 용어와 혼용되어 사용된다(〈표 4-1〉 참조).

각 개념들을 구체적으로 살펴보면, 대안적 평가(alternative assessment)는 의미상으로 수행평가의 동의어로는 사용되지 않는다(성태제, 2019). 그러나 수행평가가 기존의 주류를 이루는 선택형 문항 중심의 지필평가 및 결과 중심의 평가에 대한 비판에서 등장했으며, 기존의 평가방법들이 다루지 못한 영역을 다룰 수 있기에 기존의 평가방법에 대한 하나의 대안이 될 수 있다는 의미를 강조한 용어라 할 수 있다.

과정 평가(process assessment) 역시 수행평가가 학습의 과정 또는 수행의 과정 평가를 중요하게 여겨 교수·학습의 결과뿐 아니라 교수·학습의 과정을 중시하는 평가방식임을 강조하기 위한 개념으로 사용된다. 그러나 이 용어 역시 완전하게 수행평가와 동의어로 사용될 수는 없다. 실제 수행평가는 과정 평가와 함께 결과 평가가 이루어질 수 있기에 수

시대에 맞게 재구조화여 등장한 것이라는 주장도 있으며(백순근, 1998; 정종진, 2013), 기존 심동적 영역의 행동 특성을 평가하기 위하여 사용되던 방식을 보다 확장하여 인지 및 정의적 영역의 행동 특성 평가에도 적용한 평가방식으로 이해해야 한다는 의견도 있다(남명호, 1995; 성태제, 2019).

행평가와 과정 평가는 구분지어 이해할 필요가 있다.

실제적 평가(authentic assessment)는 실제 상황에서 또는 실제 문제들과 직접적으로 관련된 상황에서 수행 정도를 측정하는 평가로, 평가 상황의 실제성이 강조된 용어이다. 수행평가가 실제 상황에서 발휘할 수 있는 능력 평가를 강조하고, 자연스러운 실제 상황과 유사한 평가 상황을 중요하게 여기기에 상황지향적 평가(assessment in context), 자연주의적 평가(naturalistic assessment) 및 참 평가(true assessment)라는 용어와 혼용되어 사용된다. 수행평가와 실제적 평가의 구분은 평가 상황이 얼마나 실제적인가에 따라 달라진다. 실제적 평가는 모두 수행평가가 될 수 있으나, 모든 수행평가가 실제적 평가가 되는 것은 아니기 때문이다.

마지막으로, 직접 평가(direct assessment)는 간접 평가와 대비되는 개념으로 수행평가가 학습자들의 능력과 기술에 대한 증거를 관찰이나 면접에 의하여 직접적인 측정치로 확보한다는 점에서 유사하게 사용될 수 있다. 그러나 모든 수행평가가 직접 평가로 이루어지지 않는다는 점에서 직접 평가와 수행평가는 완전한 동의어로 보기에는 한계가 있다.

〈표 4-1〉 수행평가의 유사 용어

용어	정의
수행평가	• 지식이나 기능에 대한 수행 정도를 측정하는 평가
대안적 평가	• 한 시대의 주류를 이루는 평가체제와 성질을 달리하는 평가 • 기존의 어떤 평가방법을 대체할 수 있는 평가
과정 평가	• 학습의 과정이나 수행의 과정을 평가
실제적 평가	• 실제 상황에서 수행 정도를 평가 • 자연스러운 실제 상황을 중시하는 평가
직접 평가	• 표출되는 행위에 대한 직접 관찰이나 면접을 통하여 실시하는 평가

출처: 성태제(2019: 504); 박도순, 원효헌, 이원석(2011: 255-256)을 재구성함.

비록 같은 개념으로 사용될 수는 없으나 〈표 4-1〉에 제시된 용어들은 수행평가의 특성을 잘 보여 준다는 점에서 수행평가 개념 정의에 도움이 될 수 있다.

이를 종합하여 보면 수행평가는 '습득한 지식이나 기능 등을 실제 상황이나 실제적 문제들과 직접적으로 관련된 상황에서 학습자들이 얼마나 잘 수행하는지 혹은 어떻게 수행할 것인지를 직접적인 측정치들을 통해 수행과정과 그 결과를 종합적으로 판단하는 평가방식'으로 정의할 수 있다.

2) 수행평가 특징

앞서 수행평가의 유사 용어를 살펴본 것과 같이 수행평가는 다양한 용어와 혼재되어 사용되는 만큼 다양한 특성을 가진다. 수행평가의 주요한 특징은 다음과 같다(김석우, 2020; 성태제, 2019; 한국교육과정평가원, 2017).

첫째, 수행평가는 고정되어 있는 선택형에 반응하는 것이 아닌 문제에 대해 반응 및 답을 구성하거나, 직접적으로 활동을 수행한다. 따라서 반응을 구성하고 산출할 수 있는 과제 수행과정이 요구된다. 이에 따라 학습자들의 능동적인 다양한 학습 활동이 이루어질 수 있다. 학습자는 정해진 정답을 선택하는 것이 아닌 스스로 답을 구성하거나 산출물을 만들거나 이를 직접 행동으로 시연하는 등 능동적인 학습 활동을 하게 된다.

둘째, 수행평가는 과정 중심 평가이다. 수행평가는 그동안의 우리 학습현장에서 강조되었던 결과 중심 평가를 보완하기 위한 평가방식이다. 따라서 학습 활동이 종료되는 시점에만 이루어졌던 결과 지향 평가를 보완하여 학습자의 해결 과정 또한 중요하게 다루는 평가이다. 그렇다고 수행평가가 과정만을 중요하게 여기는 평가는 아니다. 수행평가는 학습의 결과뿐 아니라 학습의 과정 역시 중요하게 여긴다는 점에서 수행과정과 수행결과 모두를 중요하게 평가하는 특징이 있다.

셋째, 수행평가는 실제 상황과 유사한 맥락에서의 평가를 강조한다. 수행평가는 '할 줄 아는 능력'을 중요하게 여기기에 실제 상황 또는 실제 발생할 수 있는 문제 상황과 유사한 형태로 구성된 맥락에서의 평가 장면을 강조한다.

　넷째, 수행평가는 학습과정을 중요하게 평가하기에 학습자의 성장과 발달을 중요하게 바라보며 종합적이면서도 지속적인 평가를 강조한다. 즉, 수행평가는 학습과정에서 일어나는 학습자 개개인의 변화와 발달 과정을 종합적으로 평가하기 위한 지속성을 강조한다. 따라서 단편적인 영역에서 일회적인 평가보다 학습자 개개인의 인지적 · 정의적 · 심동적 측면 등 전체적이고 종합적인 평가를 중시하며 이를 지속적으로 평가하는 것을 강조한다.

　다섯째, 수행평가는 일차적으로 학습자의 학습과정을 진단하고 개별 학습을 촉진하는 데 목적이 있다. 물론 수행평가를 학습자의 선발 · 분류 · 배치를 위해서 사용할 수도 있지만 일차적으로는 학습자의 학습과정을 진단하고 학습자의 이해 수준을 높여 개별 학습을 촉진하는 데 그 목적이 있다. 수행평가는 학습의 결과를 상대 비교하는 것이 주 목적이 아닌 학습과정에서 학습 목표의 성취도나 학습 태도들을 개별로 평가하는 것이기에 개별 학습을 촉진한다. 따라서 평가의 과정이 교수 · 학습과 분리되기 보다는 하나의 통합된 형태로서, 교수 · 학습의 한 부분으로 평가가 다루어진다.

　마지막으로 수행평가는 학습자 개인뿐 아니라 학습자 집단에 의해 수행되도록 설계되기도 한다. 전통적인 선택형 평가방식에서는 학습자가 다른 학습자의 도움을 받아 문제를 해결하는 것은 허락되지 못하였다(김재춘 외, 2017). 그러나 실제적 문제 해결에 있어 각 개인은 다른 사람과 함께 일하고 함께 산출물을 만들게 된다(성태제, 2019). 따라서 수행평가는 개인별 평가와 집단 평가 모두를 강조한다. 개개인의 변화와 발달 과정을 중요시 여겨 학습자 개인의 학습과정을 진단하고 개별 학습 촉진을 강조하면서도, 실제적 수행을 위한 의사소통과 협업능력 강화 등을 강조하며 집단에 대한 평가도 중요하게 여기는 특징이 있다.

 '진로와 직업' 수행평가방법

1) 수행평가방법

수행평가는 교수·학습과 평가가 상호 통합적으로 진행되므로 다양한 교수·학습 방법이 곧 수행평가를 위한 좋은 평가방법이 될 수 있다(백순근, 2002). 수행평가방법은 학자마다, 상황마다 다양하게 제시되고 있다.

McTighe와 Ferrara(1998)는 평가 접근 방법을 크게 선택적 반응 형태와 구성적 반응 형태로 구분하고, 다시 구성적 반응 형태를 간략한 구성적 반응과 수행 기반의 평가로 구분하여 제시하였다. 이들은 수행평가를 '단순히 아는 것을 기억하고 인지하는 것보다 실제 지식과 기술을 적용하는 것을 요구하는 평가'라고 언급하며, 수행평가의 구체적인 방법을 학습자의 산출물, 학습자의 관찰 가능한 활동, 사고 및 학습과정 평가로 구분하고 구체적인 평가방법의 예들을 제시하였다(〈표 4-2〉 참조).

산출물(product) 평가는 어떤 지식이나 기능을 적용하여 결과물을 만들도록 하는 과제를 제시하고, 학습자들이 만들어 낸 과제를 관찰하여 그 지식이나 기능 영역에 대한 학습자들의 숙련 정도를 평가하는 방법이다. 구체적인 예로 에세이, 연구 및 실험 보고서, 이야기/극본, 시 등과 같이 글로 작성한 형태, 작품전시, 모형 제작, 영상 제작 등과 같이 시각적인 형태, 음성 녹음과 같은 구어적인 형태 등이 될 수 있다.

활동(performance) 평가는 실제 생활과 유사한 상황에서 활동 중심의 과제를 제시하여 그 과제를 가지고 실제 학습자들이 활동하는 모습을 관찰함으로써 지식과 기능을 평가하는 방법이다. 이 방법은 구두발표, 체육 경기, 연극, 토론, 연주, 수업 시연 등 활동을 중심으로 이루어지는 영역에서 다양하게 사용될 수 있다.

　과정(process-focused) 평가는 학습자들의 학습과 사고과정을 확인할 수 있는 과제를 제시하여 학습자들의 가시적인 활동과 결과물 그리고 그 과정에서 이루어진 인지적인 과정을 알아내는 데 초점을 두는 평가이다. 과정 평가는 교수자에게는 자신의 수업 활동에 대한 진단적 정보를, 학습자에게는 학습 활동에 대한 피드백을 받는다는 점에서 형성평가의 성격을 지닌다.

〈표 4-2〉 평가방법

선택적 반응 형태 (selected-response format)	구성적 반응 형태(constructed-response format)			
	간략한 구성적 반응 (brief constructed response)	수행 기반의 평가(performance-based assessment)		
		산출물 평가 (product)	활동 평가 (performance)	과정 평가 (process-focused)
• 선다형 • 진위형 • 연결형 • 강화된 선다형	• 완성형 　- 단어, 문구 • 단답형 　- 문장, 단락 • 도표/그림 제목 달기 • 시각적 표현 　- 개념도 　- 흐름도 　- 그래프/표 　- 도안	• 에세이(essay) • 연구 보고서 • 실험 보고서 • 이야기/극본 • 시 • 포트폴리오 • 미술작품전시 • 모형 제작 • 영상 제작 • 과제 일지 • 프로젝트	• 구두 발표 • 무용/동작 • 과학실험 시연 • 체육경기 • 연극 • 토론 • 연주 • 수업 시연	• 구두 질문 • 관찰 • 면담 • 회의 • 과정 기술 • 생각 기술 • 학습 일지

출처: McTighe & Ferrara (1998: 21).

평가방법의 유형으로 수행평가인지 아닌지를 판단하는 획일적 기준
은 없다. 그러나 무엇을 평가하느냐, 즉 알고 있는 지식의 정도를 행위
로 나타내거나, 행위로 나타내지 못하더라도 어떻게 할 것인가의 내용
을 서술하는지 등을 수행평가방법의 판단 기준으로 삼을 수 있다(성태
제, 2019).

일반적으로 학교 현장에서 현재 널리 사용되고 있는 수행평가방법으
로는 서술형 평가, 논술형 평가, 연구 보고서 평가, 포트폴리오 평가, 자
기 및 동료 평가, 면접 평가, 토의 · 토론 평가, 구술 평가, 실기 평가, 실
험 · 실습 평가, 관찰 평가 등이 있다. 개별 평가방법은 수행평가 본질을
구현하기 위한 하나의 도구이다. 수행평가가 전제하고 있는 중요한 특
성이 평가 상황에서 제대로 구현될 때 비로소 수행평가가 올바르게 시
행될 수 있을 것이다. 또한 각 수행평가방법은 상호 배타적이거나 독립
적인 것이 아니라 상호 보완적으로 작용할 수 있다.

전통적인 선택형 지필평가가 잘 다루지 못했던 복합적인 사고과정, 기
술이나 기능 등의 고등정신 능력 및 실제적 능력을 평가한다면 어떠한
평가방법도 수행평가방법이 될 수 있을 것이다(김석우, 2009). 따라서 수
행평가방법의 범주는 평가방법 형태보다는 평가의 목적과 내용을 근거
로 판단되어야 한다. 실제 보통 수행평가의 대표적 방법으로 언급되는
서술형 평가 및 논술형 평가의 경우, 현행 나이스(NEIS) 교육정보 시스
템에서는 수행평가로 입력할 수도 있지만, 선택적 반응 요구형인 지필
평가영역으로도 입력할 수 있다. 이처럼 평가방식과 함께 평가목적을
확인하여 수행평가를 시행하여야 한다.

2) 수행평가방법별 개념 및 특징

| 서술형 평가 | 논술형 평가 | 연구 보고서 평가 | 포트폴리오 평가 | 자기 및 동료 평가 | 면접, 토의·토론, 구술 평가 | 실기 및 실험·실습, 관찰 평가 | 프로젝트 평가 |

[그림 4-1] 수행평가방법

학교 현장에서 적용되고 있는 '진로와 직업' 교과의 대표적인 수행평가방법을 구체적으로 살펴보면 다음과 같다.

(1) 서술형 평가

서술형 평가는 주관식 평가라고도 불리는 평가방식으로 답을 선택하는 것이 아닌 직접 서술하도록 요구하는 방식이다. 내용의 범위가 제한적이며 요구되는 서술량이 많지 않기에 가장 기초적인 수행평가방식으로 사용되고 있다. 서술형 평가의 경우 보통은 모범답안을 상정하고 있으나 수행평가에서 서술형 평가는 단순히 암기하고 있는 수준이 아닌 문제해결의 과정을 제대로 이해하고 있는지를 확인하는 데 사용된다. 따라서 수행평가방법으로 서술형 평가는 창의성, 문제해결 능력 등 고등사고 기능을 묻는 방향으로 전환되고 있다.

'진로와 직업' 교과에서도 서술형 평가는 빈번하게 활용될 수 있다. '직업의 조건이나 개인적·사회적 역할을 서술'하거나, '창업의 특성을 기술'하거나, '고등학교의 유형과 특성을 서술'하라는 서술형 평가를 수행할 수 있다. 다만 '진로와 직업' 교과에서의 서술형 평가는 모범답안을 상정하기보다 개별 학습자들의 문제해결 능력 등 고등사고 기능을 확인하거나, 현재 자신의 수준을 진단·평가하는 기능으로 사용되도록 해야 한다.

(2) 논술형 평가

논술형 평가는 학습자 자신의 생각이나 의견을 직접 서술하는 평가방법으로 단순히 자신이 아는 것을 서술하는 것을 넘어 자신의 생각이나 주장을 논리적이고 설득력 있게 제시해야 하기에 글을 조직하고 구성하는 능력 또한 평가의 대상이 된다. 따라서 서술형 평가보다는 조금 더 복잡한 형태의 수행평가방법이며, 창의성, 문제해결력, 비판력, 통합력, 정보수집 및 분석력 등의 보다 고차원적인 고등사고 능력을 평가하기에 적합한 평가방법이다.

'진로와 직업' 교과에서 논술형 평가는 보다 실제적인 문제와 관련되어 제시될 수 있다. 예를 들어, "바람직한 직업인이란 무엇인가?" "사회변화에 따라 직업세계의 변화는 어떻게 일어나는가?" "사회변화 요인에 따라 향후 직업세계는 어떻게 변화될 것인가?" 등을 통해 학습자들은 자신이 가진 지식과 기술 등을 바탕으로 글을 구성하고 조직하여 자신의 지식은 물론 문장 구상능력이나 고등사고 기능 등의 수행 능력을 보여줄 수 있다.

(3) 연구 보고서 평가

연구 보고서 평가는 특정 주제에 대해서 학습자 나름대로 자료를 수집·분석·종합하여 보고서를 작성 및 제출하도록 하여 평가하는 방식을 의미한다. 여러 가지 연구 주제 중에서 학습자의 능력이나 흥미에 적합한 주제를 선택하여 그 주제에 대하여 자료를 수집·분석·종합하여 연구 보고서를 작성하게 한다. 연구 보고서 작성을 통해서 학습자들은 관심 있는 분야의 다양한 정보를 수집하는 방법과 폭넓은 자료를 종합하고 분석하는 방법, 보고서 작성법 등을 익히게 된다. 연구 보고서는 개인별 작성도 가능하며, 공통된 관심사를 가진 학습자들이 함께 협업하여 작성할 수도 있다.

연구 보고서 평가는 연구의 필요성과 목적 및 그 의의가 명확하게 제시되어야 하며, 연구목적을 달성할 수 있는 연구문제나 내용이 분명하고, 연구방법이 적절할 때 더 의미가 있다. 또한 연구 보고서 작성 시 연구 계획 단계부터 교수자와 협의하는 것이 바람직하다. 교수자는 학습자들의 연구 진행 상황을 주기적으로 확인하여 평가하고 필요에 따라서는 적절한 개입을 통해 지도해야 한다.

연구 보고서 평가는 '진로와 직업' 교과에서 빈번하게 사용될 수 있는 평가방식으로 '관심 있는 또는 주변인의 직업에 대한 연구 보고서 작성' '관심 있는 대학이나 전공에 대한 연구 보고서 작성' 등을 수행할 수 있다. 이 밖에도 팀별로 '미래사회변화에 대한 연구 보고서 작성'을 통해 관련 주제에 대한 자료 수집·분석·종합하는 능력, 보고서 작성 능력 등을 주요하게 평가할 수 있다.

(4) 포트폴리오 평가

포트폴리오(portfolio)는 하나 혹은 그 이상의 영역에서 학습자의 관심, 능력, 성취, 성장 등의 증거를 보여 주는 특별한 목적을 위해 모은 학습자들의 작품, 수행결과물, 다양한 형태의 기록물들의 모음집이라 할 수 있다. 따라서 포트폴리오 평가는 특정 목적을 가진 수행과정에서 나타나는 산출물과 기록물들을 체계적으로 모은 작품집 및 결과물들을 이용하는 평가방식이다. 포트폴리오 평가는 학습자의 하나 또는 그 이상의 영역에서 개개인의 노력과 발전 과정을 체계적으로 확인할 수 있는 평가방식으로, 학습자가 만든 산출물의 수집, 학습자 수행의 증거 해석, 수업목표와 관련된 학습자 수행평가를 위한 실제적인 접근이 가능한 평가이다.

포트폴리오 평가의 주요 평가목적은 개인 간 비교가 아닌 각 개인의 변화 및 향상도에 있으며, 현재의 상태보다는 발전 가능성에 초점을 둔다. 또한 학습자들의 성취와 그 과정을 시각적으로 확인할 수 있기에 결과뿐 아니라 과정을 강조하는 특성을 보인다. 포트폴리오 평가는 학습자 개개인의 목표 설정과 함께 자기 성찰(self-reflection)을 포함하기에 학습자들로 하여금 평가과정에 적극적으로 참여시킴으로써 평가에서 학습자의 역할을 강조한다. 학습자의 강점, 약점, 성실성, 잠재 가능성 등을 종합적으로 파악할 수 있으며, 학습자의 성장 과정을 한눈에 볼 수 있어서 학습자에게 유용한 피드백을 제공할 수 있다. 포트폴리오 평가는 일회적인 평가가 아니라 학습자 개개인의 변화와 발전 과정을 종합적으로 평가하기 위해 전체적이면서도 지속적으로 평가하는 것을 강조한다. 최근 들어 e-포트폴리오와 같이 디지털을 활용한 포트폴리오 작성이 가능하기에 기록의 누적 등을 보다 편리하게 관리할 수 있다.

포트폴리오 평가는 '진로와 직업' 교과에서 주요하게 활용할 수 있는 평가방식으로 학습자의 발전 및 성장 과정과 결과를 누적된 산출물과 기록물을 통해 파악할 수 있다. 진로 포트폴리오(career portfolio)는 학습자 개인의 진로목표 또는 진로개발과 관련된 성과물과 기록물들을 모은 것으로, 오랜 시간에 걸친 개인의 발달 과정을 종합적이고 지속적으로 나타낼 수 있다. 진로 포트폴리오는 또한 자신의 활동에 대한 성찰을 통해 반성과 책임 의식을 가지고, 스스로 자신의 진로목표 달성을 위한 실천 및 진로개발을 주도해 나갈 수 있도록 하는 데 그 의의가 있다(손영민, 2014).

진로 포트폴리오는 진로와 생애설계, 자기이해, 진로탐색, 진로계획, 진로준비 등의 항목으로 구성할 수 있으나, 진로 포트폴리오 목적에 따라 영역과 항목을 달리 가져갈 필요가 있다. 이러한 선택 또한 학습자들이 적극적으로 참여하여 스스로 정하도록 하는 것이 필요하다. 진로 포트폴리오 평가 시 학습자의 관심, 노력, 발전과 성장, 성취 등을 잘 파악할 수 있도록 평가준거를 설정하는 것이 중요하다. 실제 포트폴리오 조직 및 구조화나 포트폴리오의 다양성과 독창성과 같은 항목 외에도 학습자의 변화와 노력의 과정, 자기 성찰 과정 등의 평가 준거를 설정하여 학습자의 발전과 성장을 확인하고 평가할 필요가 있다.

(5) 자기 평가 및 동료 평가

  자기 평가 및 동료 평가는 수행과정이나 학습과정에 대하여 학습자가 스스로 평가하거나, 동료 학습자들이 평가하는 방법이다. 자기 평가와 동료 평가는 수행 및 학습과정에 대한 반성적 사고와 피드백을 통해 자기계발을 추구하는 평가방법이다. 자기 평가는 학습자들이 자신의 학습 준비도, 학습동기, 성실성, 만족도, 다른 학습자들과의 관계, 성취수준 등에 대하여 스스로 생각하고 반성할 수 있는 기회를 제공한다. 동료 평가 역시 동료 학습자 간의 평가를 통해 상호 반성적 과정을 촉진하게 된다. 다만 동료 평가 시 상호 경쟁적인 입장에서 서로를 평가하는 것이 아닌 서로 부족함을 채워 주고, 잘 된 것을 더욱 촉진시키는 상호 협력적인 관계 속에서 평가가 이루어질 수 있도록 주의해야 한다(박도순 외, 2011). 자기 평가 및 동료 평가는 대안적 평가의 중요한 요소로서 학습자가 평가의 주체가 된다. 학습자들을 학습과 평가에 적극적으로 참여하도록 유도할 수 있는 평가방법이다. 또한 교수자 혼자의 힘으로 모든 학습자를 제대로 평가하기 어렵다고 판단될 때, 동료 평가 결과와 합산하여 학습자의 최종 성적으로 사용한다면 교수자의 주관성을 배제할 수 있을 뿐 아니라 성적처리 방식의 공정성 역시 높일 수 있다. 자기 평가 및 동료 평가는 학습에 대한 인지적 능력을 동기와 태도 등의 정의적 능력과 통합할 수 있는 평가방법이기도 하다.

  '진로와 직업' 교과에서 자기 평가는 매우 폭넓게 활용할 수 있는 수행평가방법으로 '자신의 진로개발 활동에 대한 자기 평가서를 작성'하게 하거나, '자신의 진로목표 실행 계획에 대한 자기 평가' 등 '진로와 직업' 교과 시간에 이루어지는 다양한 진로 활동에 대한 자기 평가를 진행해 볼 수 있다. 동료 평가의 경우 '효과적인 의사소통 방법에 대한 동료들의 평가' '창업 아이템 개발에 대한 발표 후 동료 평가' '모둠 활동을 통해 협력 및 주도성 등에 대한 동료 평가' 등을 활용해 볼 수 있다.

(6) 면접 평가

면접 평가는 일정한 조건하에서 질문하여 응답을 얻어 내는 방식, 즉 언어적 상호작용 과정을 통하여 얻고자 하는 자료나 정보를 수집하는 평가방법이다. 면접 평가를 통해 지필식 시험이나 서면 자료만으로 알 수 없는 사항들을 좀 더 다양하고 심도 있게 평가할 수 있다. 면접 평가를 통해 질문에 대해 특정 응답을 한 이유나 맥락을 구체적으로 알 수 있으며, 보다 정교하게 고안된 면접 조사표를 통해서 많은 양의 정보를 얻을 수 있다. 면접 평가는 일반적으로 관찰 평가와 상호 보완하여 사용되기도 한다. 면접 평가에 관한 전반적인 계획을 세우고 질문할 구체적인 면접 문항의 구조와 내용, 순서를 결정하는 일은 면접 평가방식에 있어 매우 중요하다.

면접 평가는 구조화된 정도에 따라 구조화된 면접 평가, 반구조화된 면접 평가, 비구조화된 면접 평가 등으로 구분할 수 있는데, 구조화된 면접 평가는 미리 준비된 질문지에 따라 질문의 내용과 순서를 지키면서 진행되는 방식이며, 반구조화된 면접 평가는 사전에 치밀한 계획을 세우되, 실제 면접 평가 상황에서는 융통성 있게 면접 평가를 진행하는 방식이다. 마지막으로, 비구조화된 면접 평가는 면접 계획을 세울 때 면접 목적만을 명시하고 면접 내용이나 순서 등은 면접 상황에 따라 진행하는 방식이다. 대규모의 조사 또는 숙련된 면접자가 없는 경우 구조화된 면접 평가를 진행하는 것이 더 적합하며, 숙련된 면접자가 있는 경우 개개인의 상황을 고려하면서 질문하여 피면접자에 대한 더 정확한 정보를 얻을 수 있는 비구조화된 면접 평가를 진행하는 것이 적합하다.

면접 평가방법은 면접자의 역량이 매우 중요하게 작용하며, 면접 결과의 타당성과 신뢰성을 확보하기 위해서는 면접자와 피면접자 간의 공감대 형성 역시 중요하다. 공감대가 형성될 경우 피면접자의 솔직하고 자연스러운 응답을 얻어 낼 수 있기 때문이다. 면접 평가는 평가자와 학습자가 일대일, 일 대 다수, 다수 대 일, 다수 대 다수 등으로 진행할 수 있다.

'진로와 직업' 교과에서 면접 평가는 주로 상급학교 진학 또는 취업을 위한 모의 면접 등에 활용될 수 있다. 교수자가 학습자들을 대상으로 모의 상황에서의 면접 평가를 진행할 수도 있으며, 학습자들끼리 면접자와 피면접자의 역할을 수행할 수도 있다. 이러한 방식을 통해 학습자들은 면접 평가방식에 익숙해지거나 면접 상황에서 자신의 인성, 가치관을 잘 드러내거나, 사고력, 의사소통 능력 등을 수행하는 훈련을 할 수 있다. 면접 평가의 경우 특정 주제나 질문을 제시하고 학습자로 하여금 응답하도록 한다는 점에서 구술 평가와 유사하게 진행하기도 하는데, 일반적으로 구술 평가가 주로 인지적인 영역을 중심으로 평가하는 반면, 면접 평가는 주로 인성 및 태도 등의 정의적인 영역 평가를 하게 된다(박도순 외, 2011).

(7) 토의 · 토론 평가

토의 · 토론 평가는 특정 주제에 대해 학습자들이 서로 토의하고 토론하는 것을 관찰하여 평가하는 방법으로, 교수 · 학습과 평가 활동을 통합적으로 수행하는 수행평가의 대표적인 방법이다.

토의와 토론은 서로 다른 의미로 사용되는데, 토의(discuss)는 특정 주제에 대해 여러 사람의 정보와 의견을 교환하여 학습하거나 문제를 해결하는 말하기 · 듣기 활동이며, 토론(debate)은 어떤 주제에 대해 서로 다른 주장을 하는 사람들이 논증과 실증을 통해 자기 주장을 정당화하여 다른 사람을 설득하려는 말하기 · 듣기 활동이다(정문성, 2017). 일반적으로 서로 다른 의견을 제시할 수 있는 토론 주제에 대해 개인별 또는 소집단별로 토의 · 토론을 진행할 수 있다. 토론은 특정 주제에 대한 의견을 제시하며 상호작용을 요구하는 방식으로 면접이나 구술 평가보다 조금 더 긴 시간을 투입하여 다양한 측면의 정보를 획득할 수 있는 평가방식이다. 토론 평가방식은 주로 찬반 토론을 많이 사용하는데, 서로 다른 의견을 제시할 수 있는 주제에 대해서 개인별 혹은 소집단별 토의 ·

토론을 하도록 한 다음, 학습자들이 사전에 준비한 자료의 다양성이나 적절성, 내용의 논리성, 상대방의 의견을 존중하는 태도 및 진행 방법 등을 총체적으로 평가할 수 있다. 이때 토론 준비도(예: 관련 자료 및 증거 수집 정도, 토론 내용의 조직 등), 의사소통능력(예: 이해력, 표현력, 설득력), 사고력(예: 논리력, 창의력, 비판적 사고력), 토의·토론 태도(예: 경청, 상대 의견 존중, 수용력 등) 등이 평가될 수 있다.

'진로와 직업' 교과에서 토의·토론 평가 역시 다양하게 활용할 수 있는 수행평가방법으로 '일과 여가의 균형이 이루어지지 못할 때 어떻게 해야 하는지' '특정 진로 장벽을 가진 학습자가 있을 경우 진로의사결정을 어떻게 해야 하는지' 등에 대한 주제로 서로의 의견을 제시하여 토의·토론 평가를 진행할 수 있다.

(8) 구술 평가

구술 평가는 가장 오래된 수행평가의 한 방식으로 특정 내용이나 주제에 대해 자신의 의견이나 생각을 발표하도록 하여 학습자의 준비도(예: "구술시험을 위한 자료 등 준비를 제대로 하였는가?"), 이해력(예: "질의한 내용을 제대로 이해하고 발표하는가?"), 조직력(예: "발표할 내용을 제대로 조직하여 체계적으로 발표하는가?"), 표현력(예: "자신의 의견을 제대로 표현하는가?"), 판단력(예: "주어진 시간 안에 적절히 발표하는가?"), 의사소통 능력(예: "다른 사람들의 시선을 끌면서 설득력 있게 발표하는가?") 등을 평가하는 방법이다. 구술 평가는 개별적인 대면 상황뿐 아니라 교실 수업 상황에서 학습자들에게 자신의 의견이나 생각을 발표하는 것까지 포함한다.

구술 평가의 평가영역은 크게 발표하는 ① 내용과 관련된 요소, ② 전달과 관련된 요소로 구분할 수 있다(홍세희 외, 2020). 내용과 관련해서는 목적에 대한 이해도 및 명료성, 내용 구조의 체계성, 관련 자료의 적절성 등을 평가할 수 있으며, 전달과 관련해서는 목소리 크기, 어조, 발음 등의 표현력의 적절성, 질문 등을 통한 의사소통의 명료성 등을 평가할 수 있다. 구술 평가는 특정 주제에 대해 학습자들에게 발표 준비를 하도록 한 후 평가할 수 있으며, 평가범위만 미리 제시한 뒤 교수자가 관련된 주제나 질문을 제시하고 학습자가 답변하는 방식으로 평가를 진행할 수도 있다.

'진로와 직업' 교과에서도 구술 평가는 유용하게 활용될 수 있다. 실제 '다양한 직업인의 진로특성과 삶의 모습을 발표'하게 하거나, '관심 진로 분야의 진로 경로를 탐색하여 발표'하는 등의 방법을 통해 구술 평가를 수행할 수 있다. 다만 '국어' 교과와 연계하여 진로교육을 실시하는 경우를 제외하고 '진로와 직업' 교과 구술 평가의 주 목적은 전달을 잘하는 것보다 발표하는 내용에 초점이 있기에 전달과 관련된 요소(예: 표현력, 의사소통 능력 등)가 큰 평가 비중을 차지하지 않도록 주의할 필요가 있다.

(9) 실기 및 실험 · 실습 평가

실기 평가는 실제로 학습자들이 수행하는 과정을 보고 평가하는 방법으로 기존에는 음악, 미술, 체육 등의 교과에서 실시해 온 실기 평가로 이해될 수도 있다. 그러나 수행평가의 실기 평가는 기존의 실기 평가와 근본적 차이점이 존재한다. 기존의 실기 평가에서는 평가 상황이 제한되거나 통제된 상황에서 이루어졌으나, 수행평가에서의 실기 평가의 경우 자연스러운 상황에서 실제로 하는 것을 여러 번 관찰하여 그 수행능력을 평가하는 방식이다. 수행평가를 위한 실기 평가에서는 가능한 한 교수 · 학습활동과 평가활동을 분리하지 않고 수업시간에 자연스럽게 평가하는 것이 바람직하다. 학습자가 제대로 알고 있는지, 알고 있는 것을 직접 수행할 수 있는지 등을 평가할 수 있다.

이에 비해 실험 · 실습 평가는 학습자들이 직접 실험 · 실습을 하여 그에 대한 과정이나 결과에 대한 보고서를 쓰게 하고 제출된 보고서와 함께 교수자가 관찰한 실험 · 실습 과정을 종합적으로 평가하는 방식이다. 관찰 결과와 보고서를 종합적으로 고려하여 최종 평가하는 방식으로 실험·실습을 위한 기자재의 조작 능력이나 태도 등 실험·실습을 위해 필요한 지식, 지식을 적용하는 능력, 다른 사람들과 협력하여 문제를 해결하는 협력적 문제해결 능력 등에 대해서 포괄적이면서도 종합적으로 평가하는 방법이다. 또한 실험·실습의 준비, 실제 수행, 결과에 관한 보고서 작성 등 실험·실습이 이루어지는 전 과정에 대한 종합적 평가를 수행할 수 있다.

'진로와 직업'에서는 '진로정보 탐색을 위하여 진로체험'을 하거나, '창업가 정신을 이해하고 모의 창업을 해 보는 실습'을 통해 실기 및 실험·실습 평가방법을 적용해 볼 수 있다. 더 나아가 '실제 현장실습 수행'을 통한 평가방식도 진행해 볼 수 있다.

(10) 관찰 평가

관찰 평가는 실제 상황 또는 간접적으로 참여하는 방식으로 상황이나 맥락을 종합적으로 이해할 수 있고, 최대한 자연스러운 상태에서 정보를 수집할 수 있는 수행평가방법이다. 가장 자유롭지만 평가자의 많은 활동이 요구되는 평가방식이기도 하다. 관찰 평가는 인간의 일상생활과 함께해 온 가장 오래된 평가방식이기도 하는데, 오감과 같은 신체적 기능을 통해 평가대상의 특성, 동기, 감정 및 의도 등을 추론할 수 있다. 이와 같이 어느 특정한 장면이나 상황에서 발생하는 행동 체계를 가능한 한 상세하고 정밀하게 탐구하기 위해서는 오감과 같은 신체적 기능을 활용할 수도 있지만, 이러한 경우 평정자가 오류를 범할 위험 역시 높기 때문에 구체적이고 조작적으로 정의된 평가도구를 사용하여 평가 결과의 신뢰성을 확보할 수 있다(김재춘 외, 2017; 박도순, 원효헌, 이원석, 2011). 관찰 평가를 위한 구체적인 방법으로 관찰대상을 있는 그대로 기술하는 일화 기록법이나 비디오 녹화 분석법이 있으며, 보다 객관적이고 신뢰할 수 있는 정보를 추구하는 체크리스트나 평정 척도법 등도 있다.

'진로와 직업' 교과에서 관찰 평가는 주로 교수자의 관찰 평가 형태로 이루어질 수 있다. '진로와 직업' 교과 시간에 일어나는 다양한 활동 수행 중 보이는 학습자들의 특성을 관찰 평가를 통해 평가할 수 있다. 이때 관찰의 목적을 명확히 설정하여야 하는데 관찰 목적은 이후 관찰자, 관찰 대상, 관찰 상황, 관찰 시간, 관찰 기록 방법 등에 대한 지침 마련에 영향을 미치기 때문이다. '진로와 직업' 교과에서는 학습자의 성격 및 강점, 학습자의 협업 능력 등을 교수자의 관찰을 통해 평가할 수 있다. 교수자는 관찰평가 대상자의 생각 혹은 행동 등이 실제로 발생할 때 곧바로 기록하는 것이 가장 바람직하며 인위적이기보다 일상적인 관찰 환경에서 학습자들의 수행을 관찰하여 기록하여야 한다.

(11) 프로젝트 평가

실제 상황 평가의 대표적인 방법으로 언급되고 있는 수행평가방법으로 프로젝트 평가를 들 수 있다. 프로젝트 평가는 특정한 연구과제나 산출물 개발 과제 등을 수행하도록 한 다음, 프로젝트 계획서 작성 단계부터 결과물 완성 단계에 이르기까지 프로젝트 과정과 함께 결과물(연구보고서나 실제 산출물)을 종합적으로 평가하는 수행평가방법이다. 수행평가 과제가 연구과제일 경우 앞서 언급한 연구 보고서 평가와 유사할 수 있으나, 결과물과 함께 계획서 작성 단계에서부터 결과물 완성 단계에 이르는 전 과정도 함께 중요하게 평가한다는 차이점이 있다.

'진로와 직업' 교과에서 프로젝트 평가는 '진로와 직업' 교과에 한정하지 않고 타 교과연계, 범교과 학습 및 창의적 체험활동 연계 등을 통해 이루어질 수 있다. 국어, 영어, 사회 등 다양한 교과들과 연계하거나 안전·건강 교육, 인성 교육, 다문화 교육, 환경·지속가능발전 교육 등의 범교과 학습 주제 그리고 창의적 체험활동들과 연계하여 진로 프로젝트를 진행하며 프로젝트 평가방법을 적용할 수 있다.

'진로와 직업' 수행평가설계

질 높은 수행평가설계를 위해서는 타당성 있고 실용성 있는 수행평가 절차가 마련되어야 한다. 수행평가설계 절차는 학자마다 그리고 수행의 목적과 활용에 따라 다양하게 제시되고 있으나 일반적으로, ① 평가목적 확인, ② 평가내용 결정, ③ 평가방법 설계, ④ 채점계획 수립 등의 단계로 구분된다(Stiggins, 1994).

한국교육과정평가원(2017)은 다양한 수행평가 절차를 보다 구체적으로 재조직하여 학교 현장에 적합한 수행평가모형을 제시하였다. 앞서 언급한 일반적인 수행평가설계 절차를 세분화하고 우리나라 학교 현장에 적합한 형태로 수행평가설계 절차를 다음 [그림 4-2]와 같이 제시하였다.

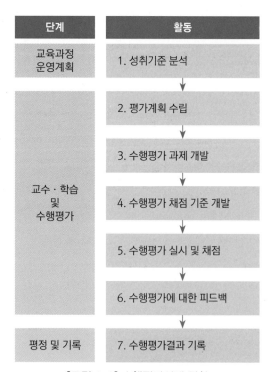

[그림 4-2] 수행평가설계 절차

출처: 한국교육과정평가원(2017).

수행평가를 설계하기 전 수행평가와 관련한 용어들을 명확히 알아 두는 것은 도움이 된다. 수행평가와 관련하여 수행준거, 성취기준, 평가기준, 채점기준, 배점기준, 평가척도 등 다양한 용어가 사용되는데, 구체적인 용어 설명은 〈표 4-3〉과 같다.

〈표 4-3〉 수행평가설계 용어

용어	주요 내용
수행준거	• 수행평가대상에 관하여 무엇을 평가할 것인가를 말해 주는 포괄적 용어로, 성취여부를 무엇에 근거하여 판단할 것인가를 제시해 주는 내용 및 기준이라고 할 수 있음
성취기준	• 각 과목별 교수·학습 활동에서 학습자들이 성취해야 할 능력 또는 특성의 형태로 진술한 것(백순근, 2002)
평가기준	• 평가자가 피평가자인 학습자의 수행이나 산출물의 질을 타당하고 신뢰할 수 있게 구별해 내도록 도와주기 위한 준거 • 학습자의 수행수준을 구체적으로 기술하여 수행의 위치를 결정하는 데 중요한 역할을 함 • 과목별 평가활동에서 실질적인 기준 역할을 할 수 있도록 특정 교육목표 및 내용별로 성취 정도를 몇 개의 수준으로 구분하고 각 수준에서 성취하기를 기대하는 행동을 구체적으로 진술한 것
채점기준	• 학습자의 수행을 평가할 채점 영역에 대한 기술(description of the dimensions)과 각 영역을 평정하는 수치나 범주(scale of values)를 의미함(김경자, 2000)
배점기준	• 점수를 배정하거나 혹은 배정한 점수를 말함
평가척도 (평정척도)	• 학습자의 수준을 유목이나 숫자의 연속선 위에 나타내는 방법 • 숫자를 부여하는 평정척도는 점수와 언어적 기술을 함께 사용하는 것이 일반적이며, 점수의 부여가 없이 언어적 기술만을 이용할 수도 있음

출처: 조영기(2006)를 재구성함.

1) '진로와 직업' 성취기준 분석

'진로와 직업' 교과에서 수행평가설계의 첫 번째 단계는 성취기준 분석 단계로 수행평가의 목적을 확인하여 수행평가를 어떠한 목적으로 사용할 것인지, 평가의 대상은 누구인지, 평가결과를 어떻게 활용할 것인지 등을 구체적으로 규명하는 단계이다.

'진로와 직업' 수행평가의 목적은 다양하게 설정할 수 있다. 진로교육목표 및 '진로와 직업' 교과 목표의 달성 정도를 파악하기 위한 목적으로 수행평가를 수행할 수도 있으며, 학습자들의 성장·발전·변화를 확인하기 위한 목적, 학습자의 능동적인 진로개발 활동을 유도하는 목적, 실제 행복한 삶을 살아가기 위한 진로개발역량이라는 수행 능력을 향상시키려는 목적 등 '진로와 직업' 수행평가의 목적은 단일 목적 또는 복수의 목적으로 설정할 수 있다. 수행평가의 목적을 명확히 규명함으로써 평가목적에 적절한 평가내용과 형태가 이루어질 수 있다.

일반적으로 '진로와 직업' 수행평가를 위해서는 '진로와 직업' 교과목표와 성취기준을 활용하여 수행평가목적을 설정하게 된다. 성취기준은 학습자들이 교과를 통해 배워야 할 내용과 이를 통해 수업 후 할 수 있거나 할 수 있기를 기대하는 능력을 결합하여 나타낸 수업 활동의 기준(교육부, 2015b)으로 학습자들이 각 교과 수업을 통해 배워야 할 내용(지식, 기능, 태도)과 이를 바탕으로 할 수 있어야 하는 능력 또는 특성을 진술한 것이다(교육부, 2018). 학교급에 따른 2022년 개정 '진로와 직업' 교과의 목표와 성취기준은 〈부록 4-1〉부터 〈부록 4-4〉까지를 통해 확인할 수 있다.

이와 같이 '진로와 직업' 수행평가의 목적 설정 시 성취기준 분석을 통해 수행평가의 목적을 설정할 수 있는데 '진로와 직업' 성취기준을 검토하고 해당 성취기준 중에서 반드시 가르치고 평가해야 한다고 생각하는 중요한 핵심 성취기준들을 추출할 수 있다. 이때 성취기준은 비슷한 유형끼리 통합하거나 재구성할 수 있다. 성취기준 분석을 통해 최종적으로 '진로와 직업' 수행평가의 목적을 설정하고 이를 명확하게 규명한다.

〈표 4-4〉 '진로와 직업' 수행평가목적 확인(예시)

> **〈성취기준 선정〉**
>
> • 관련 영역: 진로와 나의 이해
> • 관련 성취기준: [9진로01-02] 다양한 방법으로 자신의 진로특성을 파악하고 긍정적 자아 개념을 갖는다.
>
> **〈수행 목표〉**
>
> 자신의 다양한 진로특성(흥미, 적성, 가치관, 성격 등)이 있음을 이해하고, 다양한 방법을 통해 진로특성을 파악한다. 이를 통해 개개인들은 모두 서로 다른 진로특성을 가진 존재임을 이해하고, 궁극적으로 자신을 고유한 특성을 가진 존재로 긍정적으로 인식한다.

수행평가에서 성취기준은 수업 목표이자 평가의 기준을 잡아 주는 지표로서 수행의 어떤 측면을 평가하고자 하는지를 결정해 준다. 교수·학습과 평가의 연계성이 점차 강조되면서 수행평가 역시 수행과정과 성취기준의 연계성이 매우 중요한 사안이 된다. 따라서 성취기준을 활용하여 '진로와 직업' 수행평가의 목적 설정 시 〈표 4-5〉의 사항들을 점검할 필요가 있다.

〈표 4-5〉 '진로와 직업' 수행평가목적 설정 시 점검사항

> • 선정된 성취기준이 수행평가로 평가하기에 적합한가?
> • 성취기준과 수행과정이 교육과정의 내용과 범위를 넘어서지 않았는가?
> • 통합, 재구성된 성취기준들이 수행평가로 평가하기에 적합한가?

출처: 한국교육과정평가원(2017).

2) '진로와 직업' 평가계획 수립

평가계획 수립은 기본적으로 앞서 설정한 평가목적, 평가방향, 기본방침과 학업성적관리규정에서 제시한 영역, 방법, 횟수, 기준, 성적반영 비율 등을 포함한 평가계획서 형태를 작성하는 것으로 이해될 수 있다.

일반적으로 교과(과목)별 평가계획은 각 교과협의회를 통해 결정되지만, '진로와 직업' 평가계획은 교과협의회가 별도로 없는 경우가 많기에 진로전담교사가 독립적으로 작성하게 된다. 그러나 '진로와 직업' 평가계획에서도 협의가 없는 것은 아니다. '진로와 직업'이 여러 교과연계가 가능한 교과인 만큼 타 교과와 협의할 수 있으며, 특히 평가시기와 관련하여 다른 교과와의 협의나 동 학년 교사들 간의 협의를 통해 특정 시기에 집중되지 않도록 교과 간 협의 역시 필요하다. 일반적으로 '진로와 직업' 평가계획은 학기가 시작되기 전 수립하고, 학기 초 학부모와 학습자들에게 고지하게 된다. 이러한 평가계획에는 지필평가와 수행평가 등에 대한 내용이 모두 포함될 수 있으나, 대부분 '진로와 직업' 평가계획에는 수행평가를 중심으로 제시되는 경우가 많다.

평가계획은 전반적인 평가목적, 평가방향, 기본방침뿐 아니라 구체적인 평가영역, 방법, 횟수, 채점기준, 피드백 활용 등이 함께 제시되기에 실제적으로는 평가계획을 수립하며 이후 수행평가설계 절차들이 종합적으로 이루어질 수 있다([그림 4-3] 참조).

⟨평가의 방침⟩

- 자신의 다양한 진로특성을, 다양한 방법을 통해 탐색하는 것에 초점을 두고 평가한다.
- 자신의 진로특성을 탐색하는 데 있어 학생 스스로 주도적으로 참여할 수 있도록 하며, 그 과정에서 자신과 관련한 인식이 긍정적으로 변하는지 등에 중점을 두고 평가한다.

⟨교수 · 학습 및 평가계획⟩

관련 단원	I. 진로와 나의 이해: 2. 나의 진로특성			
관련 성취기준	[9진로01-02] 다양한 방법으로 자신의 진로특성을 파악하고 긍정적 자아 개념을 갖는다.			
지필 및 수행평가 비율	1. 지필평가: 수행하지 않음 2. 수행평가: 학기별 1개 수행과제 진행			
수행과제	자신의 다양한 진로특성을 다양한 방법을 통해 탐색하기			
학습단계	교수 · 학습	평가방법	차시	시기
진로특성과 진로특성 탐색방법 이해 및 자신의 진로특성 탐색	• 다양한 진로특성 이해 (흥미, 적성, 가치관, 성격 등) • 진로특성 탐색 방법 이해 (심리검사, 자기 성찰, 진로교사 및 학부모 상담, 진로체험 등) • 다양한 방법을 통한 자신의 진로특성 탐색	교사 관찰 평가	2	4~5월 (수시 진행)
나를 알리는 보드 제작	• About Me board 제작	활동 결과물 평가	1	
발표 및 평가	• 작품 전시회 진행 • 평가하기	자기 평가 동료 평가	1	

〈평가방법 · 내용 및 평가비율〉

평가방법		비율 (100%)	평가활동	평가내용
교사 평가	교사 관찰 평가	10%	체크리스트	주도적 참여
	활동 결과물 평가	50%	체크리스트	다양한 특성 탐색/ 다양한 방법 사용/ 긍정적 자기인식
학습 자 평가	자기 평가	30%	자기 성찰 일지	주도적 참여/ 긍정적 자기인식
	동료 평가 (활동 결과물 평가)	10%	동료 체크리스트	다양한 방법 사용/ 다양한 특성 탐색

〈교사 평가기준〉

평가영역	평가항목	우수	보통	노력 필요
교사 관찰 평가	주도적 참여	진로특성 탐색 활동에 적극적으로 참여하였다.	진로특성 탐색 활동에 성실하게 참여하였다.	진로특성 탐색 활동에 소극적인 태도를 보였다.
활동 결과물 평가	다양한 특성 탐색	자신의 직업 흥미, 적성, 성격, 가치 등 자신과 관련된 다양한 진로특성을 탐색하였다.	자신의 직업 흥미, 적성, 성격, 가치와 관련하여 부분적으로 (2가지 이하) 진로특성을 탐색하였다.	자신의 직업 흥미, 적성, 성격, 가치와 관련하여 부분적으로 (1가지 이하) 진로특성을 탐색하였다.
	다양한 방법 사용	3가지 이상의 방법으로 자신의 직업 흥미, 적성, 성격, 가치 등을 탐색하였다.	2가지 이하의 방법으로 자신의 직업 흥미, 적성, 성격, 가치 등을 탐색하였다.	1가지 이하의 방법으로 자신의 직업 흥미, 적성, 성격, 가치 등을 탐색하였다.
	긍정적 자기인식	자신의 진로특성을 바탕으로 자신에 대한 긍정적 인식을 적극적으로 표현하였다.	자신의 진로특성을 바탕으로 자신에 대한 긍정적 인식을 표현하였다.	자신의 진로특성을 바탕으로 자신에 대한 긍정적 인식을 표현하지 못하였다.

〈학습자 평가기준〉

평가영역	평가항목	우수	보통	노력 필요
자기 평가	주도적 참여	스스로 생각하기에 진로특성 탐색 활동에 적극적으로 참여하였다.	스스로 생각하기에 진로특성 탐색 활동에 성실하게 참여하였다.	스스로 생각하기에 진로특성 탐색 활동에 소극적으로 참여하였다.
	긍정적 자기인식	나의 진로특성을 바탕으로 나에 대한 긍정적 인식을 적극적으로 하게 되었다.	나의 진로특성을 바탕으로 나에 대한 긍정적 인식을 하게 되었다.	나의 진로특성을 바탕으로 나에 대한 긍정적 인식이 일어나지 않았다.
동료 평가 (활동 결과물 평가)	다양한 특성 탐색	직업 흥미, 적성, 성격, 가치 등 다양한 진로특성을 탐색하였다.	직업 흥미, 적성, 성격, 가치와 관련하여 부분적으로 (2가지 이하) 진로특성을 탐색하였다.	직업 흥미, 적성, 성격, 가치와 관련하여 부분적으로 (1가지 이하) 진로특성을 탐색하였다.
	다양한 방법 사용	3가지 이상의 방법으로 직업 흥미, 적성, 성격, 가치 등을 탐색하였다.	2가지 이하의 방법으로 직업 흥미, 적성, 성격, 가치 등을 탐색하였다.	1가지 이하의 방법으로 직업 흥미, 적성, 성격, 가치 등을 탐색하였다.

〈평가 시 유의점〉

• About Me Board 평가 시 디자인 요소가 평가내용에 반영되지 않도록 함
• '진로와 직업' 수행평가는 변별이 주목적이 아니기에 학습자들에게 평가 기준을 지속적으로 안내하여 일정 수준의 성취수준을 달성할 수 있도록 하여야 함

〈평가결과 처리〉

- '진로와 직업' 이수시간은 계획된 시간으로 입력하고, 학교생활기록부에 이수여부를 'P(이수)'로 입력한다.
- 누가기록표를 근거로 평가결과를 종합하여 정리한다.
- 성취수준별 피드백을 고려하되, 학습자 개인별 학습의 과정에 의미 있는 변화가 있는지 초점을 두고 피드백을 한다.
- 평가결과는 학교생활기록부의 '세부능력 및 특기사항' 난에 성취기준에 따른 성취수준의 특성, 학습활동 참여도 및 태도, 활동내역 등을 간략하게 입력한다.

[그림 4-3] '진로와 직업' 수행평가 계획(예시)

〈표 4-6〉 '진로와 직업' 평가계획 수립 시 점검사항

- 교과 및 학년 교사들과 협의하여 평가계획을 수립하였는가?
- 학업성적관리규정에서 제시한 영역, 방법, 횟수, 기준, 반영 비율 등을 포함하여 평가계획을 작성하였는가?
- 교수 · 학습과 연계하여 평가계획을 수립하였는가?
- 평가계획을 학습자 및 학부모에게 안내하였는가?

출처: 한국교육과정평가원(2017) 재구성.

3) '진로와 직업' 수행평가 과제 개발

'진로와 직업' 교과의 성취기준을 분석하고 최종적으로 수행평가를 위한 성취기준을 선정했다면 본격적으로 수행과제를 개발할 필요가 있다. 수행과제는 학습자에게 특정한 지식이나 기능을 입증할 수 있도록 개발되어야 한다. 즉, 수행과제 개발 시 수행과제가 수행 후 평가하고자 하는 수행의 결과를 잘 나타낼 수 있는지의 여부가 가장 중요하게 고려되어야 한다. 수행평가 과제 개발에 있어 성취 행동을 가장 적절하게 평가

할 수 있는 과제 개발이 핵심이므로, 우선 학습자들의 어떤 기술이나 능력들을 평가할 것인지, 그리고 어떤 과제수행 활동을 통해 이것들을 평가할 것인지 과제에 대한 전체적인 틀을 결정해야 한다. 이후 수행평가 과제와 교육과정 혹은 교수과정을 구체적으로 연계하여 과제를 구체적으로 계획한다.

수행평가 과제 개발 시 교수자가 다양하게 아이디어를 도출할 수도 있지만, '진로와 직업' 교육과정의 교수·학습 및 평가 방향과 구체적인 방법들을 검토하여 개발할 수도 있다.

수행평가 과제 개발을 위해서는 '진로와 직업' 교육과정 내용을 분석하는 것과 함께 학습자들의 특성 및 수준 등을 분석할 필요도 있다. 학습자들에게 부족한 부분이 무엇인지, 어떤 활동들을 의미 있고 재미있게 생각하는지 등을 함께 분석하여 수행평가 과제를 개발할 필요가 있다.

한국교육과정평가원(2017)에서는 수행평가 과제 개발 시 〈표 4-7〉의 내용을 점검사항으로 제시하고 있다.

〈표 4-7〉 '진로와 직업' 수행평가 과제 개발 시 점검사항

> • 수행평가 과제가 실제적인 상황에서의 수행 능력을 평가할 수 있는가?
> • 수행평가 과제가 종합적인 고등사고 능력을 평가하는 데 적절한가?
> • 수행평가 과제가 긍정적이고 가치 있는 경험을 할 수 있도록 개발되었는가?
> • 수행평가 과제가 다양한 시도와 노력을 기울일 수 있는 형태인가?
> • 수행평가 과제가 성별, 지역, 문화적인 측면에서 특정 학습자에게 유리하거나 불리하지 않은가?
> • 수행평가 과제가 공간, 장비, 시간, 비용 등의 요소를 고려할 때 충분히 실행 가능한가?

출처: 한국교육과정평가원(2017).

이러한 점검 사항들은 과제 개발자 개인이 할 수도 있지만 다른 교사

들과 성취기준의 적합성, 평가방법의 타당성, 시행 가능성 등과 함께 검토하여 과제 개발의 타당성과 신뢰도를 높일 수 있을 것이다.

4) '진로와 직업' 수행평가 채점 기준 개발

'진로와 직업' 수행평가 과제가 개발되면 교수자는 구체적으로 채점 기준을 마련해야 한다. 채점 기준은 수행과제가 요구하는 능력이나 기술이 반영되어야 하기에 수행과제와 채점 기준은 밀접하게 연관되어야 한다. 수행평가가 제대로 이루어지기 위해서는 채점 기준을 명료화하는 작업이 매우 중요하다. 따라서 수행과제 개발 후 채점 기준에 대한 전체적인 틀을 마련하여야 한다.

채점 기준에는 기본적으로 수행평가 수행의 판단기준인 평가요소와 평가요소별 배점, 각 평가요소에서 학습자들의 성취수준을 구별할 수 있는 세부적인 수행 수준이 포함되어야 한다. 평가요소와 평가요소에 따른 평가기준들이 마련되면 수행 행동을 평가할 수 있는 구체적인 평가척도(예: 예, 아니요의 점검표로 할 것인지, 점수를 부여하는 점수 척도로 할 것인지, 유목화하는 질적 채점 척도로 할 것인지 등) 및 수행 수준에 따른 배점기준 등을 결정하여야 한다. 학습자들의 수행 수준은 실제적으로 학습자가 수행한 표본을 참조하여 구체화할 수 있다.

최근에는 학습자들의 수행과제 평가의 공정성과 정확성을 위해 루브릭(rubrics)을 이용하기도 한다. 루브릭은 다양한 평가요소들을 목록화하여 등급을 결정하고 이를 점수화(scoring)하기 위한 구체적인 도구로 일반적인 평가기준표라고도 할 수 있지만, 평가기준이 교수자의 일반적인 제시가 아닌 학습자들과의 상호작용을 토대로 작성된다는 차이점이 있다. 즉, 학습자들과 상호작용하며 구성되는 평가기준을 루브릭이라 한다. 루브릭은 다양한 이점이 있는데, 평가기준과 이에 따른 구체적인 평가척도를 포함한 채점기준은 학습자들에게 자신의 수행 정도를 명확히

인식하게 하고 더 나은 방향으로 나아갈 수 있도록 도움을 준다. 교수
자 역시 학습자들이 어떻게 평가되는지에 대해 구체적으로 인식하게 함
으로써 과제를 통한 교수자의 기대를 명확히 인식하고 과제를 수행하게
하여 더 나은 방향으로 이끌 수 있다.

　'진로와 직업' 수행평가의 채점 기준 예시와 채점 기준 개발 시 점검해
야 할 사항은 다음과 같다([그림 4-4], 〈표 4-8〉 참조).

〈교사 채점 기준〉

평가영역	배점	평가항목 (평가요소)	평가 척도		
			우수	보통	노력 필요
교사 관찰 평가	10점	주도적 참여	진로특성 탐색 활동에 적극적으로 참여하였다(10점).	진로특성 탐색 활동에 성실하게 참여하였다(8점).	진로특성 탐색 활동에 소극적으로 참여하였다(6점).
활동 결과물 평가	20점	다양한 특성 탐색	자신의 직업 흥미, 적성, 성격, 가치 등 자신과 관련된 다양한 진로특성을 탐색하였다(20점).	자신의 직업 흥미, 적성, 성격, 가치와 관련하여 부분적으로(2가지 이하) 진로특성을 탐색하였다(15점).	자신의 직업 흥미, 적성, 성격, 가치와 관련하여 부분적으로(1가지 이하) 진로특성을 탐색하였다(10점).
	20점	다양한 방법 사용	3가지 이상의 방법으로 자신의 직업 흥미, 적성, 성격, 가치 등을 탐색하였다(20점).	2가지 이하의 방법으로 자신의 직업 흥미, 적성, 성격, 가치 등을 탐색하였다(15점).	1가지 이하의 방법으로 자신의 직업 흥미, 적성, 성격, 가치 등을 탐색하였다(10점).
	10점	긍정적 자기인식	자신의 진로특성을 바탕으로 자신에 대한 긍정적 인식을 적극적으로 표현하였다(10점).	자신의 진로특성을 바탕으로 자신에 대한 긍정적 인식을 표현하였다(8점).	자신의 진로특성을 바탕으로 자신에 대한 긍정적 인식을 표현하지 못하였다(6점).

[그림 4-4] '진로와 직업' 수행평가 채점 기준(예시)

〈표 4-8〉 '진로와 직업' 수행평가 채점 기준 개발 시 점검사항

- 채점 기준이 성취기준에서 요구하는 도달 목표에 맞게 제시되었는가?
- 채점 기준에는 수행평가 과제 유형에 적절한 평가 요소, 배점, 세부 내용 등이 제시되었는가?
- 채점 기준이 학습자의 인지적·정의적 성장과 발달 과정을 파악할 수 있도록 개발되었는가?
- 채점 기준은 학습자의 결과 산출 혹은 응답 수준을 변별할 수 있도록 작성되었는가?
- 채점 기준을 미리 학습자 및 학부모에게 안내하였는가?

출처: 한국교육과정평가원(2017).

5) '진로와 직업' 수행평가 실시 및 채점

'진로와 직업' 수행평가는 학습자들에게 구체적인 과제 진술문을 통해 과제 목적, 과제를 통해 평가할 내용, 과제 수행 방법, 채점 기준 등의 구체적인 안내 후 '진로와 직업' 교과의 교수·학습과 연계하여 실시된다. 수행평가의 경우 기존의 선택형 지필평가보다 수행 시간이 더 많이 요구되기에 일반적으로 수행평가 과제는 소수의 과제가 부여된다. 특히 어떤 행위를 보여 주는 수행평가의 경우 과제당 1시간 이상이 소요되는 과제도 있으며, 과제수행은 개인활동 단위일 수도 있으며 협동과제로 집단활동 단위로 실시될 수 있다.

수행평가에서의 채점 방법은 크게 총괄적 채점 방법과 분석적 채점으로 구분할 수 있다(성태제, 2019). 총괄적 채점 방법(holistic scoring method)은 평가자가 하나의 학습자 반응에 대해 혹은 응답의 전체적인 질에 하나의 점수를 할당하는 방식으로 평가결과를 다양한 영역으로 구분하지 않고 종합적으로 판단하여 점수를 부여하는 방식이다. 총괄적 채점 방법은 간단하고 채점시간도 빠르며, 최종적인 평가를 하는 데 유용한 방

법이다. 하지만 전체적인 인상에 의하여 점수를 부여하기에 채점의 일관성을 잃기 쉽다. 분석적 채점 방법(analytic scoring method)은 수행의 여러 가지 측면을 요소별로 구분하여 점수를 부여하는 방법이다. 분석적 채점 방법은 학습자의 수행에 대해 구체적인 정보를 제공하여 개별 학습자나 수업의 강점이나 약점을 파악하는 데 유용하나, 학습자들의 수행결과를 영역별로 세세하게 분석하여야 하기에 시간이 많이 소요되며, 각 영역별 점수가 상호 관련되어 있어 실제 영역 간 구분이 어려운 경우도 있다. 두 가지 채점 방식의 특징 및 장단점과 함께 과제의 유형과 특성 등을 고려하여 평가방법을 선택 또는 혼합하여 수행평가 채점을 실시할 수 있다.

수행평가 채점 시 채점자가 여러 명일 경우, 채점자들은 기본적으로 채점 기준을 정확하게 이해하여야 하며, 일관성 있는 점수를 확보하기 위해 수행평가가 의도하는 것, 평가기준 및 평가척도 등이 의미하는 것을 명확히 인지하여야 한다. 수행평가는 상대적으로 채점자의 주관적 판단이 많이 반영되는 평가이기에 점수를 부여하는 과정에서 채점의 일관성을 유지하기 어려울 수 있으므로, 채점자 내 신뢰도(채점자 한 사람이 평가대상 모두에게 얼마나 일관성 있게 점수를 부여하였는가) 및 채점자 간 신뢰도(한 채점자가 다른 채점자들과 얼마나 유사하게 점수를 부여하였는가) 등을 고려하여 채점이 이루어져야 한다.

수행평가 채점을 위해서는 학습자의 수행과정에 대한 기록이 중요하므로 교수자는 다양한 기록 방법과 기록지 등을 통해 학습자들의 수행과정을 관찰, 기록, 평가하는 것이 필요하다. 수행과제에 대한 평가는 교수자뿐 아니라 학습자도 수행할 수 있기에 자기 평가나 동료 평가 시 평가기준에 대한 명확한 안내를 통해 평가가 이루어질 수 있도록 한다.

수행평가 결과가 영향도가 클 경우 보다 명료한 채점기준에 의해 채점되나 그렇지 않은 경우 점수나 등급보다는 질적 평가로 서술에 의한 평가를 실시할 수도 있다.

채점이 완료된 후에는 학습자들에게 채점 결과를 공유하고 결과에 이의가 있을 경우 이를 신청 · 처리 · 확인하는 절차도 가질 필요가 있다. 이에 대한 구체적인 점검사항들은 〈표 4-9〉와 같다.

〈표 4-9〉 '진로와 직업' 수행평가 실시 및 채점 점검사항

> • 학생에게 수행평가에 대한 사전 안내를 하였는가?
> • 교수 · 학습과 연계하여 수행평가를 실시하였는가?
> • 학생의 인지적 · 정의적 성장과 발달 과정을 관찰하고 누가 기록하였는가?
> • 채점 기준표에 근거하여 공정하고 신뢰할 수 있게 채점하였는가?
> • 평가결과를 공개하고 이의 신청 기간을 안내하였는가?

출처: 한국교육과정평가원(2017).

6) '진로와 직업' 수행평가에 대한 피드백

수행평가에 있어 피드백은 매우 중요한 의미를 지닌다. 피드백을 통해 학습자의 발달과 성장을 촉진할 수 있기에 수행평가 시 학습자들의 수행과정과 결과에 대한 적절한 피드백이 제공되어야 한다.

피드백을 통해 학습자는 본인이 학습하는 데 있어 잘하고 있는 점과 개선하여야 할 점을 파악하여 학습전략을 수정할 수 있으며, 교수자는 학습자의 요구를 파악하고 교수 · 학습을 개선할 수 있는 기회를 가질 수 있다. 피드백의 내용은 인지적 측면 외에도 동기와 수행태도 등 정의적 측면에 관한 것도 포함하여야 한다(〈표 4-10〉 참조).

〈표 4-10〉 '진로와 직업' 수행평가 피드백(예시)

> 〈성취수준에 따른 피드백〉
> • 성취수준이 높은 개인에게는 자신의 여러 진로특성을 다양한 방법으로 탐색한 것에 대한 칭찬과 함께, 보다 심화된 자신의 진로특성 탐색이 일

어날 수 있도록 지도한다.
- 성취수준에서 조금 부족한 개인에게는 부족한 진로특성 요인, 진로탐색 방법들을 조언하며 보다 다양하고 폭넓게 긍정적인 자기탐색이 일어날 수 있도록 돕는다.
- 성취수준이 낮은 개인에게는 부족한 부분에 대해서 상세하게 조언하여 이를 보완할 수 있도록 구체적인 보완 방법을 피드백한다.

〈표 4-11〉 '진로와 직업' 수행평가에 대한 피드백 점검사항

- 학습자의 부족한 점을 채워 주고, 우수한 점을 심화·발전시키는 피드백을 제공하였는가?
- 수행평가 결과와 과정에 대한 피드백을 적절히 제공하였는가?
- 인지적 측면뿐 아니라 정의적 측면에서의 피드백을 제공하였는가?

출처: 한국교육과정평가원(2017).

7) '진로와 직업' 수행평가 결과 기록

마지막 단계는 수행평가 결과를 기록하는 것이다. 수행평가 결과를 기록하는 방법에는 다양한 방법이 있을 수 있다. '진로와 직업' 수행평가의 특성상 분석적 채점방법보다는 총괄적 채점에 의하여 수행과제의 전반에 대한 종합적인 평가를 하는 경우가 많다. '상, 중, 하' 혹은 '매우 우수, 우수, 보통, 부족, 매우 부족' 등의 등급으로 평가하는 경우가 많으며, 때로는 점수나 등급보다는 질적 평가로 서술에 의한 평가결과 기록이 이루어지기도 한다.

'진로와 직업' 수행평가 결과는 주로 학교생활기록부 교과학습발달상황의 '과목별 세부능력 및 특기사항'에 기록될 수 있는데, 이때는 과제를 수행하는 과정에서 학습자의 강점과 약점 그리고 태도, 흥미와 적성, 가능성 등에 대해 기록할 수 있다(〈표 4-12〉 참조).

〈표 4-12〉 '진로와 직업' 수행평가 결과 기록(예시)

성취수준	예시
상	자신에 대한 보드 만들기 활동을 수행하고 전시회 활동을 진행함. 자신에 대한 이해와 성찰 능력이 돋보임. 심리검사, 자기 성찰, 타인 인터뷰, 진로상담 등 다양한 활동을 통해 자신의 직업 흥미, 적성, 가치, 성격 등을 다각적으로 이해하고자 하는 적극적인 태도를 보임. 또한 고유한 자신의 진로특성을 바탕으로 자신을 긍정적으로 이해하고 이를 적극적으로 표현함
중	자신에 대한 보드 만들기 활동을 수행하고 전시회 활동을 진행함. 심리검사, 자기 성찰, 타인 인터뷰, 진로상담 등 다양한 활동을 통해 자신의 직업 흥미, 적성, 가치, 성격 등을 다각적으로 이해하고자 하는 성실한 태도를 보임. 또한 고유한 자신의 진로특성을 바탕으로 긍정적인 자기 개념을 가지고 있음
하	자신에 대한 보드 만들기 활동을 수행하고 전시회 활동을 진행함. 심리검사, 자기 성찰, 타인 인터뷰, 진로상담 등 다양한 활동을 통해 자신의 직업 흥미, 적성, 가치, 성격 등을 다각적으로 이해하고자 노력하였으나 결과가 다소 미흡함. 추가적인 활동을 통해 긍정적인 자기 개념을 가질 수 있도록 지속적으로 노력할 필요가 있음

〈표 4-13〉 '진로와 직업' 수행평가 결과 기록 점검사항

> • 평가결과 기록 내용은 학습자의 학습동기를 긍정적으로 신장시킬 수 있는 내용인가?
> • 학습자의 성취수준의 특성과 학습활동 참여도 등 특기할 만한 사항을 학교생활기록부 교과학습발달상황의 '과목별 세부능력 및 특기사항' 난에 기록하였는가?

출처: 한국교육과정평가원(2017).

8) '진로와 직업' 수행평가설계에 대한 메타평가

메타평가(meta evaluation)는 평가에 대한 평가(evaluation of evaluation)로 일반적으로 평가체제에 대한 평가를 의미한다(Scriven, 1969a). '진로

와 직업' 수행평가설계에 대한 메타평가를 통해 수행평가의 질을 한 단계 높일 수 있다.

Linn, Baker와 Dunvar(1991)가 제시한 수행평가의 적합성 평가기준을 통해 보다 질 높은 수행평가를 수행할 수 있을 것이다.

첫째, 결과타당도(consequences) 기준을 설정해야 한다. 평가의 좋은 의도를 살리기 위해서는 평가를 처음 계획할 때부터 평가로 인해 나타날 수 있는 실제적 결과와 영향을 고려하여 결과타당도 기준을 설정할 필요가 있다. 즉, 수행평가가 긍정적인 결과를 가져올 것인지, 교육과정 운영을 제한하지 않는지 등의 문제를 고려해야 한다.

둘째, 공정성(fairness)을 고려해야 한다. 수행평가를 보는 학습자들의 사회적·문화적 배경을 공정하게 고려했는지, 특정 학습자들에게 유리하거나 불리한 방식으로 과제가 구성되지 않았는지 등을 확인해야 한다.

셋째, 전이성(transfer)과 일반화(generalizability) 가능성을 고려해야 한다. 수행평가에서 다루었던 내용과 유사한 실제 상황에서 학습한 결과를 적용할 수 있는지, 내용이 다른 내용 영역으로 전이 또는 일반화할 수 있는지를 고려해야 한다.

넷째, 인지적 복합성(cognitive complexity)을 고려해야 한다. 수행평가가 실제로 학습자들에게 복잡한 사고 기능과 문제해결 기능을 사용하도록 요구하고 있는지 세밀하게 검토할 필요가 있다.

다섯째, 내용의 질(content quality)을 고려해야 한다. 수행평가에서 다루어지는 내용이 학습자나 교수자가 시간과 노력을 기울여도 좋을 만큼 가치 있고 중요한 것인지, 선정된 내용들이 해당 학문 영역의 최신 내용을 반영하고 있는지, 해당 학문 영역에서 가장 핵심적인 것인가 등을 고려해야 한다.

여섯째, 내용의 범위(content coverage)를 고려해야 한다. 수행평가 과제는 교육과정과 밀접하게 연계되어야 하며, 교육과정의 핵심적인 요소들이 모두 포함될 수 있도록 구성되어 있는지를 고려해야 한다.

일곱째, 과제의 의미성(meaningfulness)을 고려해야 한다. 수행평가를 통해 학습자들이 가치 있는 교육적 경험을 하고, 높은 동기를 갖고 의미 있는 문제에 참여하도록 할 수 있는지를 고려할 필요가 있다.

마지막으로, 비용(cost)과 효율성(efficiency) 역시 고려하여야 한다. 시간과 노력이 많이 드는 수행평가는 효율적인 정보수집과 채점 절차를 필요로 한다. 학습자에 대한 정보가 비용과 시간을 들여 수집할 만한 가치가 있는 것인가에 대한 문제를 현실적으로 고려해 볼 필요가 있다.

김석우(2020)는 수행평가 고려사항을 다음과 같이 언급하였다. 다음의 사항들을 점검함으로써 수행평가설계에 대한 메타평가 기준들을 설정할 수 있을 것이다.

첫째, 수행평가 조건, 즉 내용타당도를 점검해 볼 필요가 있다. "수행평가 과제 및 문항이 측정하고자 하는 것을 측정할 수 있는가?"를 다시 한번 확인해 볼 필요가 있다. 성취기준과 관련하여 해당 과제 및 문항이 성취기준 도달 정도를 측정할 수 있는가 혹은 없는가를 재검토해야 한다.

둘째, 수업활동을 활용한 수행과제의 유무를 확인해야 한다. 수업의 과정 속에서 학습자의 배움을 확인하고, 즉각적인 피드백을 통하여 성장을 돕는 과정이 있어야 한다. 이를 위하여 수업시간에 수업활동을 활용할 수 있는 수행과제여야 한다.

셋째, 실제 활용 가능성을 고려해야 한다. 실제 수업에서 활용할 수 있는 '수업 적용 가능성'이 높아야 한다. 과다한 준비가 필요한 과제 및 문항, 과다한 채점 기준이 필요한 과제 및 문항, 과다한 시간이 요구되는 평가장면은 실제 수업에서 활용하기 어려운 점이 있다.

넷째, 교과 특성이 반영된 수행평가가 이루어져야 한다. 해당 교과의 성격, 특징, 목표에서 벗어난 평가가 이루어져서는 안 된다. 즉, UCC 만들기, 발표하기, 그리기 등 타 교과의 기능이 더 많이 요구되면 안 된다. 꼭 필요한 경우 타 교과연계에 대해서 고민해 볼 필요가 있다.

다섯째, 올바른 평가기준을 설정해야 한다. 해당 성취기준에 대한 학습자 개개인의 성취수준을 알아보고자 하는 것이다. 성취기준과 관련이 없는 내용으로 인하여 성취수준이 변하지 않도록 평가기준을 설계했는지 살펴볼 필요가 있다. 성취수준 이상의 수행을 요구하지 않도록 해야 하며, 태도와 관련된 점수는 별도로 설정할 필요가 있다.

여섯째, 성장을 돕는 평가인지 확인해 볼 필요가 있다. 수행평가는 성적 산출을 위한 수단보다는 학습자의 성장을 위한 수업 과정으로서의 역할이 강조되어야 한다. 배움이 일어날 가능성을 높여 주는 기회가 제공되는지 다시 한번 점검할 필요가 있다.

Herman, Aeschbacher와 Winters(1992)는 수행평가 과제 개발에서 검토해야 할 사항들을 〈표 4-14〉와 같이 제시하였는데, 이러한 사항들을 통해 수행평가에 대한 메타평가를 수행할 수 있다.

〈표 4-14〉 수행평가 과제 개발에서 검토해야 할 사항들

항목	검토 사항
교수 목표 반영도	• 과제는 중요한 결과 목표를 포함하고 있는가? • 이러한 목표들은 분석과 종합, 응용과 같은 고등사고 능력 개발에 도움이 되는가?
과제의 실생활 반영도	• 과제들은 학습자들의 실생활을 반영하는가? 즉, 학습자들이 현재 학교와 미래의 삶에서 반복적으로 대면할 만한 문제나 상황들인가?
과제의 공정성	• 과제는 학습자들의 성별, 지역적·문화적 측면에서 특정 학습자들에게 유리하거나 불리하지 않는가?
과제의 신뢰성	• 과제는 학습자, 학부모 그리고 교수자에게 의미 있고 도전적인 과제인가? • 과제는 질 높은 교과 주제 및 내용과 연관성이 있는가?
학습자들의 참여 유도 정도	• 과제는 학습자들이 자신의 능력을 보여 줄 수 있고 참여할 수 있도록 되어 있는가? • 과제는 학습자들의 의미 있고 도전적인 참여를 유도할 수 있는가?

교육적 연관성 및 교수 가능성	• 과제는 학습자들이 습득할 수 있는 기술과 지식을 잘 대표하며, 교수자가 적절하게 가르칠 수 있는 자료와 전문지식에 부합하는가?
과제의 실행가능성	• 학교의 공간, 장비, 시간, 비용 등의 요소를 고려할 때, 학교 혹은 학급에서 과제를 실행할 수 있는가? • 학습자들의 시간, 자원 접근성 및 경제성을 고려할 때 학습자들은 과제를 수행할 수 있는가?

출처: Herman et al. (1992: 41-42).

앞서 언급한 다양한 수행평가 검토 기준들을 확인하여 '진로와 직업' 수행평가설계 그 자체에 대한 메타평가를 실시한다면 보다 나은 수행평가를 시행할 수 있을 것이다.

부록

⟨부록 4-1⟩ 중학교 '진로와 직업' 교과 목표(2022 개정 교육과정)

'진로와 직업'은 삶과 진로, 직업의 중요성을 이해하고 다양한 진로 탐색을 바탕으로 자신의 진로특성과 성장 가능성, 도전의 기회를 발견하며 학교와 일상생활에서 자기 주도적으로 진로를 이끌어 나가는 진로개발역량을 함양한다.

(1) 진로의 다양성을 수용하고 자신의 삶의 가치를 발견하여 자신에 대한 긍정성을 향상하며 지속 가능한 사회에 기여할 수 있는 방법을 탐색한다.
(2) 직업 세계의 특성과 변화 가능성을 이해하고 다양한 진로 활동에 참여함으로써 주도적으로 진로를 탐색하며 진로 정보에 접근하고 활용할 수 있는 소양을 기른다.
(3) 진로의사결정에 진로와 관련된 조언과 지원을 받을 수 있음을 인식하고 잠정적인 진로 목표와 그에 따른 진로 및 학업 계획을 수립하고 실천한다.

〈부록 4-2〉 중학교 '진로와 직업' 교과의 영역별 성취기준(2022 개정 교육과정)

영역	성취기준
진로와 나의 이해	• [9진로01-01] 진로와 직업의 의미를 이해하고 다양한 직업인의 진로특성과 삶의 모습을 탐색한다. • [9진로01-02] 다양한 방법으로 자신의 진로특성을 파악하고 긍정적 자아개념을 갖는다. • [9진로01-03] 함께 일하고 싶은 직업인의 긍정적 특성 및 태도를 알아보고 바람직한 직업인의 자세를 갖는다. • [9진로01-04] 일과 여가의 의미와 상호 관계를 이해하고 조화롭고 행복한 삶을 생각한다.
직업 세계와 진로 탐색	• [9진로02-01] 사회변화에 따른 직업 세계의 변화를 이해한다. • [9진로02-02] 진로 경로의 다양성과 가변성을 이해하고, 유연한 진로 탐색 태도를 함양한다. • [9진로02-03] 진로 정보를 탐색하는 다양한 방법을 알아보고 관심 분야의 진로 정보를 탐색하고 활용한다. • [9진로02-04] 다양한 경험과 진로 활동을 자신의 진로와 연계하며 주도적인 진로 탐색 태도를 함양한다. • [9진로02-05] 고등학교의 유형, 특성, 교육과정에 대한 정보를 통해 교육 기회를 탐색한다. • [9진로02-06] 창업의 특성과 창업가 정신을 이해하고 그 중요성을 인식한다.
진로 설계와 실천	• [9진로03-01] 진로의사결정의 방법과 고려 사항을 이해하고 진로를 잠정적으로 결정한다. • [9진로03-02] 관심 진로 분야의 다양한 진로 경로를 탐색하고 자신의 진로 경로를 설정한다. • [9진로03-03] 진로 목표 성취를 위해 학습의 필요성을 이해하고, 학습계획을 자기 주도적으로 수립하여 실천한다. • [9진로03-04] 졸업 이후의 진로 계획을 수립하고 자기 관리 및 진로 준비 방법을 알아보고 실천한다.

〈부록 4-3〉 고등학교 '진로와 직업' 교과 목표(2022 개정 교육과정)

'진로와 직업'은 관심 분야에 대한 깊이 있는 나의 이해, 급변하는 직업 세계의 이해, 심층적인 진로 탐색을 바탕으로 잠정적인 진로 목표를 설정하고 학교 안팎의 구체적인 진로 정보를 활용하여 진로 설계를 자기 주도적으로 해낼 수 있는 진로개발역량을 함양한다.

(1) 관심 직업 및 전공 분야에 대한 자신의 진로특성을 파악하고 급변하는 사회에 대응하여 다양한 직업 가치를 존중하며 직업 윤리의 중요성을 인식한다.

(2) 직업 세계 변화에 따라 관심 직업 및 전공 분야에서 요구되는 역량을 이해하고 역량의 변화 가능성에 대해 유연한 태도를 갖추며, 지속 가능한 진로를 위해 필요한 진로 정보를 주도적이고 비판적으로 수집하고 활용한다.

(3) 자신이 설정한 잠정적인 진로 목표에 따라 교과목 선택, 진학 또는 취업에 필요한 학업 계획 수립과 실천을 구체화하고 이를 실현할 수 있도록 자기를 관리한다.

〈부록 4-4〉고등학교 '진로와 직업' 교과의 영역별 성취기준(2022 개정 교육과정)

영역	성취기준
진로와 나의 이해	• [12진로01-01] 관심 분야 직업인의 삶과 진로특성을 탐구함으로써 관심 직업 및 전공 분야에서 요구되는 진로특성을 이해한다. • [12진로01-02] 나의 진로특성을 통합적으로 이해하고, 관심 직업과 전공 분야에서 요구되는 특성 및 수행과 관련지어 나의 진로특성을 점검하고 강점은 강화하고 부족한 점은 보완한다. • [12진로01-03] 직업 윤리의 중요성을 이해하고 건강하고 안전한 일터를 만드는 직업인의 사회적 책임을 인식한다. • [12진로01-04] 일, 학습, 여가의 가치와 상호 관계를 이해하고 자신의 직업 가치를 성찰한다.
직업 세계와 진로 탐색	• [12진로02-01] 미래 직업 세계를 탐색하고, 관심 분야의 직업 세계 변화를 예측 및 탐색한다. • [12진로02-02] 관심 직업의 진로 경로에 따라 요구되는 역량을 탐구한다. • [12진로02-03] 관심 직업의 구체적인 정보를 수집하고 나에게 필요한 내용을 선별하여 활용한다. • [12진로02-04] 관심 직업과 관련된 진학 또는 취업 정보를 탐색한다. • [12진로02-05] 지속 가능한 진로 개발을 위해 다양한 진로 경로를 탐색하고 평생 학습의 중요성을 이해한다. • [12진로02-06] 창업가 정신을 적용하여 관심 분야의 문제 해결을 시도하고 새로운 가치를 발견한다. • [12진로02-07] 고용 관계의 권리와 책임을 이해하고, 상호 존중의 자세를 지닌다.
진로 설계와 실천	• [12진로03-01] 진로의사결정의 요인과 변화 가능성을 고려하여 의사결정을 재평가함으로써 보완하고 지속적으로 점검한다. • [12진로03-02] 잠정적인 진로 목표를 설정하고 고등학교 졸업 이후의 장단기 진로 계획을 설계한다. • [12진로03-03] 나의 진로 목표에 따라 진학 또는 취업에 필요한 학업 계획을 세우고 실천한다. • [12진로03-04] 진로 계획의 실천을 위해 자기 관리를 하며, 환경적 변화에 대응하여 유연하게 진로를 준비한다.

제5장

교과연계
진로교육평가

1. 교과연계 진로교육 개념 및 구성
2. 교과연계 진로교육평가방법

1 교과연계 진로교육 개념 및 구성

1) 교과연계 진로교육 의미

교과연계 진로교육은 '진로와 직업' 교과의 성취기준과 일반교과의 성취기준을 연계하여 진로와 타 교과를 함께 학습할 수 있는 교육방법이다(교육부, 한국직업능력개발원, 2018). 학교 진로수업 및 활동은 교과(진로와 직업), 창의적 체험활동, 진로의 날 등 여러 방법을 통해 운영할 수 있는데, 교과연계 진로교육이 필요한 이유를 살펴보면 다음과 같다.

먼저, 진로교육에서 추구하는 진로발달의 내재적 특징을 생각해 볼 필요가 있다. 진로는 자신에 대한 깊이 있는 이해와 직업 및 삶에 대한 경험과 이해 그리고 진로에 대한 성찰과 타협 등의 반복적인 과정을 통해 형성된다. 이 과정에서 다양한 진로 대안들을 이해하고 탐색하는 활동이 필요한데, 협소한 범위에서 이루어지는 진로탐색은 진로발달을 제한할 수 있기 때문이다. 따라서 여러 맥락과 상황 속에서 자신의 진로를 생각하고 경험할 수 있는 기회를 가지는 것이 진로발달에 중요하다.

학교교육과정 운영의 관점에서 살펴보면, 현재 단위학교에서 '진로와 직업' 교과를 편성하여 운영하고 있지만, 필수가 아닌 선택과목으로 지정되어 있으며, 제한된 시간 내 수많은 직업과 산업을 이해하고 탐색하는 데 한계가 있다. 수학, 역사, 과학 등 일반교과에도 직업, 산업 등 진로와 관련된 내용이 일부 포함되어 있는데, '진로와 직업' 교과와 일반교과의 내용을 연계하여 수업을 진행한다면 다양한 수업 시간을 활용하여 진로교육을 실시할 수 있다. 이를 통해 여러 교과의 맥락 속에서 진로를 이해하고 탐색할 수 있는 기회를 제공할 수 있으며, 진로와 직업에 대한 생각의 틀을 확장하고 융합적 사고력 향상을 기대할 수 있다.

다음으로, 일반교과 측면에서도 학생들이 교과를 학습하면서, 학습 내용이 미래 진로와 긴밀하게 연결되어 있다는 점을 알 수 있기 때문에 일반교과에 대한 흥미를 높이고 동기가 높아질 수 있다. 이처럼 교과연계 진로교육은 학생들의 생각과 경험의 범위를 확장할 수 있다는 점에서 의미가 있다.

마지막으로, 학교에서 진로교육이 운영되는 현실적인 상황을 고려해 볼 수 있다. '진로와 직업' 교과는 중학교 또는 고등학교에서 특정 학년(주로 1학년)에서 주로 이수하고 있어 다른 학년에서는 진로와 관련된 경험이 제한적인 경우가 있다. 교과연계 진로교육은 학년, 교과를 체계적으로 연결하여 지속적인 진로교육을 실시할 수 있다는 점에서 장점이 있다. 특히 학교별로 한 명의 진로전담교사가 진로교육을 총괄하고 있는 상황에서 재학생 규모가 큰 학교에서는 효과적인 진로교육을 운영하는 데 한계가 있다. 따라서 여러 동료 교사의 협력과 참여가 필수적인데, 교과연계 진로교육은 일반교과 교사의 진로교육 참여를 촉진하고 학생들에게 다양한 진로교육을 제공할 수 있다.

이러한 논의를 종합해 보면, 교과연계 진로교육은 학생들에게 폭넓은 진로 경험을 제공할 수 있을 뿐만 아니라, 진로 중심의 학교 운영을 촉진할 수 있는 실질적인 방법으로서 중요한 의미를 가진다.

2) 교과연계 진로교육 개념

교과연계 진로교육의 바탕은 교과통합 또는 교과연계 교육과정으로 다양한 교과들의 통합 및 연계를 위한 방법들이 연구 및 논의되어 왔다. 성열관 등(2017)에 따르면, 교과통합/교과연계는 "분절된 지식 및 경험을 의미 있는 방식으로 서로 관련지어 가르칠 수 있는 교과/교육과정으로 학습자의 전인적 발달을 도모하기 위하여 종래의 교과 경계를 허물고 학습자의 경험과 참여를 중심으로 구성된 교과/교육과정"이다. 이 정의를 진로교육의 맥락에서 해석해 보면, 교과 간 분절적으로 구성된 진로와 관련된 다양한 지식, 경험들을 연계하여 교육과정을 구성함으로써 학생들의 총체적인 진로발달을 도모한다고 볼 수 있다. 특히 교과연계는 교과에 초점이 맞춰져 있는 만큼 창의적 체험활동과 같은 비교과 프로그램에서 주로 운영하기보다 교과 수업시간을 통해 진로교육이 이루어진다는 점이 특징적이다. 물론 일반교과와 비교과 진로교육프로그램을 연계하는 방법도 있겠지만, 이 장에서는 교과 간 연계를 통해 진로교육을 평가하는 방법에 대해 초점을 맞추었다.

교과연계 진로교육의 유용성은 크게 다섯 가지로 구분할 수 있는데(이지연 외, 2009), ① 교사들은 핵심 역량의 개발과 개별 교과목을 초월하여 수업을 계획할 수 있다. ② 교과목 간 의미 있는 연계를 통해 세상에 대한 통합적인 시각을 기를 수 있다. ③ 단일 교과를 넘어 확장적인 학습이 가능한 교육과정을 개발할 수 있다. ④ 현실 세계를 반영한 통합적 시각을 기를 수 있다. ⑤ 통합적인 교수법을 통해 학생들의 정보처리 역량을 강화할 수 있다.

이러한 내용들을 종합해 보면, 교과연계 진로교육은 통합적이고 현실적인 관점을 기르고 진로교육 및 일반교과의 내용을 다양한 맥락에서 심층적으로 학습할 수 있다는 점에서 유용하다.

3) 교과연계 진로교육 구성

교과연계 진로교육의 구성과 유형을 제시하기 전에 일반적인 교과통합/

교과연계의 모형을 제시한 Forgarty(1991)의 분류를 살펴봄으로써 교과연계 진로교육이 다양한 방식의 연계가 가능하다는 점을 확인할 수 있다.

　Forgarty(1991)는 교과연계의 방법을 분리형(fragmented), 연계형 (connected), 둥지형(nested), 연속형(sequenced), 공유형(shared), 망/거미줄형(webbed), 바느질형(threaded), 통합형(integrated), 흡수형 (immersed), 네트워크형(networked)으로 구분하였다([그림 5-1] 참조). 분리형은 개별 교과목이 단일 수업으로 운영되는 형태로 전통적인 교육과 정 및 수업모형이다. 국어 교과는 국어 시간에, 수학 교과는 수학 시간 에 이루어지는 방식이다. 실생활과 학생들의 통합적인 역량을 개발하는 데 제한적이지만, 개별 교과목에 집중하여 학습이 이루어진다는 장점 이 있다. 연계형 모형은 단일 교과목 내 주제들이 서로 긴밀하게 연결된

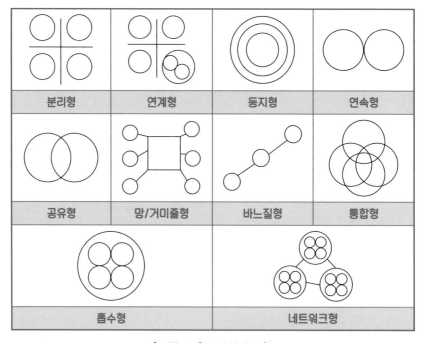

[그림 5-1] 교과연계 모형

출처: Forgarty (1991).

형태를 의미한다. 둥지형은 교과에 필요한 학습 기술 및 역량이 교과목들의 중심을 이루고 이를 여러 교과목들이 둘러싼 형태이다. 연속형은 서로 다른 교과목 간 유사한 주제와 내용을 연속적으로 배치하는 형태를 의미한다. 공유형은 다른 교과목을 연계하여 내용, 개념 등을 공유하는 방식으로 단원을 구성하는 형태로서 기본적인 교과연계 진로교육의 일반적인 형태라고 할 수 있다. 망/거미줄형은 주제를 기준으로 다양한 교과목들을 방사형으로 연결하는 형태이다. 바느질형은 교과목들을 연결하여 여러 역량과 개념들이 서로 연계될 수 있도록 구성한다. 통합형은 모든 과목의 교사들이 공동작업을 통해 교과목들의 중복되는 개념들을 함께 구성하는 형태이다. 흡수형, 네트워크형은 학습자를 중심으로 스스로 필요한 학습내용들을 통합하는 형태를 보인다.

Forgarty(1991)의 교과통합/교과연계 모형 분류법 외에도 전통적인 관점에서 Taba(1962)의 교과중심 연계와 학습자중심 연계, Jacobs(1989)의 교과중심 연계, 평행조직 연계, 다학문적 연계, 간학문적 연계 등 다양한 방식으로 교과통합/교과연계 방법을 구분할 수 있다(〈표 5-1〉 참조).

〈표 5-1〉 교과연계 모형 종합

단계	분과적 접근		연계적 접근
Taba(1962)	교과중심 연계형		학습자중심 연계형
Dressel(1958)	코스별 연계형	광역코스형 연계형	학생중심형 연계형
Drake(1998)	다학문적 연계	간학문적 연계	탈학문적 연계
Jacobs(1989)	교과중심 연계	평행조직 연계	다학문적 연계	간학문적 연계
Fogarty(1991)	분리형, 연계형, 둥지형	연속형, 공유형, 망/거미줄형, 바느질형, 통합형	흡수형, 네트워크형
Ingram(1979)	내적 연계		외적 연계

교과연계의 다양한 방법 중에서 진로교육 현장에서 주로 활용하는 모형은 공유형 연계모형이다([그림 5-2] 참조). '진로와 직업' 교과의 내용 영역과 일반교과의 내용 영역 중에서 서로 연계가 가능한 부분을 교과연계 진로교육으로 활용하는 형태인데, 교과의 비중에 따라, ① 교과중심 연계, ② 진로중심 연계, ③ 교과와 진로 균형 연계로 구분할 수 있다(교육부, 한국직업능력개발원, 2018). 먼저, 연계되는 교과의 내용 비중에 따라 일반교과 학습에 중심을 두고 진로에 대한 내용을 일부 반영하는 경우 이를 교과중심 연계로 부른다. 다음으로, '진로와 직업' 교과의 진로교육에 중점을 두고 일반교과의 일부 내용을 연계하는 경우 이를 진로중심 교과연계 진로교육으로 구분한다. 마지막으로, 교과와 진로균형 연계는 일반교과와 진로교과가 내용 또는 방법적으로 동등하게 연계된 것을 지칭하는데, 이러한 구분은 절대적인 것은 아니며, 교사의 관점과 목표에 따라 달라질 수 있다.

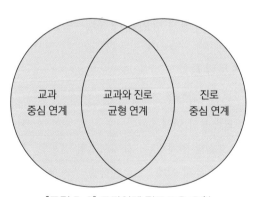

[그림 5-2] 교과연계 진로교육 유형

교과연계 진로교육의 개발 과정을 살펴보면, 일반적인 교육프로그램 개발 과정과 크게 다르지 않다. ADDIE 모형, Dick과 Carey 모형 등 다양한 교육프로그램 개발 모형에서 제시되는 분석, 설계, 개발, 실행, 평가의 단계들을 고려하여 교과연계 진로교육을 개발할 수 있는데, '진로와 직업' 교과와 일반교과의 연계 내용, 목표 설정에서 차이가 있다. 교육부와 한국직업능력개발원(2018)은 교과연계 진로교육의 개발을 '분석-설계-개발-실행-평가-기록 단계'로 구분하였다.

　먼저, 분석 단계에서는 교과, 학생, 학교의 일반적인 특성을 확인하고 진로연계 수업에 적절한 교과와 성취목표를 매칭하는 활동을 수행한다. 학교 및 학생들의 요구와 환경을 고려하여 다양한 성취목표 중에서도 진로교육에 적합한 내용들을 선정하는 단계라는 점에서 중요한 의미를 가진다. 구체적으로 교과목별 국가 교육과정에서 고시한 성취목표와 성취기준들을 정리·확인함으로써 어떤 내용들이 진로교과와 연계될 수 있는지 기초적인 자료를 확인한다. 다음으로, 학생 특성에 대한 분석이 이루어지는데, 학년, 성별 등과 같은 일반적인 특성에서부터 학생들의 진로발달 및 학업성취수준, 선호하는 수업방식, 희망 진로 등에 대한 조사를 심층적으로 실시할 수 있다. 또한 교과연계 진로교육을 진행할 수 있는 학교의 물리적·인적 환경에 대한 검토가 필요한데, 디지털 관련 주제로 교과연계 진로교육을 실시하는 경우 관련 기자재를 갖추고 있는지, 교과연계 진로교육에 참여하고자 하는 일반교과 교사의 참여 수준이 어느 정도인지 등을 검토함으로써 교과연계 진로교육의 적절한 운영 방향을 결정할 수 있다. 이러한 분석 및 준비 활동을 바탕으로 일반교과와 진로교과의 성취목표 맵핑 작업이 이루어지는데, '진로와 직업' 교과의 성취목표와 일반교과의 성취목표를 매트릭스 형태로 구성하여 교과연계 진로교육에 가장 적합한 단원을 선정한다.

　설계 단계에서는 앞서 분석 과정에서 도출된 적정 일반교과와 진로교과 단원을 바탕으로 구체적인 학습목표를 작성하고 적절한 교수·학습 방법의 선택 및 평가도구를 설계하게 된다. 교과연계 진로교육의 학습목표는 핵심 내용의 연계와 평가도구 설계를 위한 바탕을 제공한다는 점에서 중요하다. 교과연계 진로교육에서 '진로와 직업' 교과의 성취기준과 일반교과의 성취기준을 병렬적으로 배치할 수도 있겠지만, 두 교과의 성취기준을 활용하여 새로운 교과연계 진로교육 학습목표를 설정하는 것이 권장된다. 예를 들어, 중학교 '진로와 직업' 교과의 [9진로02-01]에서 "사회변화에 따른 직업 세계의 변화를 이해한다." [9진로01-03]에서 "함께 일하고 싶은 직업인의 특성을 알아보고 바람직한 직업인의 자세를 갖는다."라는 성취기준과 사회교과의 [9사(일사)12-01]에서 "오늘날 우리 사회가 겪는 사회변동에 대해 조사하고, 이러한 사회변동이 우리 생활에 미치는 영향을 분석한다."는 성취기준을 병렬적으로 제시하는 방법도 활용할 수 있겠지만, 이를 하나의 교과연계 진로교육 학습목표로 변환하여 다음과 같은 2개의 학습목표를 제시할 수 있다. 즉, "세계화, 다문화, 지식정보, 저출산·고령화, 과학기술에 따른 우리 사회의 변화 사례를 조사하고 이러한 변화가 직업에 미치는 영향을 분석할 수 있다." "우리 사회의 변화를 바탕으로 관심 있는 직업에 필요한 미래 역량 및 태도를 파악할 수 있다."와 같이 제시할 수 있다. 다음으로 교과연계 진로교육의 학습목표 달성을 평가하기 위한 평가도구를 설계하게 되는데, 평가유형(절대평가-상대평가), 평가목적, 평가시기, 평가문항 등에 대한 선정이 이루어진다. 특히 교과연계 진로교육의 경우 '진로와 직업' 교과는 포트폴리오, 수행평가 등의 방식으로 평가가 진행되지만, 일반교과는 학업성취도 평가가 필요한 경우가 있기 때문에 세부적으로 교과의 특성을 반영한 평가계획을 수립할 필요가 있다.

개발 단계에서는 교과연계 진로교육을 위해 필요한 교수·학습 매체를 선정 및 개발하고 구체적인 교수·학습 지도안을 개발하게 된다. 수업의 전개 및 활동은 일반적인 교수·학습 지도안 개발 과정과 다르지 않으며, 연계 내용들의 비율과 중요성을 고려하여 적절한 시수를 분담해야 한다.

그밖에 실제 수업 운영 및 평가 등의 활동이 진행되는데, 평가에 대한 내용은 다음 절의 교과연계 진로교육평가방법에서 구체적으로 살펴본다.

교과연계 진로교육평가방법

　교과연계 진로교육을 평가하기 위해서는 크게 두 가지 접근 방법을 고려할 수 있다. 하나는 교과연계 진로교육을 통한 학생들의 진로개발역량 및 학업성취도 향상을 평가하는 방법이다. '진로와 직업' 교과의 경우 학업성취도를 직접적으로 평가하지 않기 때문에 포괄적인 의미에서 진로발달을 대표하는 개념으로 진로개발역량을 활용하는 경우가 많다. 그러나 교과연계 진로교육 수업의 목표에 따라 이를 차별화할 수 있는데, 직업세계에 대한 이해가 교과연계 진로교육의 주요 목표로 설정되었다면 직업의 종류와 직무, 관련 전공 등에 대해 충분히 이해하였는지를 평가할 수도 있다. 또한 교과연계 진로교육에서 일반교과의 학업성취도 향상이 주요 목표라면, 개별 교과의 학습 내용에 대한 성취수준을 평가하는 것도 필요하다.

　이처럼 교과연계 진로교육을 통해 학생들의 성장을 평가하는 방식이 있다면 다른 한편으로 교과연계 진로교육 자체에 대한 평가를 실시할 수 있다. 교과연계 진로교육의 학습 목표가 적절하게 작성되었는지, 진로의 관점에서 핵심적인 내용 요소들이 적절하게 연계되었는지, 교과연계 진로수업을 효과적으로 진행하기 위한 교수·학습방법이 선정되었는지 등 교과연계 진로수업 자체에 대한 평가를 실시할 수 있다.

1) 교과연계 진로교육 학습자 평가

　교과연계 진로교육의 학습자 평가는 진로교과와 일반교과의 관점에서 평가를 진행할 수 있다. 일반교과의 학업성취평가는 교과별 특성에 따라 다르기 때문에 여기에서는 진로교과의 학습자 평가에 초점을 맞추었다. 진로교과의 평가영역은 성취기준에서 제시하고 있는 흥미 적성, 가치관 등 자신에 대한 이해와 개별 직업 및 산업에 대한 이해 등 다양하게 구성할 수 있으며, 포괄적인 관점에서는 교과연계 진로교육을 통해 향상된 학습자의 진로발달, 진로개발역량 등을 평가할 수 있다. 이를 종합해 보면, 과정평가의 관점에서 수행평가방식을 적용한 진로교육평가, 진로발달, 진로성숙 등 태도에 대한 측정도구를 활용한 태도 평가, 진로활동에 대한 산출물 평가 등으로 구분할 수 있다.

또한 교과연계 진로교육을 평가하는 방법으로는 앞서 제4장에서 제시된 것처럼 수행평가, 포트폴리오, 심리검사, 동료 평가 등의 방법들을 활용할 수 있는데, 필요한 경우 지필평가를 통해 진로 및 직업에 대한 이해 수준을 측정할 수도 있다. 이와 관련하여 교육부와 한국직업능력개발원(2018)은 교과연계 진로교육과 관련된 교과세부 특기사항의 '상·중·하' 구분 예시들을 제시하고 있다. 구체적으로 7개 영역으로, ① 교과연계 진로교육 성취기준 달성 여부, ② 학습자 특징의 변화 정도, ③ 통합적 사고능력 및 문제해결 능력, ④ 핵심역량, ⑤ 자기주도적 학습태도, ⑥ 전공 적합성, ⑦ 노력의 지속성이 포함되어 있다. 일반적으로 교과세부 특기사항의 '상' 수준에 해당되는 경우 성취기준을 모두 달성했거나 역량, 특징, 태도 등의 개선이 두드러지게 나타나는 경우를 의미하며, '중' 수준에서는 대체적인 변화가 발생한 경우를 표현하고 있다. 마지막으로 '하' 수준에서는 유의미한 변화를 확인할 수 없거나 성취기준의 달성 정도가 낮은 경우를 의미한다(〈표 5-2〉 참조).

〈표 5-2〉 교과연계 진로교육 교과세부 특기사항 성취수준 구분 예시

단계	상	중	하
교과연계 진로교육 성취기준 달성 여부	교과연계 진로교육 성취기준을 모두 달성함	교과연계 진로교육 성취기준을 대체로 달성함	교과연계 진로교육 성취기준의 달성 정도가 낮음
학습자 특징 (지식, 기술, 태도) 의 변화 정도	지식, 기술, 태도의 발전 정도가 우수함	지식, 기술, 태도의 변화가 대체적으로 드러남	지식, 기술, 태도의 변화를 찾기 어려움

통합적 사고 능력 및 문제해결 능력	통합적 사고 능력과 비구조화된 문제해결 능력이 뛰어남	통합적 사고 능력과 비구조화된 문제해결 능력이 보통임	통합적 사고 능력과 비구조화된 문제해결 능력을 찾기 어려움
핵심역량	과제해결을 위해 핵심역량을 유기적이고 효율적으로 활용함	과제해결을 위해 일부 핵심역량을 활용함	과제 해결과정에서 핵심역량을 활용하는 모습을 보이지 않음
자기주도적 학습태도	과제해결 전체 과정에서 자기주도적 학습태도가 두드러짐	과제해결 전체 과정에서 자기주도적 학습태도가 대체로 드러남	과제해결 전체 과정에서 자기주도적 학습태도를 찾기 어려움
전공 적합성	활동의 전체 과정에 전공 적합성이 명확히 드러남	활동의 전체 과정에 전공 적합성이 대체로 드러남	활동의 전체 과정에 전공 적합성이 드러나지 않음
노력의 지속성	과제해결을 위해 지속적으로 노력하는 태도가 명확히 드러남	과제해결을 위해 지속적으로 노력하는 태도가 대체로 드러남	과제해결을 위해 지속적으로 노력하는 태도를 찾기 어려움

출처: 교육부, 한국직업능력개발원(2018).

교과연계 진로교육을 평가하는 과정은 크게 다음의 4단계로 구분할 수 있다. ① 교과연계 진로교육의 성취목표와 교수 · 학습방법에 기초하여 적절한 평가영역 및 평가주체를 선정한다. ② 평가영역의 성취수준을 확인할 수 있도록 수준별 기준을 설정한다. ③ 평가도구를 선정 또는 개발한다. ④ 평가영역 및 수준에 기초하여 학습자의 수행결과 및 활동 과정에 대한 평가를 실시하고 기록한다.

이를 구체적으로 설명하면, 먼저 교과연계 진로교육의 평가를 위해서는 진로교과와 일반교과의 성취기준 연계를 통해 도출된 교과연계 진로교육 성취목표가 존재하며, 이를 실제 수업현장에서 운영하기 위해 적절한 교수·학습방법 및 매체가 선정될 필요가 있다. 이러한 단계를 거쳤다면, 해당 교수·학습활동에 대한 평가를 계획하고 준비할 수 있는데, 우선적으로 성취목표에 기초하여 어떤 학습활동 및 변화를 평가할 것인지를 결정하는 평가영역에 대한 도출이 필요하다. 예를 들어, "로봇기술 발전과 관련된 직업을 조사하고 소개 글을 작성할 수 있다."라는 목표가 설정되어 있다면, 이를 기준으로 로봇 관련 직업을 조사하는 활동, 로봇 관련 직업을 소개하는 글을 작성하는 활동 2개 영역으로 구분하여 수행 수준을 평가할 수도 있다. 또한 평가를 실시하는 대상이 교사인 경우 외에도 동료 평가, 자기 평가 등 여러 방식을 활용할 수 있다. 평가를 수행하는 대상에 따라 평가수준과 구체적인 평가문항이 달라져야하기 때문에 이를 결정하는 것이 필요하다.

다음으로, 평가영역과 평가 수행자가 결정되었다면, 수행 수준에 대한 구분이 필요하다. 일반적으로 '상, 중, 하' 또는 '우수, 보통, 미흡' 등으로 나눌 수 있으며, 어떤 수행을 우수한 상태로 판단할 것인지에 대한 기준마련이 요구된다. 그리고 자기보고식 평가 또는 동료 평가를 실시하는 경우 어떤 점을 평가할 것인지에 대한 구체적인 문항이 필요하기 때문에 이를 개발하거나 어떤 기존 도구를 활용할 것인지를 결정해야 한다.

마지막으로, 평가영역과 평가수준에 대한 기준을 활용하여 실제 학생들의 수행과정 및 결과들을 평가하여 기록하게 된다.

이러한 과정들을 구체적으로 확인하기 위해 중학교와 고등학교 2022 개정 교육과정을 활용하여 교과연계 진로교육 예시를 제시하고 평가한 사례를 제시하고자 한다. 먼저, 2022개정 교육과정의 중학교 '진로와 직업'과 사회교과의 성취기준을 연계한 사례이다. 교과연계 진로교육평가를 위해서는, 먼저 교과연계 진로교육 성취목표를 구성할 필요가 있다. 효과적인 교과연계 진로교육을 위해서는 개별 교과들의 성취목표를 분절적으로 사용하기보다 연계 교과목의 성취기준을 통합한 교과연계 진로교육 성취목표를 새롭게 진술하는 것이 필요하다. 다음 예시에서는 중학교 '진로와 직업'의 '(2) 직업세계와 진로탐색' 영역의 성취기준인 "[9진로02-01] 사회변화에 따른 직업 세계의 변화를 이해한다." "[9진로01-03] 함께 일하고 싶은 직업인의 특성을 알아보고 바람직한 직업인의 자세를 갖는다."와 중학교 사회교과의 '(12) 사회변동과 사회문제'의 "[9사(일사)12-01] 오늘날 우리 사회가 겪는 사회 변동에 대해 조사하고, 이러한 사회 변동이 우리 생활에 미치는 영향을 분석한다."의 성취기준을 연계하였다. 사회교과의 사회변동에 대한 학습 내용을 진로교과의 사회변화와 직업의 관계와 연결하고, 추가적으로 사회변화에 대한 내용을 바탕으로 관심 있는 직업에서 요구되는 미래 역량에 대해 탐구하는 형태로 교과연계 진로교육 목표를 설정하였다.

결과적으로, '진로와 직업', 사회교과의 성취기준을 연계하여 다음과 같은 2개 교과연계 진로교육 성취목표를 도출하였다.

- 세계화, 다문화, 지식정보, 저출산·고령화, 과학기술에 따른 우리 사회의 변화 사례를 조사하고 이러한 변화가 직업에 미치는 영향을 분석할 수 있다.
- 우리 사회의 변화를 바탕으로 관심 있는 직업에 필요한 미래 역량 및 태도를 파악할 수 있다.

〈표 5-3〉 교과연계 진로교육 예시(1): 성취기준 도출 과정

구분	성취기준
진로교과 성취기준	**(2) 직업세계와 진로탐색** [9진로02-01] 사회변화에 따른 직업 세계의 변화를 이해한다. [9진로01-03] 함께 일하고 싶은 직업인의 특성을 알아보고 바람직한 직업인의 자세를 갖는다.
사회교과 성취기준	**(12) 사회변동과 사회문제** [9사(일사)12-01] 오늘날 우리 사회가 겪는 사회 변동에 대해 조사하고, 이러한 사회변동이 우리 생활에 미치는 영향을 분석한다.

▼

교과연계 진로교육 성취기준	• 세계화, 다문화, 지식정보, 저출산·고령화, 과학기술에 따른 우리 사회의 변화 사례를 조사하고 이러한 변화가 직업에 미치는 영향을 분석할 수 있다. • 우리 사회의 변화를 바탕으로 관심 있는 직업에 필요한 미래 역량 및 태도를 파악할 수 있다.

다음으로, 교과연계 진로교육의 평가계획을 수립하기 위해서는 우선적으로 교과연계 진로교육 성취목표를 효과적으로 달성할 수 있는 교수·학습방법 선정이 필요하다. 수업을 개인별 학습으로 진행할 것인지, 모둠 학습의 형태로 진행할 것인지, 어떤 매체와 방법을 사용할 것인지 등에 따라 평가방식이 달라질 수 있기 때문이다. 특히 교수·학습방법은 학습자의 특성과 성취수준, 요구, 수업 환경, 시수, 교수자의 선호 등에 의해 결정되기 때문에 다양한 교수·학습방법이 적용될 수 있다. 이 예시에서는 다양한 사회변화를 조사하고 학습하기 위해서 협동학습법을 선정했으며, 사회변화에 따른 직업세계 영향과 미래 역량에 대한 아이디어를 도출하기 위해 브레인라이팅 방법을 적용하였다. 또한 관심 있는 직업에서 필요한 미래 역량을 표현하고 발표하기 위해 비주얼싱킹 방법을 선정하였다.

〈표 5-4〉교과연계 진로교육 예시(1): 성취기준 및 교수 · 학습방법

구분	내용
교과연계 진로교육 성취기준	• 세계화, 다문화, 지식정보, 저출산 · 고령화, 과학기술에 따른 우리 사회의 변화 사례를 조사하고 이러한 변화가 직업에 미치는 영향을 분석할 수 있다. • 우리 사회의 변화를 바탕으로 관심 있는 직업에 필요한 미래 역량 및 태도를 파악할 수 있다.
교수 학습방법	• 협동학습 • 브레인라이팅 • 비주얼씽킹

이렇게 교과연계 진로교육 성취목표와 적용 교수 · 학습방법이 결정되었다면, 구체적인 평가계획을 수립할 수 있다. 평가계획에서는 성취목표와 교수 · 학습계획에 기초하여 평가주체와 평가영역, 평가수준 등을 결정하는 것이 필요하다. 먼저, 평가주체는 교사 평가, 동료 평가, 자기 평가로 구분할 수 있는데, 이 예시에서는 팀 기반 활동으로 수업이 운영되기 때문에 교사 평가와 함께 동료 평가를 실시하는 것으로 설정하였다. 구체적인 평가영역은, 교사 평가의 경우 사회변화를 다차원적인 관점에서 분석했는지, 사회변화가 직업 세계에 미치는 영향과 미래 필요 역량을 논리적으로 제시하였는지, 미래 역량을 효과적이고 창의적으로 표현하였는지를 중점적으로 평가하였다. 동료 평가는 모둠원이 담당한 내용을 성실하게 조사하고 공유하였는지, 활동 아이디어를 적극적으로 개진하였는지, 미래 역량을 창의적이고 효과적으로 표현하였는지를 중심으로 평가하도록 하였다. 평가수준은 '우수, 보통, 미흡' 등 3개 수준으로 구분하였다. 다음 예시는 교사 평가의 평가영역 및 수준을 정리한 표이다(〈표 5-5〉 참조). 예시를 보면, 변화하는 직업에 필요한 미래 역량 표현하기 영역은 세부적으로 미래 역량을 도출하는 활동과 비주얼씽킹을 활용하여 미래 역량을 표현하는 활동으로 구성되어 있는데, 직

업 변화와 관련된 미래 역량이 다양하고 논리적으로 서술한 경우를 '우수', 부분적으로 서술이 이루어진 경우 '보통', 미래 역량을 도출하지 못한 경우를 '미흡'으로 두었으며, 이를 시각적으로 표현한 활동에서는 창의적이고 완성도가 높은 경우를 '우수', 완성도가 일부 부족한 경우를 '보통', 시각적으로 표현하지 못한 경우를 '미흡' 수준으로 설정하였다.

〈표 5-5〉 교과연계 진로교육 예시(1): 수준별 성취기준

평가영역	우수	보통	미흡
사회변화 조사하기	• 사회변화 요인(세계화, 다문화, 지식정보, 저출산·고령화, 과학기술, 기후변화 등) 3개 이상을 구체적으로 조사하여 정리함	• 사회변화 요인(세계화, 다문화, 지식정보, 저출산·고령화, 과학기술, 기후변화 등) 2개를 구체적으로 조사하여 정리함	• 사회변화 요인(세계화, 다문화, 지식정보, 저출산·고령화, 과학기술, 기후변화 등) 1개 이하를 조사하여 정리함
사회변화에 따른 직업의 변화 분석하기	• 사회변화가 관심 직업에 미치는 영향을 다양한 측면에서 논리적으로 서술함	• 사회변화가 관심 직업에 미치는 영향을 일부분 논리적으로 서술함	• 사회변화가 관심 직업에 미치는 영향을 제시하지 못함
변화하는 직업에 필요한 미래 역량 표현하기	• 직업 변화와 관련된 미래 역량을 다양하게 제시하고 논리적으로 서술함	• 직업 변화와 관련된 미래 역량을 일부 제시하고 논리적으로 서술함	• 직업 변화와 관련된 미래 역량을 제시하지 못함
	• 직업 변화와 관련된 미래 역량을 시각적으로 창의적이고 완성도 높게 표현함	• 직업 변화와 관련된 미래 역량을 시각적으로 표현했으나 완성도가 다소 부족함	• 직업 변화와 관련된 미래 역량을 시각적으로 표현하지 못함

마지막으로, 평가결과를 학생부 교과세부 특기사항에 기록한 예시는 〈표 5-6〉과 같다.

〈표 5-6〉 교과연계 진로교육 예시(1): 학생부 교과세부 특기사항

수준	학생부 교과세부 특기사항 예시
상	우리 사회의 변화 요인들을 세계화, 다문화, 저출산·고령화 등 다양한 관점에서 조사하여 협동학습을 통해 구체적으로 정리함. 사회변화 요인들에 의해 희망 진로의 다양성과 가변성을 논리적으로 연결하여 체계적인 글로 표현함. 관심 있는 직업의 미래 변화를 조원들과 토의하고 경제학자에게 요구되는 미래 역량을 비판적 사고, 프로그래밍 역량, 협력적 태도로 선정하고 이를 이미지 형태로 창의적으로 표현함
중	사회의 변화 요인들을 세계화, 과학기술의 관점에서 구체적으로 정리함. 사회변화가 직업에도 영향을 미칠 수 있음을 논리적으로 서술함. 세계화의 변화가 경제학자에게 미치는 영향을 연결하여 표현하고 미래 경제학자에게 요구되는 역량을 도출하기 위해 노력함. 미래 직업에 필요한 역량을 시각적으로 표현함
하	세계화와 사회변화의 관계를 조사함. 세계적인 변화가 관심 직업과 미래 역량에 미치는 영향을 이해하기 위해 노력함

　다음은 2022개정 교육과정의 고등학교 영어 I 교과와 '진로와 직업' 교과를 연계한 사례이다. 영어교과의 정보 전달하기 내용과 진로교과의 진로실천과 관련된 성취기준이 연계되었다. 이렇게 주제를 선정한 이유는, ① 자신의 진로 목표에 따라 자기주도적으로 진학 또는 취업에 필요한 영어 학습계획을 세우고 실천하도록 하며, ② 자신이 희망하는 진로 분야에서 요구하는 영어의 역할과 영어 능력을 파악하여 현실적이고 구체적인 영어 학습 성취목표와 학습방법을 선택·계획·성찰하도록 하기 위해서이다. 그리고 ③ 진로교과에서 추구하는 자기주도적인 진로개발 역량 함양의 일환으로 영어 사용에 대한 지속적인 동기를 가지고 자신의 진로에 맞는 영어 학습에 자기주도적으로 참여하도록 함으로써 학생이 자신의 진로를 설계하고 실천해 나가는 데 기여할 수 있기 때문이다

(〈표 5-7〉 참조).

〈표 5-7〉 교과연계 진로교육 예시(2): 성취기준 도출 과정

구분	성취기준
진로교과 성취기준	[12진로03-03] 나의 진로 목표에 따라 진학 또는 취업에 필요한 학업 계획을 세우고 실천한다. [12진로03-04] 진로 계획의 실천을 위해 자기 관리를 하며, 환경적 변화에 대응하여 유연하게 진로를 준비한다.
영어교과 성취기준	[12영 I-02-01] 사실적 정보를 말이나 글로 설명한다. [12영 I-02-02] 경험이나 계획 또는 일이나 사건을 말이나 글로 설명한다. [12영 I-02-07] 다양한 매체와 적절한 전략을 활용하여 정보를 창의적으로 전달한다.

▼

교과연계 진로교육 성취기준	• 자신의 진로 목표에 따라 희망하는 진로 분야에서 요구하는 영어 역할과 능력에 관한 정보를 수집하여 요약 정리하고, 이를 토대로 진학 또는 취업을 위해 필요한 영어 학습계획서를 작성한다. • 다양한 매체와 적절한 전략을 활용하여 자신이 작성한 영어 학습계획서를 발표한다. • 진로 준비를 위한 영어 학습의 중요성을 이해하고, 작성한 영어 학습계획서를 토대로 영어 학습을 실천해 나갈 수 있다.

교과연계 진로수업의 차시는 3차시로 구성되었으며, 수업방식은 개인의 진로목표에 따라 희망하는 분야의 영어 역할과 능력에 대한 정보를 수집하고 학습계획서를 작성하는 것이기 때문에 개별화된 활동 방법을 선정하였다. 세부적으로 1차시에서는 "자신의 진로 목표에 따라 희망하는 진로 분야에서 필요한 영어 역할과 능력에 관한 정보를 수집하여 요약 정리한다."로서 목표를 위해 강의식과 개별활동을 중심으로 수업을 구성하였다. 2차시에서는 "요약 정리한 정보를 토대로 진학 또는 취업

을 위해 필요한 영어 학습계획서를 작성한다."를 위해 동일하게 개별활동 중심의 수업 방법을 선정하였다. 마지막으로, 3차시에서는 "자신이 작성한 영어 학습계획서를 다양한 매체와 적절한 전략을 활용하여 발표한다."를 위해 발표 중심의 활동 수업을 구성하였다(〈표 5-8〉 참조).

〈표 5-8〉 교과연계 진로교육 예시(2): 차시별 목표 및 교수 · 학습방법

구분	목표	방법	관련 역량
1차시	자신의 진로 목표에 따라 희망하는 진로 분야에서 필요한 영어 역할과 능력에 관한 정보를 수집하여 요약 정리한다.	강의식+활동식 자료 조사 개별 활동	지식정보처리 능력 표현력
2차시	요약 정리한 정보를 토대로 진학 또는 취업을 위해 필요한 영어 학습계획서를 작성한다.	강의식+활동식 개별 활동	정보활용 능력 비판적 사고력 표현력
3차시	자신이 작성한 영어 학습계획서를 다양한 매체와 적절한 전략을 활용하여 발표한다.	활동식 발표 수업	의사소통 능력 표현력 창의적 사고력

평가영역은 정보수집 및 요약문 작성, 영어 학습계획서 작성, 영어 학습계획서 발표로 구성하였으며, 전자의 2개 영역은 글쓰기, 발표는 말하기와 관련되어 있다(〈표 5-9〉 참조).

〈표 5-9〉 교과연계 진로교육 예시(2): 평가내용 및 평가요소

구분	평가내용	평가요소
글쓰기	• 진로 목표에 따라 희망하는 진로 분야에서 요구되는 영어 역할과 능력에 관해 수집한 정보 요약문 • 진로에서 요구되는 영어 역할과 능력 정보를 토대로 작성한 영어 학습계획서	• 언어 사용과 내용 • 제시된 표현 • 완성도
말하기	• 다양한 매체와 적절한 전략을 활용하여 자신이 작성한 영어 학습계획서 내용을 학급 친구들에게 발표	• 언어 사용과 내용 • 제시된 표현 • 발화 속도 • 목소리 크기 • 완성도 • 창의성

구체적인 교사 평가의 영역별 수준을 구분하는 기준은 〈표 5-10〉과 같이 설정하였으며, 이를 바탕으로 교과연계 진로교육 수업을 평가할 수 있다. 예를 들어, 정보수집 및 요약문 작성 영역은 자신이 희망하는 진로 분야에서 요구되는 영어 역할과 능력에 관한 정보를 다각도로 탐색하여 수집하고 핵심 내용을 중심으로 정보를 요약하여 제시한 경우 '우수', 제한된 범위에서 관련 정보를 수집하여 요약한 경우 '보통', 요약문을 작성하지 못한 경우 '미흡'으로 구분하였다.

〈표 5-10〉 교과연계 진로교육 예시(2): 수준별 성취기준

평가영역	우수	보통	미흡
정보수집 및 요약문 작성	• 정보 요약에 필요한 표현법을 정확하게 문장에 사용하여 요약문을 완성함 • 자신의 진로 목표에 따라 희망하는 진로 분야에서 요구되는 영어 역할과 능력에 관한 정보를 다각도로 탐색하여 수집하고, 핵심 내용을 중심으로 정보를 요약하여 제시함	• 정보 요약에 필요한 표현법을 사용하는 데 약간의 오류가 있음 • 자신의 진로 목표에 따라 희망하는 진로 분야에서 요구되는 영어 역할과 능력에 관한 정보를 수집하고, 정보를 요약하여 제시함	• 정보가 빈약하며 정보 요약에 필요한 표현법을 거의 사용하지 않고, 글의 내용을 이해하는 데 어려움이 있음 • 자신의 진로 목표에 따라 희망하는 진로 분야에서 요구되는 영어 역할과 능력에 관한 정보를 수집하지 못하고, 요약하여 제시하지 못함
영어 학습계획서 작성	• 진로 목표와 영어 학습 간의 관계에 대해 설명하는 표현 및 자신의 영어 학습계획을 설명하는 표현법을 정확하게 문장에 사용하여 영어 학습계획서를 완성함	• 진로 목표와 영어 학습 간의 관계에 대해 설명하는 표현 및 자신의 영어 학습계획을 설명하는 표현을 활용하였으나, 비교적 간단한 문장을 사용하여 영어 학습계획서를 작성함	• 진로 목표와 영어 학습 간의 관계에 대해 설명하는 표현 및 자신의 영어 학습계획을 설명하는 표현을 거의 사용하지 않고 글을 작성하였으며, 비교적 간단한 어휘와 짧은 문장을 사용하였으나 오류가 많아 글의 내용을 이해하는 데 어려움이 있음
영어 학습계획서 발표	• 분명하고 또렷한 목소리로 그림, 사진, 도표, 비디오 등 다양한 매체를 활용하여 자신이 수집한 정보와 영어 학습계획서의 내용을 효과적으로 전달함 • 발표 시 사용된 어휘와 문장에 오류가 거의 없고 정확한 표현을 활용하여 정보를 전달함	• 그림, 사진, 도표, 비디오 등 매체를 일부 활용하여 영어 학습계획서의 내용을 전달하였으나, 효과적으로 정보를 전달하지는 못함 • 발표 시 사용된 어휘와 문장에 일부 오류가 있었으나 내용을 이해하는 데 무리가 없음	• 영어 학습계획서의 내용 전달 시 사용된 어휘와 문장에 오류가 많아 내용을 이해하기 어려움 • 효과적으로 정보를 전달하지 못함

또한 자기 평가의 경우 3개 평가영역인 정보 요약, 영어 학습계획서 작성, 영어 학습계획서 발표와 관련하여 간략한 자기보고식 평가를 실시할 수 있으며, 〈표 5-11〉과 같이 3개 기준을 적용하여 평가를 진행할 수 있다.

〈표 5-11〉 교과연계 진로교육 예시(2): 평가영역 및 내용별 평가척도

평가영역	평가내용	평가척도		
정보 요약	진로와 연계하여 다양한 정보를 수집하고 핵심 내용을 중심으로 정보를 요약하였나요?	우수	보통	미흡
영어 학습계획서 작성	수집한 정보를 토대로 자신의 영어 학습계획을 구체적으로 완성하였나요?	우수	보통	미흡
영어 학습계획서 발표	영어 학습계획서의 내용을 타인이 잘 이해할 수 있도록 전달하였나요?	우수	보통	미흡

이러한 평가과정을 통해 최종적으로 학생부 교과세부 특기사항에 적용한 평가 예시는 〈표 5-12〉와 같다.

〈표 5-12〉 교과연계 진로교육 예시(2): 학생부 교과세부 특기사항

수준	학생부 교과세부 특기사항 예시
상	세계적인 영화배우라는 진로 목표를 달성하기 위해 요구되는 역할과 능력을 다각도로 탐색·수집하고 다양한 어휘와 올바른 표현법을 활용하여 핵심 내용 중심으로 정보를 이해하기 쉽게 요약함. 조사한 정보를 활용하여 세계적인 영화배우가 되기 위해서는 영어 능력이 중요함을 인지하고, 영어 능력을 향상하기 위한 목표와 실천 계획서를 적합한 어휘와 다채로운 표현법을 활용하여 완성함. 작성한 영어 학습계획서를 또렷하고 분명한 목소리와 자신감 있는 제스처로 여러 시각 매체를 활용하여 발표함으로써 청중이 이해하기 쉽게 효과적으로 전달하였으며, 학급 학우들로부터 높은 호응을 이끌어 냄

중	세계적인 영화배우라는 진로 목표 달성을 위해 요구되는 영어 역할과 능력에 대한 탐색을 토대로 정보를 수집하고 요약함. 자신의 진로 목표와 영어 학습 관계에 관한 이해를 토대로 비교적 적절한 표현법을 활용하여 영어 학습계획서를 작성함. 작성한 영어 학습계획서의 내용을 학생들 앞에서 자신감 있게 설명하고 전달함
하	세계적인 영화배우라는 진로 목표 달성을 위해 요구되는 영어 역할과 능력에 관한 정보를 수집하여 간단한 어휘를 사용하여 작성함. 구성원들에게 도움을 받아 영어 학습계획서를 작성함. 작성한 영어 학습계획서의 내용을 학생들 앞에서 설명함

2) 교과연계 진로교육 수업 평가

다음으로 교과연계 진로교육 수업 자체에 대한 평가를 실시할 수 있다. 앞서 학습자에 대한 평가는 교과연계 진로교육의 학습목표를 기준으로 학습자의 성장과 역량 변화에 초점을 맞추었다면, 수업 평가는 교과연계 진로교육을 개발하고 운영하는 과정에서 학습목표가 적절하게 설정되었는지, 진로와 일반교과의 내용 영역이 타당하게 연계되었는지, 적절한 교수·학습방법이 선정 및 활용되었는지 등에 대한 평가를 실시한다. 이러한 수업 평가결과를 바탕으로 향후 교과연계 진로교육의 설계와 운영에 대한 의미 있는 시사점을 도출할 수 있다.

수업을 평가하는 다양한 기준이 있지만, 여기에서는 교과연계 진로교육 수업을 평가하는 주요 사항들을 이지연 등(2009)의 내용을 바탕으로 제시하였다(〈표 5-13〉 참조).

〈표 5-13〉 교과연계 진로교육 수업 영역별 평가기준

구분	목표
교과연계 적절성	• 교과연계 진로교육을 위한 교과별 내용 요소는 적절하게 선정되었는가? • 연계과정에서 일반교과 및 진로교과의 다양한 학습 요소들이 반영되었는가?
교과연계 진로교육 목표	• 교과연계 진로교육의 목표는 일반교과의 성취기준과 진로교과의 성취기준을 반영하여 명확하게 작성되었는가?
교과연계 진로교육 교수·학습 방법	• 교과연계 진로교육 수업을 진행하기 위해 적절한 교수·학습방법을 선정하였는가? • 교과연계 진로교육 수업과정에서 교수·학습방법은 학습자의 참여 및 동기를 촉진하였는가?
교과연계 진로교육 교수자	• 교수자는 교과연계 진로교육 수업을 진행하기 위해 일반교과와 진로교과의 내용을 충분히 이해하였는가? • 교수자는 교과연계 진로교육 수업을 전문성 있게 진행하였는가?
교과연계 진로교육평가	• 교과연계 진로교육평가를 위한 계획은 충실하게 마련되었는가? • 교과연계 진로교육의 평가영역 및 수준을 적절하게 구성하였는가? • 교과연계 진로교육의 평가문항은 적절하게 작성되었는가? • 교과연계 진로교육평가는 공정하고 정확하게 수행되었는가?

출처: 이지연 외(2009).

비교과
진로교육프로그램 평가

1. 비교과 진로교육프로그램 개념 및 유형
2. 비교과 진로교육프로그램 평가설계 및 방법

비교과 진로교육프로그램 개념 및 유형

1) 비교과 진로교육프로그램 개념

　비교과(非敎科)는 초·중등교육에서는 학교생활기록부에 기재된 교과 이외의 모든 영역으로 정의할 수 있으며, 고등교육의 관점에서는 대학생활에서 학점 취득을 목적으로 하는 정규 수업시간 이외에 이루어지는 교육 및 사회적 활동의 의미를 가지고 있다(배상훈, 한송이, 2015). 이처럼 비교과는 학교급과 무관하게 공식적인 교과 이수, 학점 인정이 되지 않는 다양한 활동을 포함하는 개념이다.

　이러한 비교과의 개념을 바탕으로 비교과 진로교육의 의미를 생각해 보면, 학교생활기록부에 교과의 단위로 기록되지 않지만, 진로와 관련하여 수행된 활동들을 의미한다고 볼 수 있다. 또한 프로그램의 개념이 "특정한 목표를 달성하기 위하여 설계된 일련의 계획된 활동"(김혜숙, 2015)임을 고려해 보면, 결과적으로 비교과 진로교육프로그램은 학교생활기록부에 교과의 단위로 기록되지 않지만, 학생들의 진로발달을 촉진하기 위해 설계 및 시행된 계획된 활동으로 정의할 수 있다. 따라서 이 장에서 비교과 진로교육프로그램은 학생들이 가정 및 민간 등에서 자체적으로 경험한 진로활동은 포함되지 않는다.

　과거에는 비교과의 개념을 정규교육과정과 구분되는 별개 활동이라는 의미에서 특별활동 교육과정(extra-curriculum)을 의미했지만, 최근에는 정규 교육과정과 함께한다는 의미에서 공동 교육과정(co-curriculum)으로 변화하고 있다(최정희, 2020). 특히 대학 진학 과정에서 학교생활기록부의 세부능력 및 특기 항목의 중요성이 높아지면서 정규 교과와 연계된 비교과 진로교육 활동의 역할이 강조되고 있다. 이처럼 정규 교과와 비교과 진로교육 활동의 연계는 공동 교육과정의 관점에서 바라볼 수 있다.

2) 비교과 진로교육프로그램 유형

비교과 진로교육프로그램의 개념이 정규교과 외 수행되는 다양한 활동을 포함한다는 점에서 비교과 진로교육프로그램을 다양하게 구분할 수 있다. 먼저, 비교과 진로교육프로그램이 실시되는 교육과정들을 살펴보면, 창의적 체험활동, 자유학년/학기제, 진로교육 집중학년·학기제 등에서 관련 프로그램이 운영될 수 있다.

창의적 체험활동은 "교과와 상호 보완적 관계 속에서 앎을 적극적으로 실천하고 심신을 조화롭게 발달시키기 위하여 실시하는 교과 이외의 활동"(교육부, 2015a)으로 정의되며, 세부적으로 자율활동, 동아리활동, 봉사활동, 진로활동 등 4개 영역으로 구성되어 있다. 진로활동에 초점을 맞춰 보면, 초등학교에서는 긍정적 자아개념 형성과 일의 중요성을 이해하고 다양한 직업에 대한 탐색을 통해 진로 기초 소양을 함양하는 데 중점을 둔다. 중학교는 초등학교에서 형성된 긍정적 자아 개념을 강화하고 진로를 탐색하며, 이러한 활동을 바탕으로 고등학교에서는 학생 개인의 꿈과 비전을 진로와 진학으로 연결하여 진로계획을 수립 및 준비하는 데 중점을 두고 있다.

창의적 체험활동은 특정 진로교육 활동을 의미하지 않으며, 내용적 측면에서 자기이해, 진로정보 탐색, 진로계획, 진로체험 등을 포함하고 있

기 때문에, 창의적 체험활동에서 다양한 형태의 진로교육 활동을 실시
할 수 있다. 한편, 이러한 포괄성은 비교과 진로교육프로그램을 평가하
는 데 다양한 방법을 적용할 수 있으며, 프로그램의 내용과 목적 등에
따라 유연한 평가설계가 필요함을 함의하고 있다.

창의적 체험활동의 세 가지 유형인 자율자치활동, 동아리활동, 진로
활동은 서로 연계하여 통합적인 프로그램을 운영할 수 있는데, 자율자
치활동과 진로활동을 융합하여 학급 내 자치활동, 역할분담 등의 활동
을 학생들의 진로와 연계한 학습이 가능하다. 유사한 방법으로 동아리
활동은 진로동아리라는 형태로 비슷한 진로에 관심이 있는 학생들이 주
체적으로 진로 관련 활동을 계획하고 운영하는 방식을 생각해 볼 수 있
다. 상대적으로 진로동아리는 학생 중심의 자발적인 활동으로 운영되는
경우가 많기 때문에 교사가 평가목표를 설정하고 정형화된 과정을 통해
평가를 수행하는 데는 한계가 있다. 따라서 다른 진로교육 활동에 비해
학습자 중심적인 평가방법을 적용할 필요가 있다.

자유학년/학기제와 진로교육 집중학년·학기제는 창의적 체험활동
보다 상위 교육과정 운영적 관점이 강조되는 개념이지만, 비교과 진로
교육의 운영에 영향을 미치는 중요한 부분이기 때문에 간략히 제시하고
자 한다. 자유학기제는 중학교교육과정에서 운영되고 있는 제도로서 한
학기 동안 학생들이 시험 부담에서 벗어나 꿈과 끼를 찾을 수 있도록 참
여형 수업을 운영하고 진로탐색 활동 등의 체험활동이 가능하도록 유연
한 교육과정은 운영하는 제도이다. 교과와 창의적 체험활동 시간을 활
용하여 관련 활동이 진행되며, 진로검사, 진로체험(현장견학 및 체험), 포
트폴리오 제작, 직업인 강연, 모의 창업 등이 포함된다.

이와 유사하게 진로교육 집중학년·학기제는 특정 학년 또는 학기 동
안 진로체험 교육과정을 집중적으로 운영하는 제도이며, 중학교는 자유
학기제와 연계하거나 통합하여 운영할 수 있다. 자유학기/학년제가 진
로 영역에 국한되지 않고 참여형 교과수업과 주제선택 활동, 동아리 활

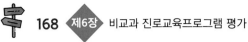

동, 예술·체육활동을 포함하는 개념이었다면, 진로교육 집중학년·학기제는 진로체험과 진로교육 교과연계 수업을 강조한다는 점에서 차이가 있다.

특히 2022개정 교육과정에서는 진로연계학기를 강조하게 되는데, 초등학교에서 중학교, 중학교에서 고등학교로 진학을 앞둔 학생들이 체계적으로 진로를 준비할 수 있도록 진로탐색 및 설계에 집중할 수 있는 기회를 갖게 된다. 이러한 특징들을 반영하여 다양한 진로교육프로그램을 운영함으로써 학생들의 효과적인 진로발달을 촉진할 수 있다.

이처럼 비교과 진로교육프로그램은 창의적 체험활동, 자유학기제, 진로교육 집중학년·학기제, 진로연계학기 등을 통해 운영되고 있으며, 기본적으로 창의적 체험활동을 통해 진행된다는 특징이 있다.

다음으로, 비교과 진로교육프로그램의 구체적인 유형들을 살펴보면, 진로체험, 진로 검사 및 상담, 진로포트폴리오, 진로동아리 등의 활동이 중점적으로 운영되며, 직업계고와 대학에서는 취업대비 프로그램, 직무역량 강화 프로그램 등 학생들의 취업을 촉진하기 위한 비교과 프로그램도 포함될 수 있다. 특히 진로체험은 비교과 진로교육프로그램의 대표적인 사례라 할 수 있는데, '진로와 직업' 교과 시간에 실제 직업인들을 만나거나 진로체험 현장을 방문하기 어렵기 때문에 창의적 체험활동, 자유학기제, 진로교육 집중학년·학기제, 진로연계학기 등을 통해 진로체험이 활발하게 운영되고 있다. 이 외에도 진로포트폴리오 개발활동, 진로동아리, 융합형 진로교육 등의 다양한 유형이 존재하며, 다양한 교과 및 창의적 체험활동 영역들과 연계한 진로 프로그램들을 운영할 수 있다.

비교과 진로교육프로그램 평가설계 및 방법

1) 비교과 진로교육프로그램 평가모형 및 설계

비교과 진로교육프로그램을 평가하기 위해서는 기본적으로 평가의 목적이 명확하게 설정되어야 한다. 비교과 활동의 결과는 학교생활기록부에 교과 성적으로 포함되지 않기 때문에 측정 및 평가이론에 기초한 문항 설계 등의 활동이 강조되지는 않는다. 따라서 '진로와 직업' 교과와 유사하게 수행평가와 같은 형태를 활용할 수도 있지만, 조금 더 유연한 형태의 평가방식을 도입하는 것도 가능하다. 여기에서는 일반적으로 교육프로그램에 적용할 수 있는 평가모형을 바탕으로 비교과 진로교육프로그램 평가모형을 제안하고, 더불어 비교과라는 특징을 고려하여 수요자 중심의 탈목표 평가를 함께 제시하였다.

교육프로그램 평가모형은 크게 공급자, 수요자·참여자, 전문가, 교육당국 중심 모형으로 구분할 수 있다(김혜숙, 2015). 공급자 모형의 대표적인 사례인 Stufflebeam의 CIPP 모형은 프로그램을 제공하는 공급자가 프로그램의 개선 및 발전 등에 대한 의사결정을 지원하는 목적으로 실시되는데, 상황(Context), 투입(Input), 과정(Process), 산출(Product)의 구성요소를 가지고 있다. 비록 CIPP 모형이 공급자(여기서는 비교과 진로교육프로그램을 운영하는 교사를 주로 의미한다)의 관점을 강조하고 있지만, 교육프로그램 전반에 대한 체계적인 평가가 가능하며, 다양한 이해관계자들의 관점을 고려할 수 있다는 점에서 강점을 가진다.

CIPP 모델의 상황(C) 단계에서는 학생(학부모)들의 요구, 문제점, 기회 등을 평가하는데, 비교과 진로교육프로그램을 운영하는 데 있어 학생(학부모)들의 진로교육 요구를 해당 프로그램이 얼마나 반영하고 있는지, 비교과 진로교육프로그램의 목표는 분명한지, 비교과 진로교육프로그램을 운영하는 데 예상되는 어려움은 없는지, 다른 프로그램의 대안은 없는지를 중점적으로 평가한다.

투입(I) 단계에서는 비교과 진로교육프로그램을 운영하기 위해 필요한 계획, 예산 등을 평가한다. 구체적으로 비교과 진로교육프로그램을 운영하기 위한 계획이 구체적으로 마련되었는지, 인적 자원과 예산(물적자원)은 충분히 준비되었는지를 평가한다.

과정(P) 단계에서는 비교과 진로교육프로그램의 활동들이 계획에 맞게 진행되고 있는지, 학생들과의 상호작용이 활발하게 이루어졌는지, 교사는 비교과 진로교육프로그램의 운영과 진행에 충실히 참여하였는지 등을 중점적으로 평가하게 된다.

마지막으로 산출(P) 단계에서는 비교과 진로교육프로그램을 운영한 결과 학생(학부모)들의 만족도(환경, 활동 내용, 시간, 방법 등)와 교사가 처음에 설계한 비교과 진로교육프로그램의 목표가 달성되었는지, 비교과

상황(C)	투입(I)	과정(P)	산출(P)
• 학생(학부모)의 진로교육 요구를 충실히 반영했습니까? • 프로그램의 목표는 분명하게 설정되었습니까? • 프로그램을 운영하기 전 예상되는 문제점/어려움을 충분히 확인하였습니까? • 프로그램을 운영하기 전 필요한 자원을 충분히 확인하였습니까? • 운영하고자 하는 프로그램 외 다른 효과적/효율적인 대안은 없었습니까?	• 비교과 진로교육프로그램을 운영하기 위한 계획이 구체적으로 준비되었습니까? • 비교과 진로교육프로그램에 필요한 예산은 충분히 준비되었습니까? • 비교과 진로교육프로그램을 운영하는데 필요한 이외 자원들은 충분히 준비되었습니까?	• 비교과 진로교육프로그램은 계획에 맞게 잘 운영되었습니까? • 프로그램 진행 과정에서 학생들은 활발하게 참여하였습니까? • 프로그램 진행 과정에서 교사(또는 진행자)와 학생 간 상호작용은 충분히 이루어졌습니까? • 교사(또는 진행자)는 프로그램 운영에 적극적으로 참여하였습니까?	• 비교과 진로교육프로그램 운영에 따른 학생(학부모)들의 만족도(환경, 활동내용, 시간, 방법 등)는 어떠합니까? • 계획 단계에서 설정한 프로그램 목표가 충분히 달성되었습니까? • 비교과 진로교육프로그램이 투입 자원 대비 효율적으로 운영되었습니까?

[그림 6-1] 의사결정 중심의 비교과 진로교육프로그램 평가모형

진로교육프로그램이 자원 대비 효율적으로 운영되었는지를 중점적으로 평가하게 된다. 구체적인 단계별 평가내용들은 [그림 6-1]에 자세히 제시되어 있다. 상황(C), 투입(I), 과정(P), 산출(P) 단계를 중심으로 비교과 진로교육프로그램을 평가하기 위한 핵심 내용들을 질문의 형태로 표현하였다.

이와 같은 비교과 진로교육프로그램 평가모형의 주요 내용들은 고정된 틀이 존재하는 것은 아니며, 비교과 진로교육프로그램의 기간, 활동내용, 참여자 수준, 목표 등이 다양하다는 점에서 핵심 질문들을 바탕으로 추가적으로 필요한 내용들을 추가 또는 수정할 수 있다. 예를 들어, 창의적 체험활동의 진로활동 영역에서 많이 운영되는 진로체험의 경우 과정 단계에서 학생들의 안전한 진로체험을 위해 사전교육 및 조치가 충분히 이루어졌는지에 대해 평가 항목을 추가하여 확인할 수 있다. 또한 프로젝트 중심의 진로활동인 모의 창업 프로젝트를 비교과 프로그램으로 진행하는 경우 과정 단계에서 창의성 있는 문제해결 방안을 도출하기 위한 활동을 촉진하였는지, 산출 단계에서 사회 · 산업 문제를 해결하기 위한 실천적인 결과물이 도출되었는지 등 프로그램별 영역과 특징에 기초한 평가내용이 만들어질 수 있도록 조정하는 과정이 필요하다. 이러한 과정들은 비교과 진로교육프로그램 평가 사례에서 자세히 다루고 있다.

의사결정 모형에서 중요한 부분은 의사결정의 목적이 학습자의 성과를 판단하기 위한 것이기보다 운영된 비교과 진로교육프로그램의 개선과 발전에 초점을 둔다는 것을 유념해야 한다. 물론 의사결정 모형에서도 산출 단계에서 학습자의 만족도와 프로그램의 목표 달성도를 평가하며, 특히 목표 달성도의 경우 비교과 진로교육프로그램의 내용에 따라 교사가 추구하는 달성 지표는 존재한다. 그럼에도 불구하고 의사결정 모형은 상대적으로 성취와 판단보다는 프로그램의 개선과 발전을 위해 필요한 정보를 확보한다는 점에서 차이가 있다.

이처럼 목표 중심 의사결정 모형과 함께 비교과 진로교육프로그램의 유연성과 다양성을 고려하여 목표 중심의 의사결정 모형과 함께 수요자 중심의 탈목표지향적 평가방법을 함께 고려해 보는 것도 필요하다. Scriven(1973)의 탈목표평가는 기존 평가모델이 의도한 목표에 초점을 맞추기 때문에 의도하지 않은, 예상하지 못한 부수적인 효과를 확인하는 데 제한적이다. 따라서 이에 대한 대안으로 목표 중심 의사결정 모형이 등장하였다. 평가자는 탈목표평가에서 프로그램의 평가목표를 의도적으로 인식하지 않고, 의도된 결과보다 실제로 학생들이 활동하면서 발생한 결과에 초점을 맞추며, 예상하지 못한 프로그램의 효과들을 확인하게 된다.

따라서 이러한 원칙들을 비교과 진로교육프로그램 평가에 적용해 보면, 교사는 계획된 프로그램 활동이 목표에 맞게 이루어졌는지를 확인해 보고 추가적으로 사전에 프로그램 목표로 설정되지 않았지만, 학생들을 관찰하고 대화하면서 프로그램을 통해 의도하지 않았지만 나타난 효과, 결과를 성찰해 보고 이를 기존 프로그램 목표와 비교하여 목표의 타당성을 확인하는 과정을 수행할 수 있다.

목표 중심의 의사결정 모형과 탈목표평가는 용어적으로 상이한 개념으로 보일 수 있지만, 상호 보완적인 관계를 가지고 있다. 비교과라는 특성과 체험과 활동 중심의 진로 프로그램이 다수 운영되는 상황을 고려하여 비교과 진로교육프로그램 평가에서는 이러한 관점들을 결합하여 평가를 실시할 필요가 있다.

2) 비교과 진로교육프로그램 평가방법

앞서 제안한 모형을 바탕으로 비교과 진로교육프로그램 평가를 수행하는 구체적인 방법을 살펴보면, ① 평가목적 확인 및 목표 진술, ② 평가범위 설정, ③ 평가설계, ④ 평가도구 선정, ⑤ 평가자료 수집, ⑥ 평가결과 분석, ⑦ 평가결과 보고 및 활용의 단계로 진행할 수 있다(그림 6-2) 참조).

[그림 6-2] 비교과 진로교육프로그램 평가단계

(1) 평가목적 확인 및 목표 진술

평가목적 확인 및 목표 진술단계에서는 비교과 진로교육프로그램을 평가하는 목적을 생각해 보고 평가를 통해 달성하고자 하는 목표를 구체적으로 서술한다. 평가의 목적과 목표는 교육프로그램의 목표와 활동 전반에 걸쳐 영향을 미칠 수 있으며, 평가에 필요한 인력, 예산, 시간 등 다양한 요소와 관련되기 때문에 전체적인 교육프로그램의 관점에서 중요하게 다뤄질 필요가 있다. 명확한 프로그램 평가 목적 및 목표가 없이 운영되는 진로 프로그램은 활동만을 위한 활동, 흥미와 만족에 머무르는 활동이 될 가능성이 높다. 특히 비교과 진로교육프로그램은 다른 일반교과 활동과 달리 학업성취수준을 평가하지 않기 때문에 평가목적과 목표가 설정되지 않으면 의례적이고 학생들의 만족과 흥미에만 그치는 프로그램으로 운영될 수 있다.

먼저, 비교과 진로교육프로그램의 목적을 설정하기 위해서는 평가결과의 활용에 대해 생각해 볼 필요가 있다. 비교과 진로교육프로그램을 평가함으로써 프로그램 자체의 질을 개선하고자 하는 것인지, 비교과 진로교육프로그램의 효과성을 측정하는 데 초점을 맞출 것인지, 비교과 진로교육프로그램의 지속적인 운영 등에 대한 의사결정을 지원하기 위한 것인지 등 여러 관점에서 이를 확인하고 평가를 실시하는 목적을 설정해야 한다. 예를 들어, 비교과 진로교육프로그램의 효과성을 확인하는 데 평가의 주목적이 있다면, 프로그램을 통해 변화가 기대되는 학생들의 심리적 · 행동적 특성을 선정하고 비교과 진로교육프로그램 참여전과 후의 수준을 측정하는 데 평가와 관련된 자원 및 설계를 집중할 필요가 있다. 또는 비교과 진로교육프로그램의 운영 및 질 개선에 평가의 목적이 있다면, 참여자들의 변화를 측정하는 데 초점을 맞추는 것을 넘어 비교과 프로그램에 투입된 자원, 프로그램의 내용과 구성 등을 종합적으로 검토하고 평가할 필요가 있다. 결과적으로, 비교과 진로교육프로그램 평가의 목적에 따라 평가설계, 소요 자원, 평가단계, 참여자 등이 달라질 수 있기 때문에 실시하고자 하는 프로그램 평가의 목적을 설정하는 것이 필요하다. 〈표 6-1〉에 나타난 다양한 평가목적을 살펴보고, 어떤 목적으로 비교과 진로교육프로그램을 평가하고자 하는지 생각해 보자.

〈표 6-1〉 다양한 평가목적

- 프로그램의 목표 달성 정도를 파악하기 위해
- 프로그램의 효과 및 영향을 측정/사정하기 위해
- 프로그램의 장점 및 가치를 파악하기 위해
- 프로그램의 개선 및 변화를 위해
- 프로그램의 기획 및 개발을 위해
- 프로그램의 유지 및 폐지를 결정하기 위해
- 프로그램의 실천 및 수행을 모니터링하기 위해
- 프로그램을 지지 및 인정받기 위해
- 프로그램 담당자의 책무성을 과시하기 위해 등

출처: 배호순(2008).

다음으로, 구체적인 프로그램 평가목표를 설정할 필요가 있다. 프로그램 평가목표는 목적 달성을 위해 필요한 활동들을 구체적으로 표현한 것으로 '비교과 진로교육프로그램의 효과성 측정을 위한 자료 수집' '비교과 진로교육프로그램의 지속적인 운영 여부를 결정하기 위한 정보 제공' '비교과 진로교육프로그램의 내용 개편을 위한 이해관계자 의견 수럼' 등의 형태로 평가목표를 설정할 수 있다. 따라서 프로그램 평가의 목적이 무엇인지 생각해 보고, 이를 성공적으로 수행하기 위해 필요한 주요 활동과 결과물을 바탕으로 평가목표를 작성할 수 있다.

(2) 평가범위 설정

비교과 진로교육프로그램에 대한 평가목적 및 목표를 확인했다면, 이와 관련된 평가범위를 설정해야 한다. 평가와 관련하여 고려해야 하는 주요 관계자들은 누구인지, 평가대상 프로그램의 내용과 활동 범위는 무엇인지, 평가목적 및 목표에서 검토했던 평가결과를 어떻게 활용할 것인지에 대한 질문에 답을 하는 과정을 통해 평가범위에 대한 정확한 이해가 가능하다. 예를 들어, 학교에서 매년 '진로의 날'에 반복적으로 운영하고 있는 진로 프로그램이 있다고 가정하면, 해당 프로그램의 지속적인 운영 여부를 평가목적 및 목표로 설정할 수 있다. 이러한 상황에서 평가와 관련된 중요한 관계자는 직접 프로그램에 참여하는 학생 외 학교 진로교육 프로그램의 예산 등의 결정권이 있는 학교경영자, 학부모, 프로그램을 함께 운영하는 동료 교사 등이 있다. 단편적으로 프로그램의 효과성을 확인하는 수준을 넘어 프로그램 자체에 대한 의사결정이 평가의 주목표가 된다면, 학교경영자 및 동료교사에게 의사결정에 필요한 근거 자료를 제공할 수 있도록 평가를 설계하고 수행해야 한다. 따라서 프로그램의 효과성과 함께 예산 및 자원의 효율적 활용, 학부모의 만족도, 프로그램의 내용 타당성 등 다양한 평가자료를 수집하고 분석하는 과정이 요구된다.

평가 이해관계자에 대한 분석과 함께 평가대상이 되는 프로그램의 내용 및 활동에 대한 범위 설정도 필요하다. 비교과 진로교육프로그램을 구성하고 있는 내용과 활동 중에서 전반적인 프로그램의 효과성만 측정할 것인지, 개별 영역별 활동 및 내용의 적절성 또한 평가할 것인지 등 프로그램 내부 구성요소들에 대한 검토를 통해 어떤 범위까지 평가를 진행할 것인지를 결정해야 한다.

이러한 범위 설정은 1단계의 평가목적 확인 및 목표 진술과 긴밀한 관계가 있으며, 이해관계자를 파악하고 평가에 필요한 정보를 확인하는 활동만으로도 평가의 방향성과 중점적으로 분석이 필요한 영역을 파악할 수 있다는 점에서 중요하다.

우리 학교의 비교과 진로교육프로그램을 평가해 봅시다.

우리 학교에서 운영되고 있는 비교과 진로교육프로그램을 1개 선택하고 평가목적/목표와 평가범위를 작성해 봅시다.

1) 평가대상이 되는 비교과 진로교육프로그램의 개요를 간략히 작성해 봅시다.

구분	내용
프로그램명	
프로그램 목표	
프로그램 대상	
프로그램 내용	
프로그램 시간	

2) 1)에서 작성한 프로그램에 대해 평가를 진행할 경우 평가목적/목표와 주요 이해관계자를 작성해 보고 이들에게 제공될 정보들을 정리해 봅시다.

구분		내용/평가를 통해 제공할 정보
평가목적		
평가목표		
이해 관계자		

[그림 6-3] 우리 학교 비교과 진로교육프로그램 평가 실습(1)

(3) 평가설계

　평가목적과 목표, 범위가 설정되었다면 본격적으로 비교과 진로교육 프로그램을 평가하기 위한 설계가 필요하다. 평가설계는 평가목적 및 목표, 평가와 관련된 이해관계자들에 대한 정보를 바탕으로 하는데, 평가목적 및 목표가 학생들의 비교과 진로교육프로그램 참여에 따른 진로개발역량의 변화를 분석하는 것이라고 가정해 보자. 이 경우 평가설계는 프로그램 참여 전과 후 진로개발역량 수준을 측정하고 그 변화를 확인하는 데 있다. 따라서 프로그램의 예산, 시간, 내용 등이 적절하게 구성되었는지에 대한 정보를 획득할 수 있는 설계를 적용하기보다, 평가설계를 통해 학생들의 진로개발역량에 대한 사전-사후 측정값을 확보하고 이러한 변화가 통계적으로 의미 있는지를 분석하는 데 초점을 맞출 필요가 있다. 이처럼 평가목적과 목표는 평가설계와 긴밀한 관계를 형성하고 있다.

　평가설계에서 중요한 활동은 평가준거를 설정하는 것이다. 평가준거(evaluation criterion)는 무엇을 평가할 것인가에 대한 것으로 평가목적에 근거하여 평가의 관점과 방향을 바탕으로 어떤 내용과 수준을 준거로 평가를 할 것인지를 결정하는 것이다. 일반적으로 널리 활용되는 평가준거는 Kirkpatrick(1959)의 준거 체계이다. 반응, 학습, 행동, 산출로 구성된 평가준거는 교육프로그램의 효과성을 분석하는 데 적용할 수 있다. 직업 세계 이해에 초점을 맞춘 진로교육 비교과 프로그램에 대해 Kirkpatrick(1959)의 준거 체계를 활용해 보면, 해당 프로그램에 참여한 학생을 대상으로 이들의 만족도(반응)와 직업 세계에 대한 이해 수준(학습), 희망 직업 탐색 등 진로행동과 관련된 변화(행동), 학교 또는 학급 학생들의 진로역량 강화(결과)로 구성할 수 있다.

　Kirkpatrick(1959)의 평가준거는 교육의 효과성을 중심으로 제시하고 있으며, 행동과 결과는 성인 또는 근로자 등의 환경에 적합한 측면이 있다. 그리고 의사결정 중심 모형처럼 프로그램 기획 및 운영 과정 단계에서의 평가가 포함되지 않기 때문에 평가목적 및 목표에 따라 부적합한 경우가 발생한다. 따라서 이 경우 상황-투입-반응-산출 모형에 적합한 다양한 평가준거들을 사용할 필요가 있다. 앞서 의사결정 모형에 기초하여 비교과 진로교육프로그램의 단계별 평가모형을 제시하였다. 상황 단계에서는 참여자 및 이해관계자의 요구 반영, 프로그램 목표의 적절성 등이 포함되었으며, 투입 단계에서는 비교과 프로그램의 준비 계획, 필요 자원에 대한 충분한 확보가 있었다. 과정 단계에서는 계획 대비 운영 수준, 학생들의 참여 수준 등에 대한 내용이 포함될 수 있다. 이처럼 평가목적 및 목표와 이해관계자들의 유형에 따라 어떤 내용을 평가할 것인가가 결정되며, 자신의 평가방향에 맞는 적절한 준거체계를 선정하고 어떤 내용을 평가할 것인지를 구체적으로 확인해야 한다. 만약 평가준거가 정확하게 설정되지 않는다면, 평가목적 및 목표를 달성하는 데 한계가 있을 뿐 아니라 평가과정에서 필요한 정보 및 자료들을 확보하지 못함에 따라 문제 상황에 직면할 수 있다.

〈표 6-2〉의 평가단계별 문제들은 Rossi, Lipsey와 Freeman(2004)이 제시한 내용을 김혜숙(2015)이 번역하여 제시한 것으로 비교과 진로교육프로그램을 평가함에 있어 추가적으로 필요한 영역 및 내용이 있다면 확인하여 평가설계에 반영할 수 있다.

〈표 6-2〉 평가단계별 주요 문제

단계	평가문제
요구 평가	• 제시할 문제의 속성과 중대성은 무엇인가? • 요구집단의 특성은 무엇인가? • 집단의 요구는 무엇인가? • 어떤 프로그램이 필요한가? • 어느 정도의 프로그램이 어느 정도의 기간 동안 필요한가? • 대상 집단에게 프로그램을 제공하기 위해 어떤 방법을 사용할 것인가?
논리 평가	• 프로그램 대상은 누구인가? • 어떤 프로그램을 제공할 것인가? • 해당 프로그램에 관해 어떤 제공방식이 가장 적절한가? • 프로그램은 어떤 방식으로 대상 집단을 파악·모집·유지하는가? • 프로그램은 어떻게 조직화되는가? • 프로그램에 어떤 자원이 필요하며, 적절한가?
과정 평가	• 행정 절차가 프로그램 목적에 적합한가? • 해당 프로그램이 대상에게 제대로 전달되는가? • 요구가 있음에도 프로그램 혜택을 받지 못하는 사람이 있는가? • 시행에 있어 충분한 사람이 프로그램의 혜택을 받았는가? • 대상이 프로그램에 만족했는가? • 행정, 조직, 인사 기능이 제대로 관리되었는가?
영향 평가	• 목표한 결과를 획득했는가? • 프로그램 수혜자에게 이득이 되었는가? • 프로그램 수혜자에게 역효과는 없었는가? • 다른 사람들보다 더 많은 영향을 받은 사람들이 있었는가? • 프로그램을 통해 제기한 문제 또는 상황이 개선되었는가?
효율성 평가	• 자원이 효율적으로 사용되었는가? • 비용이 이득에 맞게 효율적으로 지불되었는가? • 적은 비용으로 동일한 효용을 얻을 수 있는 대안이 있는가?

출처: 김혜숙(2015).

[그림 6-4]의 활동지는 평가범위 설정에서 작성한 비교과 진로교육프로그램 목적 및 목표, 이해관계자에 대한 내용을 바탕으로 CIPP 모형에 기초하여 어떤 내용을 평가할 것인지를 작성하는 활동이다. 예를 들어, 상황 단계에서는 학생 교육 요구 반영, 프로그램 목표의 구체성 등의 평가항목을 선정할 수 있다. 개인적으로 선정한 비교과 진로교육프로그램이 교육의 효과성만 측정해도 된다면, 산출(P) 단계에서 학생들의 참여만족도, 성과(지식, 기술, 태도, 역량 등)의 변화 등을 중점적으로 작성하고 상황(C), 투입(I) 단계에서의 평가내용은 생략해도 된다.

우리 학교의 비교과 진로교육프로그램을 평가해 봅시다.

앞서 작성한 우리 학교의 비교과 진로교육프로그램의 목적/목표, 이해관계자에 대한 내용을 바탕으로 CIPP 모형에 기초하여 단계별로 평가가 필요한 항목들을 선정해 봅시다. 프로그램을 평가하기 위해서 확인해야 할 것은 무엇이 있을까요?

구분		내용
평가대상 프로그램명		
평가목적		
평가목표		
이해 관계자		
평가 단계	상황(C)	
	투입(I)	
	과정(P)	
	산출(P)	

[그림 6-4] 우리 학교 비교과 진로교육프로그램 평가 실습(2)

〈표 6-3〉 우리 학교 비교과 진로교육프로그램 평가 실습(3)

구분		진로전담교사	동료교사	학교경영자	학생	진로체험처 등 기관 관계자	학부모	시·도교육청 등 행정적 관계자	기타 ( )
상황(C)	학생의 진로교육 요구 반영	✓			✓				
	프로그램 목표 구체성	✓							
투입(I)	필요 예산의 확보	✓							
과정(P)	프로그램 학생 참여 수준	✓	✓		✓				
산출(P)	만족도				✓		✓		
	학생 진로성과 (예: 진로개발역량)				✓		✓		
	투입 자원 대비 효율성								✓ (비용 대비 참여자 수)

주: 1) 평가 단계별 평가내용과 정보 대상(원천)의 예를 제시
2) 현재 표에 표기된 ✓ 표시는 예시입니다. 평가가 필요한 대상 및 영역에 ✓ 표시를 해 보세요.

이러한 활동을 통해 어떤 내용을 평가할 것인가를 결정했다면, 다음 으로 평가에 필요한 정보를 어디서 획득할 수 있을지를 생각해 볼 필요 가 있다. 예를 들어, 평가하고자 하는 비교과 진로교육프로그램이 학생 들의 교육 요구를 충실히 반영했는지를 상황 단계에서 확인하고자 한다 면, 이와 관련된 정보는 학생, 동료 교사 그리고 평가자(진로전담교사)에 게서 확보할 수 있다. 평가를 위한 정보는 단일한 대상에게서 확보할 수 도 있지만 이처럼 다양한 이해관계자 또는 문헌자료를 통해서도 확인할 수 있기 때문에 현실적으로 어떤 대상자(정보의 원천)에게서 가장 정확하 고 효율적인 정보를 획득할 수 있는지 결정해야 한다.

[그림 6-4]의 평가단계별 주요 평가내용의 일부를 활용하여 정보를 확 보할 수 있는 대상을 매트릭스 형태로 표현하면 〈표 6-3〉과 같다. 이러 한 교차표 작성을 통해서 구체적으로 평가에 필요한 정보와 대상자(원 천) 그리고 주요 평가내용을 비교, 확인함으로써 체계적인 평가를 진행 할 수 있다.

(4) 평가도구 선정

평가대상과 평가영역을 선정했다면, 구체적으로 어떤 평가도구(문항)를 활용할 것인지 결정해야 한다. 구체적인 평가목표를 설정하고 대상자와 프로그램 단계별 주요 평가항목들을 체계적으로 선정했다 하더라도, 타 당하고 신뢰할 수 있는 평가도구를 사용하지 않는다면 평가결과를 믿을 수 없는 상황이 발생할 수 있다(신뢰도와 타당도의 의미와 중요성에 대해서 는 제3장을 참조). 특히 산출(P) 단계에서 비교과 진로교육프로그램 운영 결과 확인되는 학생들의 진로발달 및 진로역량 증진은 심리적 특성들을 측정한다는 점에서 충분한 타당성과 신뢰도를 확보할 필요가 있다. 또 한 비교과 진로교육프로그램을 운영하기 전과 후를 비교하기 위해서는 동일한 평가도구를 사용하여 사전-사후 평가를 수행해야 되기 때문에 평가설계 단계에서 어떤 평가도구를 사용할 것인지 주의 깊게 고려해야 한다.

상대적으로 상황(C), 투입(I), 과정(P)을 평가하는 도구들은 단축된 문항들로 구성할 수 있는데, 상황 단계의 학생 요구 반영 수준을 측정하기 위해서 "비교과 진로교육프로그램을 준비하는 과정에서 학생들의 요구 사항을 충분히 반영하였다."와 같은 문항을 사용하거나, 투입(I) 단계의 필요 예산 확보를 평가하기 위해 "비교과 진로교육프로그램을 운영하는 데 충분한 예산을 확보하였다."와 같은 평가문항을 사용할 수 있다.

그러나 산출 단계에서는 비교과 진로교육프로그램을 통해 변화한 학생들의 특성과 프로그램의 성과를 확인할 필요가 있기 때문에 타당도와 신뢰도를 확보한 공식적인 도구를 사용하는 것이 권장된다. 〈표 6-4〉는 교육부 및 한국직업능력연구원에서 운영하고 있는 커리어넷과 고용노동부와 한국고용정보원의 워크넷에서 제공하고 있는 진로 관련 검사 및 측정도구 목록으로 이러한 평가도구를 사용하거나(검사 또는 측정도구 명칭만 제시하였으며, 개별 검사 및 측정도구의 특징들은 제7장 참조), 또는 진로교육현황조사 등에서 사용되고 있는 진로개발역량 측정도구, 학술논문에서 사용된 진로결정자기효능감, 진로적응성, 진로장벽 등의 다양한 도구를 활용하는 것이 적절하다.

〈표 6-4〉 진로 관련 검사 및 측정도구 목록

구분	검사 및 변인명	
커리어넷	[중·고등학생] • 직업적성검사 • 진로성숙도검사 • 직업가치관검사 • 직업흥미검사(K) • 직업흥미검사(H) • 진로개발역량검사	[대학생·일반] • 진로개발준비도검사 • 주요능력효능감검사 • 이공계전공적합도검사 • 직업가치관검사

워크넷	[청소년] • 고등학생 적성검사 • 직업가치관검사 • 청소년 진로발달검사 • 초등학생 진로인식검사 • 청소년 인성검사 • 청소년 직업흥미검사 • 중학생 진로적성검사 • 직업흥미탐색검사	[성인] • 직업선호도검사 S형 • 직업선호도검사 L형 • 구직준비도 검사 • 창업적성검사 • 직업가치관검사 • 영업직무 기본역량검사 • IT직무 기본역량검사 • 준고령자 직업선호도검사 • 대학생 진로준비도검사 • 이주민 취업준비도검사 • 중장년 직업역량검사 • 성인용 직업적성검사
YEEP	• 창업가정신 핵심역량진단	
민간	• 한국가이던스: 성격검사, 진로지향성검사, 인성검사 등 • 어세스타: MBTI, STRONG 등 • 인싸이트: 홀랜드 적성검사, 진로탐색검사 등	
학술	• 진로결정자기효능감 • 진로적응성 • 진로탄력성 • 진로개발역량 • 진로소명 • 그릿(Grit)	• 진로결정수준 • 진로장벽 • 진로준비행동 • 진로정체감 • 진로포부 • 창의성 등

출처: 워크넷(https://www.work.go.kr); 커리어넷(https://www.career.go.kr).

　　실제 진로교육 연구대회에 선정된 우수 진로 프로그램의 평가 사례를 살펴보면, 2020년도 'Mi Re Do 프로그램을 이용한 미래 진로역량 도달하기' 프로그램 운영 사례에서 진로 프로그램의 효과(산출)를 확인하기 위해 한국직업능력연구원의 '2017 학생 진로개발역량지표'를 활용하여 진로탄력성, 융복합성, 창의성에 대한 사전·사후 검사를 실시했으며,

진로교육프로그램을 통해 진로발달이 이루어졌음을 제시하였다(예: '자신을 소중히 여긴다'라고 응답한 학생이 78.2%에서 86.9%로 상승하였다).

　고등학교의 경우 2019년 '명(明)견(見)만(萬)리(利) 프로젝트를 통한 특성화고 학생들의 진로역량 키우기' 연구대회 수상작에서는 그릿(Grit)과 진로개발역량을 진로교육프로그램의 주요 산출(성과)로 설정하고 이에 대한 사전-사후 변화를 평가하였다. 이처럼 진로교육프로그램 평가에서 학습자의 변화를 측정하는 산출 요인들은 진로개발역량, 진로탄력성, 그릿 등 다양한 관점에서 실시할 수 있으며, 운영하고자 하는 프로그램의 목표와 학습자의 특성을 고려하여 가장 적절한 평가도구를 선정하는 것이 중요하다.

우리 학교의 비교과 진로교육프로그램을 평가해 봅시다. 〈표 6-3〉에서 작성한 매트릭스 내용을 바탕으로 평가영역들을 측정하기 위한 평가문항들을 작성해 봅시다. 산출 영역은 프로그램을 통해 학생들의 변화를 확인할 수 있는 개념(변인)을 〈표 6-4〉의 내용을 참고하여 선정하고 관련 문항을 작성해 봅시다.

구분	평가문항(도구)
상황 (C)	
투입 (I)	
과정 (P)	
산출 (P)	

[그림 6-5] 우리 학교 비교과 진로교육프로그램 평가 실습(4)

(5) 평가자료 수집

평가목적 및 목표, 평가영역, 평가도구를 선정하고 작성하였다면, 비교과 진로교육프로그램 평가를 위한 기본적인 계획이 마련되었다고 할 수 있다. '평가자료 수집' 단계는 실질적으로 프로그램을 운영하면서 평가에 필요한 자료를 수집하는 것으로 평가를 수행하는 전 단계라 할 수 있다. 평가자료 수집을 위해서는 기본적으로 필요한 평가자료의 원천과 수집 방법에 대한 검토가 필요하다. 여기에는 우리 학교의 비교과 진로교육프로그램을 대상으로 가상의 평가를 진행하는 방식으로 활동이 구성되어 있는데, 〈표 6-3〉에서 개별 평가영역별 평가대상자를 매트릭스에 체크하는 활동을 수행하였다. [그림 6-5]에서 수행했던 활동의 결과가 곧 평가에 필요한 자료를 어떤 대상자에게서 수집할 것인지를 요약하게 제시한 결과라 할 수 있다.

〈표 6-3〉을 살펴보면, 상황(C) 단계의 학생의 진로교육 요구 반영은 진로전담교사 스스로 자가 평가를 실시할 수도 있지만, 학생들을 대상으로 비교과 진로교육프로그램에 제시한 요구가 충분히 반영되었는지를 설문 또는 인터뷰 형태로 수집할 수 있다. 물론 필요하다면, 학부모나 동료교사 등에게도 평가자료를 수집할 수 있다. 투입(I) 단계의 필요예산의 확보 영역은 진로전담교사 스스로 평가하거나 또는 다른 일반교과 동료교사와 함께 프로그램을 진행했다면, 동료교사에게도 필요예산이 충분히 확보되었다고 생각하는지 평가자료를 수집할 수 있다. 과정(P) 단계의 프로그램 학생 참여 수준은 진로전담교사 스스로 평가하거나 학생들의 자기 평가 및 동료 평가를 통해서도 파악할 수 있다. 산출(P) 단계의 만족도, 학생들의 진로성과는 학생 또는 학부모를 대상으로 자료를 수집할 수 있으며, 투입 자원 대비 효율성과 같은 지표는 객관적인 투입 예산 자료와 참가자 수에 대한 통계 자료를 활용하여 설문조사 등의 방법을 사용하지 않아도 평가를 진행할 수 있다.

세부적으로 평가자료의 유형을 살펴보면, 기존 문서와 기록, 설문조사, 관찰, 개별 인터뷰, 포커스 그룹 인터뷰(FGI) 등이 존재한다. 기존 문서는 평가를 실시하기 전 우선적으로 검토가 필요한 평가자료로 전년도 및 과거 비교과 진로교육프로그램을 운영했던 결과서 또는 운영 계획서가 대표적이다. 또한 학생들의 진로교육에 대한 요구, 심리검사 및 진로역량 수준 등에 대한 사전 자료가 존재할 경우 이를 함께 검토할 수 있다. 기존 문서와 기록들을 활용함으로써 학생들의 진로활동에 대한 요구, 진로발달 수준의 변화 등을 함께 비교할 수 있으며, 비용 및 예산 등의 자료들을 평가에 사용할 수 있다. 이 외에도 유사한 프로그램을 운영한 다른 학교 및 단체의 사례집 등의 자료를 통해 우리 학교의 비교과 진로교육프로그램의 적절성과 타당성을 비교하여 평가할 수 있다.

설문조사는 학생, 동료교사, 학교장, 학부모, 유관기관 관계자 등 다양한 대상들의 인식과 변화를 계량적인 방법을 활용하여 측정하는 방법으로 신뢰성 있는 수치의 형태로 평가결과를 제시할 수 있다는 장점을 가진다. 특히 비교과 진로교육프로그램의 성과를 이해관계자들에게 보고하고 의사결정을 지원하기 위한 방법으로 적합하다. 앞서 비교과 진로교육프로그램 산출 단계에 대한 평가에서 다양한 검사도구 및 측정 변인들을 제시하였는데, 이러한 양적 평가도구들이 설문조사의 형태를 통해 주로 활용된다. 물론 설문조사의 모든 평가항목들이 양적인 척도로 구성될 필요는 없으며, 단답형 및 주관식 서술을 통해 다수의 학생 및 관계자의 의견을 수렴하는 데 활용될 수 있다.

〈표 6-5〉 설문지 작성 유의사항

- 질문이 응답자가 이해하기 쉽고 정확하게 작성되었는가?
- 질문에 차별적이거나 감정적인 단어가 포함되지 않았는가?
- 질문들 간에 논리적인 모순이나 편견을 갖게 하지 않는가?
- 질문이 2개 이상의 내용을 담고 있지 않는가?
- 응답자에게 문항 수가 많아서 부담되지는 않는가?

- 응답자에게 설문의 목적과 방법에 대해 충분히 안내가 이루어졌는가?
- 질문들이 전체적으로 체계적이고 효율적으로 배열되어 있는가?

출처: 김혜숙(2015).

　관찰은 진로전담교사로서 설문조사와 기존 자료를 통해 확인하기 어려운 학생 및 이해관계자들의 행동과 반응을 이해하기 위해 이루어진다. 진로전담교사는 '진로와 직업' 교과, 창의적 체험활동 등 다양한 진로수업 및 활동시간에 학생들과 상호작용하고 학부모, 동료교사와 직접적인 관계를 형성할 수 있기 때문에 관찰은 비구조화된 형태로 이들의 반응과 의견을 수렴할 수 있는 방법이다. 이처럼 진로전담교사가 자유롭게 학생 등을 관찰함으로써 필요한 정보를 확보할 수도 있지만, 다른 한편으로 미리 개발한 체크리스트를 활용하여 구조화된 관찰법을 적용할 수도 있다. 이 경우 관찰 대상이 되는 학생, 동료교사, 학부모 등의 어떤 점을 관찰하고 평가할 것인지 체크리스트를 만드는 과정에서 미리 고려해야 하며, 특정 행동의 빈도를 중점적으로 확인할 것인지, 행동 및 반응의 수준을 집중적으로 관찰할 것인지 등을 결정해야 한다. 관찰이 필요한 대표적인 비교과 진로교육프로그램은 진로캠프인데, 외부 기관에서 전문가가 파견되어 진행되는 진로캠프의 경우 참여자를 대상으로 한 만족도 설문조사를 실시하는 경우가 많다. 그러나 실제 참여 학생들이 진로캠프를 통한 경험과 반응, 활동의 질 등을 정확하게 평가하기 위해서는 학생 설문조사뿐만 아니라 진로전담교사가 진로캠프 진행 과정을 관찰하고 이에 대한 평가를 진행할 필요가 있다.

　인터뷰를 활용한 자료 수집 방법은 주로 프로그램의 질적인 측면을 평가하기 위한 방법으로 활용된다. 개별적인 면담을 통해 심층적인 평가를 진행할 수도 있지만 포커스 그룹 인터뷰처럼 소수의 참여자 또는 전문가를 대상으로 인터뷰를 진행하는 방법 등 세부적인 인터뷰 진행 방법은 다양하다. 설문조사를 통해서 참여자 및 이해관계자의 평균적인 인식 수준과 집단 간 유의미한 차이가 존재하는지 등을 객관적으로 확인할 수 있다면, 인터뷰를 통해서는 참여자 및 이해관계자들의 구체적인 경험과 생각, 감정 등을 깊이 있게 파악할 수 있다는 점에서 중요하다. 설문조사는 전체의 평균값을 보여 주는 반면, 인터뷰를 통한 질적 평가는 학년, 성별, 만족도 수준 등에 따른 비교과 진로교육프로그램에 대한 경험을 자세하게 확인할 수 있다.

이 외에도 다양한 검사를 활용하여 학생 및 이해관계자의 심리 상태와 인식에 대한 자료를 수집하거나 일기, 경험담, 수기 작성 등의 과제를 통해 참여자의 인식을 확인하는 방법들을 통해 평가자료를 수집할 수 있다.

결과적으로, 평가자료 수집은 비교과 진로교육프로그램을 통해 확인하고자 하는 평가영역을 대상별로 분류하고, 해당 평가영역에서 효율적이면서 가장 신뢰성 있는 자료를 수집할 수 있는 방법을 고민하고 결정하는 단계이다.

(6) 평가결과 분석

평가결과 분석은 체계적인 평가계획을 수립하고 관련 자료를 수집한 뒤, 이를 분석하여 의미 있는 결과를 도출하는 단계이다. 자료를 분석하는 방법은 어떤 결과를 제시할 것인지에 따라 달라지는데, 양적인 평가자료를 분석하기 위해서는 통계적 방법에 기초한 방법론에 대한 추가적인 학습이 필요하며, 질적 평가자료를 분석하기 위해서는 주제분석을 포함한 질적 연구 분석 방법에 대한 지식과 기술이 요구된다. 이러한 연구방법적인 내용들을 자세히 소개하는 것은 이 책의 범위를 벗어나기 때문에 학교 현장에서 쉽게 활용할 수 있는 분석 방법들을 간략히 정리하여 제시하고자 한다.

먼저, 양적 자료를 분석하기 위해서는 가장 기본적인 방법으로는 평균, 표준편차를 사용하여 기술통계 결과를 제시할 수 있다. 예를 들어,

학생들의 비교과 진로교육프로그램에 대한 참여 만족도 평균과 표준편차를 산출하여 확인하거나 프로그램 참여 전과 후의 평균값을 비교하여 확인할 수 있다. 이러한 간단한 형태의 기술통계와 함께 실질적으로 추리통계를 활용하여 집단 간 차이가 유의미한지, 프로그램 사전-사후의 변화가 유의미한지, 프로그램 만족도 또는 성과에 영향을 미치는 요인들은 무엇이 있는지 등을 탐색할 수 있다. 특히 비교과 진로교육프로그램을 운영하고 실질적인 효과가 있었는지를 확인하기 위해 사전-사후 검사를 실시하여 그 값을 제시하는 경우가 많은데, 이 경우 단순히 사전 검사의 평균값과 사후 검사의 평균값만 보여 주는 것이 아니라 차이검증(t-검증, 분산분석 등)을 통해 이러한 차이가 의미가 있는 것인지를 검증하여 제시하는 것이 적절하다.

질적 평가자료를 분석하기 위해서는 인터뷰 결과를 전사하여 핵심적인 주제어를 찾고 이를 유목화하는 주제분석 등의 방법에서부터 인터뷰 참여자의 의미 있는 이야기를 생생하게 전달하는 내러티브 방법, 경험자의 변화 또는 경험과정을 체계적으로 표현하는 근거이론 등 세부적으로 다양한 분석 방법들이 존재한다. 상대적으로 비교과 진로교육프로그램의 성과와 참여자의 경험을 평가하기 위해서는 주제분석을 통해 동일한 경험에 대한 참여자들의 공통된 인식과 생각을 묶어 내거나 또는 내러티브 방식을 통해 경험에 대한 의미 있는 진술을 제시함으로써 양적인 수치로 확인할 수 없는 평가내용들을 전달할 수 있다.

〈표 6-6〉 목적에 따른 분석 방법 예시

분석 목적	분석 방법(예시)
평가영역별 일반적 수준을 알고 싶을 때	평균 및 표준편차
집단 또는 시기에 따라 평가영역별 수준에 차이가 있는지 확인하고 싶을 때(예: 학년별 프로그램 만족도 차이, 프로그램 사전-사후 만족도 차이)	차이검증(t-검증, 분산분석 등)

진로교육프로그램의 산출/성과를 촉진할 수 있는 요인이 무엇인지 알고 싶을 때	회귀분석
진로교육프로그램과 관련된 변인들의 관계를 알고 싶을 때	경로분석, 구조방정식
인터뷰, 주관식 자료를 활용하여 참여자들의 공통된 경험, 인식을 대표하는 주제들을 묶어 낼 때	주제분석, 내용분석
인터뷰, 주관식 자료를 활용하여 참여자의 생생한 경험을 이야기 형태로 제시하고 싶을 때	내러티브 분석
참여자의 경험 및 인식과정을 체계적인 형태로 표현하고 싶을 때	근거이론

주: 이 외 다수의 분석 방법들이 있으며, 세부적인 분석 방법은 교육통계 및 질적분석방법론 서적을 참고함

(7) 평가결과 보고 및 활용

평가자료를 바탕으로 분석이 완료된 결과는 이해관계자 및 의사결정자에게 보고될 필요가 있으며, 비교과 진로교육프로그램 운영 개선을 위한 개선점을 확인하고 환류 과정을 통해 이후 프로그램에 반영해야 한다. 평가결과 보고는 이러한 정보를 제공받게 되는 주체가 누구인지에 따라 효과적으로 전달할 필요가 있다. 예를 들어, 평가결과 보고 대상자가 학교 관리자라면, 프로그램을 통한 학생들의 진로발달과 만족도 등에 대한 산출 요인뿐만 아니라 집행 예산의 적절성, 프로그램 운영을 위한 인프라(환경) 적절성, 예산 대비 참여자 수 등 비교과 진로교육프로그램의 상황, 투입, 과정, 산출 평가결과들을 종합적으로 제공할 필요가 있다. 그러나 평가결과에 대한 보고 대상이 학부모라면 예산 및 인프라의 적절성, 비용 효율성 등의 결과를 제시하기보다 프로그램에 대한 학생들의 만족도와 반응, 긍정적인 학생들의 변화처럼 학부모가 관심을 가질 수 있는 프로그램 산출 영역에 초점을 맞춰 관련 정보를 제공하는 것이 적절하다.

물론 이러한 평가결과 보고 과정에서 이해관계자(예: 학교 관리자, 동료 교사, 학부모 등)에게 중요한 평가결과를 누락하거나, 설문조사 및 인터뷰 참여자의 개인정보 및 신상이 노출되는 등의 윤리적인 문제가 발생하지 않도록 주의해야 한다.

이처럼 평가결과를 다양한 이해관계자에게 보고 및 제공하는 것과 함께 실질적으로 비교과 진로교육프로그램 자체의 개선을 위한 시사점을 도출하는 것도 중요한데, 프로그램 평가의 목적이 참여자의 변화를 이끌어 내는 것뿐만 아니라 프로그램의 지속 가능성과 보완점 등을 확인하여 질적인 개선을 추구하는 것도 의미가 있기 때문이다. 따라서 평가결과를 주요 이해관계자와 공유하고 이에 대한 의견을 수렴하거나 별도의 협의체를 구성하여 프로그램 개선점을 확인하고 실질적으로 개선 가능한 부분은 반영하는 것이 필요하다.

제7장

진로역량 평가

1. 학생 진로개발역량 평가
2. 교사 진로지도역량 평가

학생 진로개발역량 평가

1) 학생 진로개발역량 평가의 필요성

진로교육이 1980년대 초반 우리나라에 보급되기 시작한 이래 6차, 7차 학교교육과정에 반영되면서 그 중요성이 점차 확산되었다. 2015년에는 「진로교육법」과 같은 법 시행령 및 시행규칙 제정 및 2015 개정 교육과정을 통해 진로교육은 우리나라 교육의 중심축으로 강화되었다고 볼 수 있다. 이처럼 진로교육이 발전하는 과정에서 다양한 측면에서 성과를 보였으나 동시에 여러 가지 한계점도 노출하였으며, 이 밖에 진로교육의 효과에 관한 질문이 지속적으로 제기되었다. 이러한 문제 제기는 양 중심의 성과지표뿐만 아니라 결과 중심의 질적 성과지표를 마련할 필요성이 점차 확대되어 가고 있음을 보여 주는 것이다.

진로교육의 효과에 대한 질문, 진로교육의 질적 성과에 대한 문제 제기는 교육의 책무성 관점에서 진로교육에 대한 요구라고 할 수 있다. 이는 학교와 교육자가 교육의 결과에 대해서 갖는 책임을 의미한다고 볼 수 있을 것이다. 진로교육 분야의 전 세계적 움직임이 증거 기반 정책(evidence-based policy)이므로, 비단 우리나라뿐만 아니라 전 세계적으로 진로교육 분야의 주요 도전 과제이기도 하다. 따라서 진로교육의 성과를 검증하고 어떤 방식의 진로교육이 학생에게 가장 효과적이고 적절한지를 입증하기 위하여 진로교육과 관련한 객관적인 성과 자료를 수집하는 것이 중요하다고 볼 수 있다.

그동안 국내외 진로교육 효과 연구는 대부분 진로성숙도(career maturity)를 중심으로 설명하는 경우가 많았고, 국내에서 진로교육 효과에 관한 연구는 부족한 편이었다. 이러한 연구들에서는 심리검사 혹은 진로교육프로그램 운영 후 효과분석을 위해 진로성숙도, 진로결정 정도 등 개인의 진로 관련 심리 특성의 변화를 측정하는 연구를 수행하였다.

하지만 보다 근본적인 어려움은 진로교육 효과 여부가 진로교육 측면에서 연구가 주로 이루어져 왔고, 진로교육과 학교교육 성과와의 관련성에 대해서는 심도 있게 논의되지 못하였다. 학교현장에서 이루어지는 진로교육은 학교 효과 연구의 관점에서 이해할 수 있으며, 진로교육이 학교교육의 한 부분으로 이루어지기 때문에 교과교육 및 생활지도와 관련된다고 볼 수 있다. 또한 진로교육은 학생의 학습 및 수업 태도 등 사회심리적 요인들과 관련을 맺고 있기 때문에 이러한 사회심리적 요인에 대한 고려가 필요하다고 할 수 있다. 따라서 학생의 소질과 적성에 맞는 진로교육이 지속적으로 이루어지고 질적으로도 발전하기 위해서는 진로교육 정책과 프로그램의 효과를 다양한 시각에서 객관적으로 판단할 수 있는 다양한 지표가 필요하다.

학생들의 진로개발역량을 평가하는 것은 매우 중요하다고 볼 수 있을 것이다. 이러한 진로개발역량 평가를 통해 다음과 같은 시사점을 제공할 것이다. 첫째, 국가수준으로 각 요인 간의 관계나 진로개발역량의 하위 요인을 증진시킬 수 있는 방안을 마련하고 진로교육 정책 수립에 구체적인 컨설팅을 제공하는 데 활용할 수 있다. 둘째, 매년 실시되고 있는 진로교육 현황조사와 결합하여 시행할 경우, 매우 다양한 측면에서의 진로교육 성과를 파악하는 데 유용할 것이다. 셋째, 각 시·도교육청의 해당 연도 진로교육 정책의 성과 및 차후년도 개선 방안 마련의 기재로 활용할 수 있다. 넷째, 지역교육청 및 학교급별로 지표의 불균형을 확인하고 이를 개선하기 위한 방안을 도출할 수 있다. 다섯째, 학교에서 특정한 진로교육프로그램을 운영하거나 새롭게 추진할 경우, 프로그램 이수를 기준으로 사전-사후 학생들의 진로개발역량 수준을 비교하고 그 변화를 확인할 수 있다. 여섯째, 해당 진로교육프로그램을 사용한 학급과 사용하지 않은 학급을 비교함으로써 프로그램의 효과성 진단이 가능하며, 프로그램 과정 및 결과를 분석하여 차후년도 학교 진로교육 계획 또는 전반적인 학교교육과정이나 인성교육 등에 반영할 수 있다. 일곱째, 학교의 여러 진로활동 분야(진로상담, 진로검사, 진로체험, 진로탐색 등)의 교육적 효과를 점검하고, 수치가 낮은 분야에 대한 개선 방안을 마련하는 데 활용할 수 있다.

2) 학생 진로개발역량 평가의 방법과 실제

진로개발역량이란 청소년 개인의 삶 전체 맥락에서 진로를 성공적으로 개발하는 데 필요한 개인 내적인 특성을 의미한다(교육부, 부산광역시교육청, 한국청소년상담복지개발원, 2021). 구체적으로 자신과 환경을 이해하는 가운데 자기 주도적으로 삶을 계획하고 준비하며, 이를 실현하기 위해 필요한 지식(knowledge), 태도(attitude), 기술(skill)이 포함된다(교육부, 부산광역시교육청, 한국청소년상담복지개발원, 2021). 진로교육은 청소년으로부터 진로개발역량을 함양함으로써 전 생애에 걸쳐 청소년이 진취적이고 창의적으로 진로를 발전시켜 성숙한 민주시민으로 행복한 삶을 영위하는 데 목적으로 두고 있다. 특히 4차 산업 혁명으로 직업 형태가 변화하고 다양해짐에 따라 미래 직업세계에 건설적으로 대처하는 역량을 길러야 한다.

교육부 등(2021)에서 개발한 진로개발역량검사를 중심으로 지표의 특징, 실시방법, 결과의 해석 등을 설명하고자 한다. 교육부, 부산광역시교육청 및 한국청소년상담복지개발원에서 2021년에 개발한 진로개발역량검사는 청소년들의 진로개발역량 수준을 객관적으로 진단하고, 이를 기반으로 지속적이고 효과적으로 진로개발역량을 함양할 수 있도록 돕기 위해 개발되었다. 또한 진로개발역량검사는 청소년과 교사가 쉽게 활용할 수 있도록 커리어넷 탑재용 온라인 진단도구로 개발되어 2021년 부터 활용하고 있다. 이 검사는 중학교 1학년 이상 고등학교 3학년 이하 및 이에 준하는 청소년을 대상으로 검사할 수 있다.

(1) 학생 진로개발역량지표의 특징

① 학교급별 진로발달 수준에 따른 검사 및 규준 개발

이 검사는 전국단위로 모집된 규준집단의 자료를 바탕으로 중학생과 고등학생의 진로발달 수준에 따른 검사를 개발하였으며, 학교급별 규준을 마련하였다. 중학교 시기와 고등학교 시기는 역량별 차이가 있으며, 이를 충분히 고려한 평가방식으로 되어 있다.

② 다양한 정보를 제공하는 결과표 제시

역량별 개인 점수 정보 이외에 개인별로 보완하고 준비해야 하는 역량에 대한 구체적인 지침을 제공하였고 또한 각 역량의 높고 낮음에 따라 점수를 분류하여 진로개발역량에 대한 자신의 태도를 확인할 수 있는 네 가지 유형을 제시하였다. 검사 결과를 텍스트와 더불어 시각적으로 구성하여 자신의 결과를 다각적으로 확인할 수 있도록 하였다.

③ 개인이 측정 가능한 진로개발역량의 적합도 확보

이 검사는 기본적으로 5점 리커트 척도로 평정된다. 총 53개 문항이며, 〈표 7-1〉과 같이 진로설계역량과 진로준비역량의 두 가지 구인으로 나뉜다. 먼저, 진로설계역량은 자기이해, 직업이해, 진로탐색, 진로계획의 네 가지 하위역량을 포함한다. 자기이해, 직업이해, 진로탐색은 각각 5문항으로 구성되며, 진로계획은 8문항으로 총 23문항으로 구성하였

다. 또한 진로준비역량은 낙관성, 지속성, 호기심, 유연성, 도전성, 의사
소통의 여섯 가지 하위역량을 포함한다. 모든 하위역량은 각각 5문항으
로 구성되어 전체 문항 수는 30문항이다.

〈표 7-1〉 진로개발역량검사의 하위요소

역량	하위역량	문항 수	내용
진로 설계	자기이해	5	진로와 관련된 자신의 특성에 대해서 이해하는 역량
	직업이해	5	관심 있는 직업에 대해 이해하는 역량
	진로탐색	5	진로와 관련된 다양한 정보를 탐색하고 활용하는 역량
	진로계획	8	진로목표를 달성하기 위한 계획을 수립하고 구체적 인 행동으로 실천하는 역량
진로 준비	낙관성	5	자신의 미래와 진로에 대해서 긍정적인 관점을 유지하 는 역량
	지속성	5	진로를 준비하는 과정에서 실패나 좌절에도 불구하 고 노력을 계속해 가는 역량
	호기심	5	미래와 직업세계에 대해 관심을 가지고, 새로운 기 회를 끊임없이 탐색하는 역량
	유연성	5	불확실한 상황에서 자신의 태도와 행동을 적응적으 로 변화시키는 역량
	도전성	5	결과가 분명하지 않은 상황에서도 계획을 행동으로 옮기는 역량
	의사소통	5	다른 사람을 이해하고, 자신의 의사를 효과적으로 전달하여, 타인과 협력하는 역량

출처: 교육부 외(2021).

④ 진로개발역량 유형 개발

이 검사는 진로설계역량과 진로준비역량의 하위역량을 통합하여 네
가지 진로개발역량 유형을 개발하였다. 진로설계역량은 진로를 합리적인

방식으로 결정하고 계획하여 진로를 효과적으로 실천해 나가는 데 필요한 역량을 의미한다. 진로준비역량은 자신의 진로를 효과적으로 준비하고 관리하는 데 필요한 진로개발역량을 의미한다. 네 가지 진로개발역량의 유형과 정의는 〈표 7-2〉와 같다.

〈표 7-2〉 진로개발역량 유형과 정의

진로개발역량 유형	정의
자기주도 진로개발자	진로설계역량 높음, 진로준비역량 높음
실천하는 진로개발자	진로설계역량 높음, 진로준비역량 낮음
멈춰있는 진로개발자	진로설계역량 낮음, 진로준비역량 낮음
잠재력 있는 진로개발자	진로설계역량 낮음, 진로준비역량 높음

출처: 교육부 외(2021).

⑤ 자기보고 방식에 의한 진로개발역량 확인

이 검사는 자기보고 방식으로 평가가 이루어진다. 인지능력과 높은 상관을 보이는 능력형 검사와는 달리 자기보고 방식은 각 하위역량에 포함된 다양한 요소에 대해 자기 경험을 평가할 수 있도록 구성되어 있다. 해당 검사는 자기보고 방식으로 짧은 시간에 검사를 수행할 수 있으며 기본적인 독해력으로 검사할 수 있다.

(2) 학생 진로개발역량검사의 실시방법

① 학생 진로개발역량검사 환경

• 검사 대상

이 검사는 중학교 1학년 이상 고등학교 3학년 이하 및 이에 준하는 청소년을 대상으로 한다.

• 검사 실시 전 환경

학생들이 편안한 환경에서 검사할 수 있도록 검사 장소 및 주변 환경을 조성한다. 어떤 환경 속에서 검사하느냐에 따라서 검사 결과에 영향을 줄 수 있기에, 가능한 한 조용하고 쾌적한 환경 속에서 검사가 실시될 수 있도록 해야 한다.

• 검사 사전 교육

– 진로개발역량검사에는 정답이 없다는 것을 알리기: 진로개발역량검사의 목적은 학생의 능력을 평가하고 순위를 부여하기 위한 것이 아니라 학생의 진로 준비 과정을 돕기 위한 것임을 알려야 한다. 또한 문항마다 정답이 있는 것이 아니기 때문에 최대한 솔직하게 답변하도록 주의시켜야 한다. 진로개발역량은 개인에 따라 다양한 양상으로 나타날 뿐만 아니라 지식, 기술, 태도 등이 개인마다 여러 수준으로 다를 수 있다. 그러므로 학생의 검사 점수는 단순히 비교하여 우열을 가릴 수 있는 것이 아니기 때문에 좋은 점수를 받기 위해서 좋은 방향으로만 응답할 필요가 없다. 따라서 최대한 모든 문항에 솔직하게 응답할 때, 학생들은 진로개발역량검사를 통하여 효과적으로 도움받을 수 있게 된다.

– 진로개발역량은 변할 수 있음을 알리기: 진로개발역량검사는 학생이 진로에 대한 지식, 기술, 태도 측면에서 현재 얼마나 준비되어 있는지를 보여 주는 검사이다. 그렇기에 검사 결과는 변함없이 지속되는 것이 아니라 학생이 진로와 관련된 다양한 활동에 얼마나 참여하느냐에 따라 진로개발역량 수준은 변화될 수 있다. 그러므로 이 검사 결과로 학생의 진로개발역량이 낮거나 높다고 진단하기보다는 앞으로 진로개발역량을 향상시키기 위하여 무엇을 할 수 있을지 생각해 본다면 더 도움이 될 것이다. 다시 말해서, 검사 결과는

현재 시점에서의 진로개발역량 수준을 보여 주는 것이기 때문에 학
생의 수준을 진단하는 목적으로 사용하기보다는 진로설계와 진로
준비를 위한 참고자료로 사용하고, 검사 결과를 바탕으로 앞으로의
계획을 세워 볼 것을 권장한다.

(3) 학생 진로개발역량검사 결과의 해석

① 검사 결과 해석 전 지침

• 진로개발역량검사 결과지 준비와 점수 분포 확인

진로개발역량검사 결과를 미리 살펴본 후, '높음' '보통' '낮음'에 해당하
는 역량을 확인하고 활용 도움서에서 하위역량별로 각 점수에 해당하는
해석을 살펴본다. 예를 들어, 학생의 점수가 '낮음'으로 나왔을 경우, '낮
음' 수준에 해당하는 영역을 확인하고 점수 결과표의 해석에서 추천하는
사후 활동이 어떤 것인지를 살펴본다.

• 다른 진로 관련 검사 결과 참고

학생이 진로개발역량검사 외에 〈표 7–3〉에 제시된 다른 진로 관련 검
사(직업가치관검사, 진로성숙도검사 등)를 실시하여 그 결과가 있다면 함
께 비교하여 살펴볼 수 있다. 하나의 진로검사 결과가 진로와 관련된 모
든 것을 설명해 주는 것이 아니기 때문에, 다양한 진로검사 결과를 통해
서 학생들이 진로와 관련된 자신의 특성을 보다 종합적으로 이해할 수
있도록 도와줄 수 있다.

② 검사 결과 해석 진행 지침

• 결과 해석의 진행 예시

– 학생들이 편안해할 수 있는 환경을 조성한다. 공부와 시험, 성적 등
  을 떠올리게 하는 교실보다는 조금 더 편안함을 느낄 수 있는 상담
  실과 같은 곳이 있다면 도움이 될 수 있다.

- 학생을 반갑게 맞이한다. 교사의 표정, 몸짓 하나하나가 학생들에게 영향을 주기 때문에 학생을 향한 교사의 반가운 표정과 따뜻한 몸짓은 학생들의 마음을 편안하게 해 줄 수 있다.
- 간단한 인사를 나누고 검사 결과로 기대하는 점, 희망직업 등에 대해 탐색하는 질문을 한다.
- 진로개발역량의 의미 및 목적을 설명하면서 검사 결과지를 먼저 살펴볼 수 있도록 한다.
- '높음' '보통' 수준에 대해서는 간단히 설명하고 '낮음' 수준에 해당하는 영역에 대해서는 노력할 수 있는 방법과 함께 자세하게 설명한다.
- 검사해석 내용을 교사 또는 학생이 직접 요약해 본 후 느낌을 나눈다.
- 검사 결과를 활용하여 간단한 과제를 제시한다.
- 필요에 따라 다음 회기 일정을 계획한다.

③ 결과 해석 진행 시 유의해야 할 점

첫째, 심리검사를 실시하고 결과를 해석하는 것은 상담의 과정이라고 볼 수 있기 때문에, 진로심리검사 해석을 할 경우 수검 학생과 적절한 라포를 형성하는 것이 필요하고 중요하다는 것을 기억해야 한다. 학생들은 검사에 대해서 다소 긴장하는 경향이 있다. 따라서 학생과의 공감적 분위기 형성을 위해 자연스러운 분위기에서 시작하는 것이 중요하다.

둘째, 진로개발역량검사 실시 목적과 개념을 설명해야 한다. 학생들은 진로와 관련한 검사를 실시하게 되면, 앞으로 자신이 어떤 직업을 가지면 좋을지 알려 줄 것이라고 막연히 기대하게 된다. 그렇지만 진로검사의 목적은 학생에게 적합한 직업이나 전공을 일방적으로 알려 주려는 것이 아니다. 따라서 학생들에게 진로역량이 무엇을 의미하는지, 진로개발역량검사를 하는 목적이 무엇인지를 설명해 줌으로써 학생들이 진로개발역량검사의 결과를 잘 활용할 수 있도록 도와주어야 한다.

셋째, 검사의 타당도의 경우 해석 전 학생에게 검사 실시 태도 및 상태를 질문으로 확인하고, 검사 결과지에 해석 시 유의사항을 참고한다. 해석 시 유의사항은 검사에 응한 학생의 태도를 설명해 줄 수 있다. 응답 점수가 제시된 점수에 포함되는 경우, 검사를 성실하게 하지 않은 경우일 수 있으므로 검사 결과를 해석하는 데 유의해야 한다. 제시된 점수에 해당되는 경우에는 학생들이 '매우 그렇다' 또는 '전혀 그렇지 않다' 등으로 일관되게 표시한 결과일 수 있기 때문에 학생들의 응답지를 확인해 볼 필요가 있다. 그리고 성실하게 응답하지 않은 경우에는 재검사를 하는 것을 고려해 볼 수 있다.

넷째, 검사 결과 해석 시간을 자기 탐색의 시간으로 활용하게 도와준다. 검사 결과를 해석하는 시간은 대부분 검사 결과를 설명해 주는 것으로 끝나게 된다. 그런데 이런 식으로 검사 결과 해석이 이루어지면, 학생들은 검사 결과를 자신에게 어떻게 적용해야 하는지, 그리고 자신과 어떤 관계가 있는지 잘 이해하지 못하게 된다. 따라서 검사 결과 해석을 단순히 결과를 설명하는 시간이 아닌, 검사 결과를 바탕으로 학생 자신에 대해 생각해 보는 시간이 되도록 해야 한다. 예를 들어, 낙관성 역량에 '낮음' 수준에 해당하는 결과가 나왔다면 낙관성 역량 수준이 낮은 것이 무엇을 의미하는지 설명해 주는 것으로 끝내지 말고, 학생에게 결과에 대해서 어떻게 생각하는지, 왜 이런 결과가 나왔다고 생각하는지, 주변 사람들은 학생에 대해서 어떤 생각을 하고 있는지 등을 질문함으로써 학생으로부터 검사 결과와 자신을 계속 연결하고 생각해 보도록 도와주어야 한다. 이렇게 학생들이 검사 결과를 통해서 자신에 대해 생각하기 시작하면 더 깊이 있는 자기이해를 시작하게 된다.

다섯째, 진로개발역량검사 해석 시 강조해야 하는 점은 검사 결과는 성적이 아니라는 점이다. 진로개발역량검사 하위역량별로 점수가 제시되는데, 평소 시험 성적을 받는 것에 익숙한 학생들은 이 점수를 성적처럼 생각하기 쉽다. 상대적으로 높은 점수는 진로 준비에 있어 해당 역량에 대해 준비가 더 되어 있는 것을 의미하고, 상대적으로 낮은 점수는 노력을 통해 발전시킬 수 있음을 학생들에게 설명해야 한다.

마지막으로, 과제를 내어 준다. 검사 결과를 해석하는 것에 그치지 말고 간단한 과제를 내어 줌으로써 진로개발역량검사 결과를 활용해 보도록 한다. 예를 들면, 검사 결과를 학부모에게 설명하고 함께 이야기해 보기, 낮은 역량을 높이기 위한 행동 한 가지 수행하기 등과 같은 과제를 내어 줌으로써 검사 결과를 끊임없이 자신의 진로 계획에 활용해하도록 하는 것이다.

④ 검사 결과 해석 후 지침

첫째, 과제를 점검해 본다. 추후 약속을 잡지 않았다 할지라도 과제는 수행했는지, 수행했다면 어땠는지 질문한다. 이러한 과정은 꼭 긴 시간이 필요한 활동은 아니다. 간단한 질문을 통해서라도 교사가 학생에게 관심을 계속 가지고 있음을 보여 주는 것이다. 만약에 과제를 수행한 것에 대해서 학생이 조금 더 대화하길 원한다면 시간 약속을 잡고 추후 상담으로 이어 갈 수 있다.

둘째, 다른 검사를 할 수 있는 기회가 주어진다면, 학생들에게 다른 검사를 받을 수 있도록 안내한다. 검사를 통해서 자신에 대한 이해를 완성할 수 있는 것은 아니지만 다양한 검사를 활용하여 자신의 다양한 측면을 탐색하도록 하는 것은 학생에게 도움이 될 수 있기 때문이다.

셋째, 검사 결과 해석은 자기이해의 끝이 아니라 자기이해의 시작임을 알려 준다. 학생들에게 검사 결과를 해석해 주면 검사 결과에 대한 설명을 듣는 것에 그치는 경우가 많다. 검사 결과에 대한 설명을 듣고 이해하는 수준을 넘어서, 끊임없이 자신이 어떤 사람인지 생각해 보고 탐색해 볼수 있도록 격려해 주어야 한다. 다시 말해, 검사 결과를 해석하는 것과 함께 자기이해가 시작되는 것임을 인식할 수 있도록 도와주어야 한다.

〈표 7-3〉 진로 관련 검사 소개

영역	검사명	측정 대상	검사소개 및 측정내용	문항 수	제공처
흥미	직업흥미 검사(H)	중1 〜 고3	Holland 이론을 바탕으로 흥미를 6개로 분류하였고, 직업군을 17개로 분류하여 선호하는 직업군을 알아볼 수 있게 개발 *흥미유형: 일상생활에서 경험할 수 있는 활동 중 선호하는 흥미를 측정 *선호직업: 직업 상황의 활동 중 선호하는 흥미를 측정	중 141문항, 고 130문항	커리어넷 (www.career. go.kr)
	직업흥미 검사(K)	중1 〜 고3	커리어넷 직업흥미검사는 Kuder의 흥미이론에 기초하여 16가지 직업흥미군에 대해 직업활동, 일상생활, 직업명 등의 3가지 하위 영역을 측정. 흥미유형에 관련된 직업들을 제시함으로써 청소년의 진로탐색을 도와줌	96문항	커리어넷 (www.career. go.kr)
	청소년 직업 흥미검사	중1 〜 고3	청소년이 자신의 직업적 흥미를 탐색하고 이를 토대로 효율적인 진로직업설계를 할 수 있도록 직업흥미에 적합한 직업과 학과에 대한 정보를 제공해 주는 검사 *측정내용: Holland 일반흥미(6개 유형)/기초흥미분야(14개 분야)	209문항	워크넷 (www.work. go.kr)
적성	직업 적성검사	중1 〜 고3	직업과 관련된 다양한 능력을 여러분이 어느 정도 가지고 있는가를 스스로 진단하여 자아성찰과 진로 및 직업세계 탐색에 도움을 주기 위한 검사 *측정내용: 신체 · 운동능력, 손재능, 공간지각력, 음악능력, 창의력, 언어능력, 수리 · 논리력, 자기 성찰 능력, 대인관계 능력, 자연친화력, 예술시각 능력	중 66문항, 고 88문항	커리어넷 (www.career. go.kr)

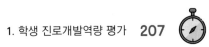

	적성검사	중1 ~ 고3	직무수행에서 요구되는 직업적 능력을 측정하여 청소년이 적성능력에 적합한 직업을 탐색할 수 있는 검사 *측정내용: 직업적성 능력의 측정(13개 하위검사로 9개 적성요인 파악)	중 157문항, 고 182문항	워크넷 (www.work. go.kr)
	Holland 적성검사	중1 ~ 고3	생애관점에서 진로의사결정을 위한 직업적 성격적성인 RIASEC 6유형을 변별도 높게 찾아내어 진로유형에 맞는 전공, 직업, 성격강점 등을 제공해 주는 검사 *측정내용: 성격적성, 능력적성, 직업적성 등	중 192문항, 고 계열적성 209문항, 전공적성 332문항, 특성화고용 204문항	학지사 인싸이트 (https://inpsyt. co.kr)
	CHCA 종합적성 검사	중1 ~ 고3	적성에서 가장 중요한 인지능력을 측정하기 위해 21세기 들어 인지능력의 구조에 관해 가장 널리 지지되고 사용되고 있는 CHC(Cattell-Horn-Carroll) 지능이론을 토대로 하여 만들어진 검사 *측정내용: 유동지능, 시각 및 공간지능, 처리속도, 양적지식, 읽기 및 쓰기 등	중 193문항, 고 191문항	한국가이던스 (http://www. guidance.co.kr)
가치관	직업 가치관 검사	중1 ~ 고3	직업을 선택할 때 어떤 가치를 중요하게 여기는지 알아 보기 위한 검사 *측정내용: 안정성, 보수, 일과 삶의 균형, 즐거움, 소속감, 자기계발, 도전성, 영향력, 사회적 기여, 성취, 사회적 인정	49문항	커리어넷 (www.career. go.kr)
	직업 가치관 검사	중3 ~ 고3	직업선택 시 중요하게 생각하는 직업가치관을 측정하여 자신의 직업가치를 확인하고 그에 적합한 직업분야를 안내해 주는 검사 *측정내용: 직업가치관(13개) 이해 및 적합 직업 안내	78문항	워크넷 (www.work. go.kr)

발달	Holland 진로발달 검사 (초등용)	초4 ~ 초6	초등학교 4~6학년 학생들의 진로발달과 진로성숙을 체계적으로 촉진하기 위해 개발된 검사 *측정내용: 실재형, 탐구형, 예술형, 사회형, 기업형, 관습형	204문항	학지사 인싸이트 (https://inpsyt. co.kr)
	초등 학생용 진로개발 역량검사	초5 ~ 초6	초등학교 5~6학년 자신의 진로를 인식하고 탐색, 준비, 유지, 발전시키는 데 필요한 역량을 어느 정도 갖추고 있는지를 진단하기 위해 개발된 검사 *측정내용: 자기이해역량, 진로탐색역량, 진로실천역량	50문항	커리어넷 (www.career. go.kr)
	청소년 진로발달 검사	중2 ~ 고3	청소년의 진로발달수준을 측정하여 자신의 진로발달수준을 이해하고 좀 더 보완하기 위하여 노력하여야 할 점이 무엇인지를 확인할 수 있는 검사 *측정내용: 진로성숙도 검사(57), 진로미결정검사(40)	97문항	워크넷 (www.work. go.kr)
	진로 성숙도 검사	중1 ~ 고3	진로 관련 문제를 해결하고 대처해나갈 수 있도록 준비되어 있는지를 알아 보기 위한 검사 *측정내용: 진로성숙 태도, 진로성숙 능력, 진로성숙 행동	63문항	커리어넷 (www.career. go.kr)

▶2 교사 진로지도역량 평가

지금까지의 연구들에서는 교사의 진로지도역량 평가에 관한 연구가 미진한 편이라서 여기에서는 교사 진로지도역량 평가의 요소를 중심으로 제시하고자 한다.

1) 일반교사의 진로지도역량과 평가

진로교육에서는 학생들이 주도적으로 자신과 직업세계에 대한 이해를 바탕으로 하여 자신의 진로를 탐색하고 설정하여 진로를 발달시킬 수 있도록 도와주어야 할 것이다. 또한 학교급에 따라 초등학교에서는 자신의 이해를 기반으로 장래희망을 중심으로 진로에 대한 인식을 강화시켜 주고, 중학교에서는 진로를 찾고 탐색하는 데 초점을 맞춰야 하고, 고등학교에서는 구체적인 진로 설계와 실천을 위한 지식, 기술, 태도를 기르는 방향에 주안점을 두어야 한다고 볼 수 있다. 이러한 학교에서의 진로교육에서 교사의 역할은 매우 중요하다고 볼 수 있다.

2015년 교육부에서는 '진로상담 종합지원체제 구축 사업'을 통해 담임교사의 진로상담 및 지도에 대한 역할을 강조하면서, 진로체험 강화, 진로전담교사 배치, 자유학기제 도입 등으로 학교 진로교육을 강화하였다 (장현진, 이종범, 2015). 진로전담교사 인력만으로 학생들의 충분한 진로교육을 제공할 수 없기 때문에, 담임교사도 진로교육에 대한 이해와 전문성을 바탕으로 진로지도 및 상담 역할을 수행해야 하며 진로전담교사와의 협업, 협력이 매우 요구되고 있는 실정이다.

역량(competency)은 McCelland(1973)로부터 시작되었는데, 그는 일반적인 수행자와 우수 수행자를 구별하는 차별적인 행동으로 개념을 정의하였다. 이후 여러 학자들이 역량에 대해 정의를 내리고 있는데, Klemp(1980)는 McCelland와 맥을 같이하며 직장에서 효과적으로 또는 우수한 성과를 내는 사람의 기저에 있는 특성으로 정의 내렸고, Boyatzis(1982)는 개인 기저의 특성인 동기, 기능, 특질, 개인의 사회적 역할 뿐만 아니라 개인이 사용하는 지식의 총체라고 하였다.

역량에 대한 개념을 정의한 국내 연구들을 살펴보면 다음과 같다. 송

영수(2000)는 특정 직무에서 보통수행자와 다르게 우수성과자들이 보이는 공통적인 특성으로, 강석주(2004)는 특정 조직 내의 직무수행 과정에서 우수한 성과를 보이는 사람들에게서 나타나는 차별되는 개인의 능력으로, 이관춘과 김은경(2012)은 역량에 대해 뛰어난 직무수행을 보이는 고성과자가 활용하는 지식, 기술, 태도, 가치 등 내적인 특성이라고 하였다.

최근에는 역량의 개념이 점차 우수수행자와 평균수행자의 차이를 구별하는 지식, 기술, 특성, 동기 등으로 진화하면서(오헌석, 2007; Mirabile, 1997) 전문성의 개념과 유사하게 인식되고 있다. 하지만 전문성과 역량은 두 가지 측면에서 큰 차이가 있다. 전문성과 역량은 우수한 성과를 보이는 사람의 특성이라는 점에서는 유사하다. 그러나 역량이 특정한 상황이나 특정 직무 수행과정의 우수한 성과에 초점을 둔 개념이라면(Spencer & Spencer, 1993), 전문성은 직무를 넘어 특정 영역에서 전문가의 역할 수행에 초점을 둔 개념이라는 점에서 차이가 있다고 볼 수 있다.

정윤경(2016)의 연구에서는 초등교사의 진로교육 역할과 직무를 교육과 지원으로 구분하고 교육에는 학생진로개발촉진자, 진로문제중재자로, 지원에는 지역사회자원연계자, 진학준비지원자, 학교진로교육실무총괄의 역할로 구분하였다. 이종범 등(2010)은 학생진로개발촉진자, 지역사회자원연계자, 입시전형준비지원자, 학생진로문제중재자, 학교진로교육총괄관리자의 다섯 가지 역할로 구분하였다.

장현진 등(2016)의 2016년 진로교육 현황조사를 실시한 연구결과에서는 고등학교 담임교사의 진로교육 관련 인식에서 진로교육의 필요성(4.57점), 진로교육(지도)에서 담임교사의 중요성(4.09점), 진로교육(지도) 연수의 참여 의향(4.03점), 교과연계(통합) 진로교육 수업의 필요성(3.98점), 진로교육 시수 확대(3.65점) 순으로 나타났다. 특히 담임교사의 진로교육(지도) 활성화를 위해서는 상담 시간의 확보(32.2%)와 진로지도 자료(정보) 및 프로그램 제공(30.7%)이 요구되며, 학교 진로교육 활성화를 위해서는 전문성 있는 진로교육 인력 확보와 역량 제고(복수 응답, 60.7%)가 필요하다고 응답했다. 이러한 결과에서 담임교사들의 진로지도 및 교육의 중요성이 강화되고 있다고 볼 수 있다.

김은경(2014)은 진로전담교사의 역량 척도를 개발하기 위해 교사, 진로상담전문가, 전문상담교사의 역량 또는 직무역량을 비교 · 분석하였다. 그중 일반교과 교사의 역량을 살펴보면, 진로전담교사와의 차이점으로 학교진로교육을 총괄, 진로 · 진학 상담, 진로체험활동 기획 및 운영하는 데 있다고 보았다. 이에 필요한 역량으로 수업역량, 행정역량, 연계역량, 대인관계역량, 역량개발역량을 꼽았다.

정철영 등(2014)은 이종범 등(2010)의 연구 내용을 바탕으로 일반교사의 진로교육에 필요한 기본 역량과 심화 역량은 정리하였다. 전체 구분은 교과 교사로서 교과통합 진로교육 운영, 담임교사로서의 학생 진로지도 및 상담 수행, 진로 관련 비교과 활동 운영과 지원으로 나누었다. 이들은 이와 관련해 전체 기본 역량과 심화역량을 정리하였다. 일반교과 교사의 기본 역량으로 학생들의 진로발달에 대한 이해, 교과통합 진로교육의 이해, 진로지도 및 진로상담의 이해, 직업 세계에 대한 이해, 진로교육과 진로지도에 대한 기본적인 이해 등과 관련된 12개의 역량을 도출하였다. 해당 연구 또한 일반교과 교사는 교과 교사 및 담임교사로서의 역할을 수행하기 위해 교과와 연계한 진로교육, 진로지도에 대한 이해와 진로상담에 대한 이해, 직업 세계와 학생의 특성에 대한 이해가 기본적으로 필요한 것을 보여 준다.

이 외에도 진로교육에 필요한 교사의 역량을 연구한 정철영 등(2017)은 주요 역량들을 지식, 기술, 태도로 나누어 12가지 역량으로 제시하였다. 첫째, 지식과 관련된 역량은 진로 이론과 상담이론에 관한 이해, 노동시장에 관한 이해, 진로지도 프로그램에 관한 이해, 다양성에 관한 이해가 해당된다. 둘째, 기술 역량으로는 진로 프로그램 개발, 운영과 평가, 진로상담기술, 정보 관리와 활용 기술, 홍보와 대외관계 형성 기술, 테크놀로지 활용 기술, 전문가 활동으로 분류하였다. 셋째, 태도 역량으로 전문가적 태도, 개인 소양이 이에 해당된다고 보았다. 이 연구 또한 담임교사와 교과통합 진로교육을 위해 진로전담교사뿐만 아니라 일반교과교사의 진로교육활동을 강조하였다.

정진철, 류지은과 서예린(2021)은 진로교육에 있어서 중등 일반 교원의 역할과 직무에 관한 연구를 진행하였다. 중등 일반 교원의 진로교육 직무들을 모형으로 도출하였는데, 중등 진로교육을 위한 일반 교원의 직무는 교과연계 진로 수업, 교과연계 진로체험, 진로 심리검사, 진로상담, 교원협력 등 총 5개의 책무 및 세부 과업으로 분류해 구성하였다. 그 중 진로교육 책무의 교육 요구도를 분석해 보면, 교과연계 진로체험 책무의 교육 요구도가 1.46으로 가장 높게 도출되었으며, 교원협력(1.37), 교과연계 진로 수업, 진로 심리검사, 진로상담 순서로 높은 교육 요구도가 나타났다.

진로교육은 범 교과학습 주제 중 하나로 제시되고 있고, 교과 및 창의적 체험활동과 같은 전반적인 교육활동에서 운영되고 있다(김진숙, 조보경, 이민형, 김슬보, 김지혜, 2018). 또한 학교 현장에서 진로교육을 더욱 활성화하기 위해서는 모든 일반교과 교사가 진로교육의 필요성을 인식하고 실제적으로 진로교육을 원활하게 운영할 수 있는 역량을 함양할 필요가 있다(엄미리, 권정언, 2017; 정진철, 류지은, 서예린, 2019). 따라서 학교 진로교육 시행은 진로전담교사만의 역할이 아니기에 일반교사 모두 진로교육에 필요한 역량들을 함양해야 한다(엄미리, 권정언, 2017). 진로교육과 진로지도의 필요성은 해가 지날수록 더해 가지만, 현실적으로 그에 대한 대비는 아직은 많이 부족하다고 볼 수 있다.

엄미리와 권정언(2017)은 학생의 진로교육 및 지도에 있어 담임교사의 중요성이 강조되고 상담과 같은 맞춤형 서비스에 대한 요구가 높아지는 가운데, 학생과 상호작용하는 일반 교원의 진로교육 역량 강화는 그 필요성이 더욱 높다고 보면서 진로지도 및 상담 직무영역에서 일반 교원의 핵심 역량을 7대 역량군, 15개 역량을 도출하였다. 이를 구체적으로 보면 다음과 같다.

- 1역량군: 진로특성 진단 및 해석으로 2개의 핵심 역량이 포함
- 2역량군: 학생 및 학부모 진로상담으로 2개의 핵심 역량이 포함
- 3역량군: 일과 직업세계에 대한 정보 제공으로 3개의 핵심 역량이 포함
- 4역량군: 진로설계 조력으로 1개의 핵심 역량이 포함
- 5역량군: 진로연계 학습 촉진으로 3개의 핵심 역량이 포함
- 6역량군: 진로 관련 비교과 활동 운영 및 지원으로 2개의 핵심 역량이 포함
- 7역량군: 진학 준비 지원으로 2개의 핵심 역량이 포함

이 연구에서는 학교 진로교육 활성화와 학생 진로개발을 위해 일반 교원이 확보해야 할 직무역량을 도출함으로써 학생의 진로 기반 학습과 교사의 진로(진학)지도 실효성을 높이는 데 있어서 그 준거로 활용 가능할 것이라고 제시하였다.

따라서 진로전담교사 인력만으로는 학생들에 대한 체계적인 진로교육을 제공하는 데는 한계가 있다고 보이므로, 일반교사(담임교사 포함)도 진로교육에 대한 이해와 전문성을 바탕으로 진로지도 및 상담 역할을 수행해야 할 것이며, 일반교사와 진로전담교사와의 협업, 협력이 매우 요구되고 있는 실정이다.

2) 진로전담교사의 진로지도역량과 평가

2015년 「진로교육법」이 통과되고 교육부와 한국직업능력연구원이 주관하여 전국 단위의 진로교육 현황조사가 매년 실시되고 있는데, 현

황조사에서는 진로전담교사의 직무를 13개로 규정하고 있다(서유정 외, 2020). 세부적으로 학교 진로교육 기획 및 편성, 진로진학 관련 학생 상담, 진학정보 제공 및 활용, 직업정보 제공 및 활용, 진로활동 프로그램 운영, 진로 포트폴리오 관리 지원, 학생 진로심리검사 및 활용, 입시·진학 전형 지원, 취업 프로그램 운영 및 지원, 진로체험 프로그램의 기획·운영, 창업체험교육프로그램의 기획·운영, 진로·진학 관련 학부모 교육·상담, 지역사회 네트워킹으로 구성되어 있다.

김봉환(2002)은 한국의 교육 현실을 고려하여 교사의 진로지도 능력의 핵심 내용을 학생 이해 능력, 진로심리검사의 실시 및 해석 능력, 개인 진로상담 능력, 집단 진로지도 능력, 진로정보의 수집과 제공 능력 등으로 제시하였다.

정윤경(2016)은 교과 교사에게 교과에 관한 지식과 기술이 요구되듯이 진로전담교사에게는 학교 진로교육 관련 직무와 관련된 전문적인 지식과 기술이 요구되며, 학생을 지도하고 지원하는 역할을 잘 수행하기 위한 교수방법적 능력과 학생, 다른 교사 및 지역사회 인적 자원과의 상호작용을 원활히 하기 위한 사회심리적인 능력이 요구된다고 하였다.

류영철(2014)은 진로진학상담교사의 역량 모형 개발연구에서 역량 범주를 이론지식, 직무수행, 태도자질의 3개 영역으로 제시하였다. 이론지식 역량군에는 상담 역량, 검사 역량, 프로그램 기획 역량이 포함된다. 직무수행 역량군에는 지도 역량, 프로그램 운영 역량, 행정업무처리 역량, 네트워크 역량, 강의 역량, 정보처리 역량이 포함된다. 태도자질 역량군에는 개인관리 역량, 평생학습 역량, 커뮤니케이션 역량 요소를 포함하여 12가지 역량 요소가 포함된다.

장현진과 이종범(2015)의 연구에서는 진로진학상담교사의 직무 역량으로 진로 관련 이론 이해, 진로심리검사, 진로진학상담 및 의사소통, 프로그램 개발 및 운영, 교수·학습, 평가, 윤리성, 다양성, 전문성, 노동시장의 이해, 진로진학정보 분석과 활용 및 관리, 유관기관 협력, 테크놀로지 이해 및 활용, 진로진학 연구, 진로 관련 교육과정 분석 및 지도의 15가지를 제시하였다.

장현진과 이진솔(2016)에 따르면, 외국의 진로전담교사의 직무는 교육적 상황에 따라 다른 모습을 보이고 있다. 아일랜드는 진로지도 상담 전문가를 배치하여 진로교육 및 지도 기획·운영, 진로상담, 학생 발달 지원, 심리검사, 진로정보 제공, 일터학습 준비, 전문성 개발 등의 직무를 담당하고 있으며, 미국은 학교 상담의 관리, 전달, 상담 프로그램 운영, 정규 상담과목 운영 등의 역할을 수행하고 있다. 이처럼 국가별로 진로전담교사의 직무 및 역할에 일부 차이가 있지만, 공통적으로 진로교육과 상담의 기획 및 운영 전문가로서 직무를 수행하고 있다.

유럽 진로지도 및 상담 혁신 네트워크(NICE)에서 발간한 『진로지도 및 상담 실무자를 위한 학술 훈련 핸드북』(Schiersmann et al., 2012)에서는 진로지도 및 상담 실무자 핵심역량을, ① 전문성, ② 진로상담, ③ 진로교육, ④ 진로정보 및 검사, ⑤ 프로그램 및 서비스 관리, ⑥ 사회시스템 지원 및 개발의 여섯 가지로 구분하고 있다. NICE에서는 핵심역량의 하위영역으로 전문성을 설정하고, 전문성(professionalism)을 '자신이 하는 실무의 모든 역할에서 전문적인 가치와 윤리적 기준을 채택하고 관계를 적절히 개발·규제하며 지속적인 학습과 비판적 사고를 갖고 직업에 헌신하는 정도'로 정의하였다.

손은령 등(2017)은 국내외 진로상담자의 역량과 교육과정, 학교진로교육의 목표와 성취기준, 진로진학상담교사의 역할과 직무 및 역량에 관한 선행연구들을 토대로 진로진학상담교사가 갖추어야 할 역량을 지식, 기술, 태도의 영역으로 구분하여 제시하였다. 지식 영역에는 진로진학상담교사로서 필요한 이론적 지식들이 포함된다. 기술 영역에는 진로진학상담교사로서 구체적인 직무를 수행할 수 있는 능력들이 포함된다. 태도 영역에는 진로진학상담교사로서의 인성과 윤리들이 포함된다고 하였다.

정철영 등(2020)은 고등학교 진로전담교사의 업무를 일곱 가지로 구분하였다. 이들은 기존에 제시된 직무에서 일부 업무 간 위계가 맞지 않거나 중복되는 업무가 있다는 것을 지적하면서 업무를 진로교육과정 기획, 운영 및 지원, 진로수업 및 창의적 체험활동 등의 진로활동 지도, 진로심리검사, 진로상담, 진로·학업계획서 및 진로 포트폴리오 지도, 교원 및 학부모 대상 진로교육 활동 운영, 진로교육 관련 인프라 구축 및 관리의 7개 업무로 제시하였고, 7개 업무 내에 세부 업무를 제시하거나 학교 유형별로 구분되는 내용을 제시하였다.

김지연(2021)은 중학교 담임교사가 인식한 우수 진로전담교사의 직무수행 특성에 관한 개념도를 연구하였다. 현직에서 근무하는 중학교 교사 29명의 설문 조사 결과와 14명의 면담을 통해 나온 진로전담교사의 직무수행 특성을 67개의 진술문과 7개의 군집으로 분류하였다. 중요도에 따른 순서를 살펴보면, 진로진학 영역에 대한 전문성, 담임교사와의 협력, 진로지원 체계 구축, 전문 진로상담 역량, 체계적인 다양한 자원 활용, 개방성, 학교 내 업무 협력 순으로 중요도가 나타났다.

임정훈(2021)은 진로전담교사 배치가 시작된 해인 2011년부터 2020년까지 국내에서 진행된 연구들의 동향을 탐색하고 연구 주제들을 분석하였다. 이 연구에서는 학교급별 진로전담교사의 직무를 진로교육 기획, 교육과정 편성 및 운영 지원, 진로 심리검사 및 진로상담, 연수 및 컨설팅, 진로체험 네트워크 및 지원 인력 관리, 진로·진학 지도, 진로 수업으로 구분하였다.

조영아와 곽미선(2021)은 학교진로교육에서 중심적인 역할을 수행하고 있는 진로전담교사의 전문성 구성요인과 구성요인들 간의 상호작용 양상을 밝히는 연구를 진행하였는데, 연구 결과 진로전담교사의 전문성 구성요소는 크게 열 가지가 도출되었으며, 크게 보유 요소, 과정 요소, 결과 요소, 융합 요소로 구분되었다. 구체적으로 보유 요소는 '진로, 진학, 상담 등 다방면의 전문지식' '다름에 대한 존중' '한번 해 보자는 열린

마음' '애정 어린 열정'이 도출되었으며, 과정 요소로는 '소통과 협력 중심의 문제해결' '보다 나은 방법을 추구하는 발전적 문제해결'이 나타났다. 결과 요소로는 '학생들의 주도적 성장과 발전 촉진' '학교, 지역사회 및 진로교육 발전에 긍정적 영향력 발휘'가 도출되었다. 마지막으로, 보유, 과정, 결과 요소들과 유기적으로 관계를 맺으며 중요한 동인이자 결과로 작용하는 융합 요소로 '개인의 폭넓은 경험'과 '공동체 학습 경험'이 도출되었다.

이승엽(2022)은 일반고등학교 진로전담교사의 직무수행 수준 측정도구 개발연구를 진행하였다. 측정도구의 하위요인은 크게 5개로 도출하였는데, 진로교육 계획 수립, 진로수업 및 활동 운영, 진로지도 및 상담, 진로교육 역량 강화 지원, 진로교육 네트워킹 등이다. 이 연구에서는 일반고등학교 진로전담교사의 직무수행 수준 측정도구의 타당도 및 신뢰도가 적합한 수준이었다고 보고하였고, 후속연구를 위한 제언으로는 직무수행 하위요인에 대한 가중치를 산정하는 연구가 수행될 필요가 있다는 것과 다양한 관련변인 간의 관계에 대한 연구가 진행되어야 하며, 개발한 측정도구의 규준을 마련하는 연구가 수행될 필요가 있다고 제시하고 있다.

진로진학상담교사의 역량과 관련된 세부적인 직무 역량은 우리나라의 NCS(국가직무능력표준) 사이트에서 능력단위 '진로상담' 또는 '직업상담' 등을 검색하여 참고할 수 있다. '진로상담'의 능력단위 요소는 진로상담 구조화하기와 진로상담하기로 구성되어 있으며, 각 능력 요소에 대한 수행준거가 지식, 기술, 태도 영역으로 나누어 제시되어 있다.

조영아와 곽미선(2021)은 지금까지의 선행연구들이 진로전담교사가 수행해야 할 직무 및 역할을 도출하고, 직무와 역할을 우수하게 수행하는 데 필요한 역량을 중심으로 이루어졌다면 앞으로의 연구는 진로전담교사를 학교진로교육 영역의 전문인력으로 인식하고 이들이 갖춰야 할 전문성을 주제로 확장되어야 한다고 제시하였다. 더욱이 교사 대상의 선

행연구는 역량보다 전문성을 중심으로 논의되었으나, 그동안 진로전담교사 대상의 연구는 상대적으로 직무수행 중심의 역량 개념으로만 연구가 이루어졌다는 한계가 있었다고 제시하였다.

향후 진로전담교사의 핵심역량이 무엇이어야 하는지는 급변하는 직업세계와 사회의 요구에 따라 지속적으로 확대 또는 수정될 수 있을 것이다. 진로교육의 질적 수준을 향상시키기 위해서는 전문적 역량을 갖춘 진로전담교사에 의해 학교진로교육과 상담활동이 이루어져야 한다. 따라서 진로전담교사가 어떤 자질과 역량을 갖추어야 하며, 이를 어떻게 교육하고 훈련하며 평가할 것인지는 매우 중요한 논제일 것이다.

제8장

국가 진로교육평가

국가 진로교육평가의 목적

　우리나라는 「진로교육법」에 근거하여 국가 수준의 진로교육 현황을 관리하고 있다. 2015년 「진로교육법」 제정을 통해 국가 진로지도의 책무성을 구체적으로 명시하고 국가 진로교육 지원체계를 마련하였다. 「진로교육법」에 따르면, 국가와 지방자치단체는 진로교육 활성화 시책 마련, 사회적 배려대상자 대상 진로교육 시책 마련에 대한 책무가 있으며, 중앙행정기관, 지방자치단체, 공공기관, 지방공기업은 진로체험 기회 제공에 대한 책무가 있다. 이에 따라 국가는 교육부를 중심으로, 지방자치단체는 시·도교육청을 중심으로 진로교육 시책을 마련하고 있으며, 교육부는 「진로교육법」에 명시되어 있는 진로교육 현황조사와 교육기부 진로체험기관 인증, 시·도교육청 진로교육평가 등을 통하여 국가 진로교육을 평가하는 역할을 수행하고 있다.

　교육평가는 다양한 목적으로 실시될 수 있으나, 국가 수준에서 이루어지는 진로교육평가는 국가 진로교육의 현황 및 실태를 파악하고, 진로교육의 질을 관리하며, 진로교육 관련 정보와 자료 제공 등을 위한 목적으로 수행되고 있다([그림 8-1] 참조).

「진로교육법」 제6조

초·중등
진로교육
현황조사

현황 및 실태 파악   정보와 자료 제공

국가
진로교육
평가

시·도교육청
진로교육평가

교육기부
진로체험기관
인증

「진로교육법」 제23조   진로교육 질 제고   「진로교육법」 제19조

[그림 8-1] 국가 진로교육평가의 목적

초·중등 진로교육 현황조사는 국가 진로교육의 현황 및 실태를 파악하여 데이터 기반 혹은 증거 기반의 교육정책을 수립 및 시행하기 위한 목적으로 실시되고 있다. 국가 진로교육평가의 목적은 통합적으로 이루어지며, 이 장에서는 대표적으로 진로교육 현황조사, 시·도교육청의 진로교육평가, 진로체험기관인증제에 대해 살펴보고자 한다.

2 국가 진로교육평가의 실제

1) 초·중등 진로교육 현황조사

진로교육 현황조사는 학교 진로교육 운영 현황을 분석하여 진로교육 정책 수립 및 평가를 위한 기초 자료를 확보하기 위한 목적으로 이루어지고 있다. 「진로교육법」 제6조(진로교육 현황조사)[1]에 근거하여 매년 진로교육 현황조사를 실시하고 그 결과를 공개하고 있으며, 조사 항목은 동법 시행령에 6가지[2]로 규정되어 있다.

초 · 중등 진로교육 현황조사는 2015년 통계청으로부터 국가승인통계로 지정되어 정기품질관리를 받고 있으며, 시행 기관은 국가진로교육센터이다. 조사 대상은 초 · 중 · 고등학생, 진로전담교사, 담임교사, 학교관리자, 학부모이며, 표본 설계를 통해 온라인 설문조사로 실시되고 있다(〈표 8-1〉 참조).

---

1 「진로교육법」 제6조(진로교육 현황조사) ① 교육부장관은 진로교육 정책 수립을 위하여 진로교육 관련 인력 및 시설, 진로교육프로그램 운영 등 현황을 조사하고 그 결과를 공개하여야 한다. ② 제1항에 따른 진로교육 현황조사의 구체적인 내용, 절차 및 결과공개에 필요한 사항은 대통령령으로 정한다.

2 「진로교육법 시행령」 제2조(진로교육 현황조사) ① 「진로교육법」(이하 '법'이라 한다) 제6조 제1항에 따른 진로교육 현황조사에는 다음 각 호의 내용이 포함되어야 한다.

　1. 학생의 상급 학교 진학 및 취업 등 진로 현황

　2. 진로교육 관련 인력 및 시설 현황

　3. 진로교육프로그램의 운영 현황

　4. 진로교육에 관한 학교와 지역사회의 협력 실태

　5. 학교 수업에서의 진로교육 실태

　6. 그 밖에 진로교육에 관한 사항으로서 교육부장관이 현황조사가 필요하다고 인정하는 사항

〈표 8-1〉 초 · 중등 진로교육 현황조사 개요

- 조사근거: 「진로교육법」 제6조
  *통계청 승인번호: 112016호(2015. 7. 24. 승인)
- 조사기간/방법: 2022. 6. 7. ~ 7. 20. 온라인 조사
- 조사대상: 초 · 중 · 고 1,200개교의 학생, 학부모, 교원 총 37,448명
  − 학생: 22,702명(초6: 6,929명, 중3: 8,649명, 고2: 7,124명)
  − 학부모: 11,946명
  − 교원: 2,800명[학교관리자: 1,200명, 진로전담교사: 1,200명, 담임교사 (고): 400명]
- 조사기관: 한국직업능력연구원(국가진로교육센터 지정)
- 조사내용: 학교 진로교육 환경, 프로그램, 학생 · 학부모 · 교사의 인식 및 요구사항 등 265개 항목
- 자료공개: 국가통계포털(www.kosis.kr) 및 진로정보망(www.careeer. go.kr)

출처: 교육부(2022b).

(1) 조사 연혁

초 · 중등 진로교육 현황조사는 2006년도 교육부의 수탁과제로 한국 직업능력개발원 진로정보센터 '진로교육지표 개발' 연구로 시작되었다. 2007년부터 조사가 이루어졌으며, 2015년 「진로교육법」 제정을 통해 진로교육 현황조사의 법적 근거를 마련하고 통계청으로부터 국가승인통계로 지정되었다. 2014년까지 전수조사로 이루어지다, 2015년부터 표본 조사로 변경되었으며, 진로전담교사를 포함한 학생, 교원(학교 관리자, 담임교사, 진로전담교사), 학부모 등을 대상으로 이루어지고 있다(〈표 8-2〉 참조).

〈표 8-2〉 진로교육 현황조사 연혁(2006~2021년)

조사 연도	대상	세부 조사 대상	방법
진로교육 지표조사 (2007)	• 학교 • 학생	• 초 · 중 · 고 · 대학 · 전문대학 전수조사 • 초 · 중 · 고 16개 시 · 도교육청별 각 10개교, 1개교 30명 조사 • 대학교는 전문대학 및 대학 각 10개교, 1개교 40명 조사	온라인 조사
진로교육 지표조사 (2008)	• 교육청 • 학교	• 교육청 전수조사 • 초 · 중 · 고 각 500개교 표본조사	온라인 조사, 방문 면접 (전화조사 병행)
진로교육 지표조사 (2009)	• 학생	• 초 · 중 · 고 각 20개교에서 2개 학급 조사	온라인 조사
진로교육 지표조사 (2012)	• 학교 • 학생(초6, 중2, 고1) • 학부모	• 중 · 고등학교 전수조사, 초등학교 표본조사 • 학생은 초 85개교, 중 · 고 각 170개교에서 2개 학급 조사 • 학부모는 일반고 1학년 학부모만 조사	온라인 조사 (학부모는 배포 조사)
진로교육 지표조사 (2013)	• 교사 • 학교 관리자(교장 · 교감) • 학생(초6, 중2, 고1) • 학부모	• 학교 전수조사 • 교사 및 학교 관리자는 학교당 1인 • 학생 및 학부모는 각 학교당 1학급(30명)	온라인 조사

진로교육
실태조사
(2014)
	• 교사
	• 학교 관리자(교장 ·
	  교감)
	• 학생(초6, 중3, 고2)
	• 학부모
		• 학교 전수조사
		• 교사 및 학교 관리자는
		  학교당 1인
		• 학생 및 학부모는 각 학
		  교당 1학급(30명)
			온라인 조사

진로교육
실태조사
(2015)
	• 교사(진로전담, 중
	  학교 담임)
	• 학교 관리자(교장 ·
	  교감)
	• 학생(초6, 중3, 고2)
	• 학부모
		• 학교 표본조사(진로전
		  담교사 일부 문항에 대
		  해 전수조사)
		• 교사 및 학교 관리자는
		  학교당 1인
		• 학생 및 학부모는 각 학
		  교당 1학급(전체, 약 20명
		  내외)
			온라인 조사

진로교육
현황조사
(2016)
	• 교사(진로전담, 고
	  등학교 담임)
	• 학교 관리자(교장 ·
	  교감)
	• 학생(초6, 중3, 고2)
	• 학부모
		• 학교 표본조사
		　－ 교사 및 학교 관리자
		　　는 학교당 1인
		　－ 학생 및 학부모는 각
		　　학교당 1학급(전체,
		　　약 20명 내외)
			온라인 조사

진로교육
현황조사
(2017)
	• 교사(진로전담, 중
	  학교 담임)
	• 학교 관리자(교장 ·
	  교감)
	• 학생(초6, 중3, 고2)
	• 학부모
		• 학교 표본조사
		　－ 교사 및 학교 관리자
		　　는 학교당 1인
		　－ 학생 및 학부모는 각
		　　학교당 1학급(전체,
		　　약 20명 내외)
			온라인 조사

진로교육
현황조사
(2018)
	• 교사(진로전담, 고
	  등학교 담임)
	• 학교 관리자(교장 ·
	  교감)
	• 학생(초6, 중3, 고2)
	• 학부모
		• 학교 표본조사
		　－ 교사 및 학교 관리자
		　　는 학교당 1인
		　－ 학생 및 학부모는 각
		　　학교당 1학급(전체,
		　　약 20명 내외)
			온라인 조사

진로교육 현황조사 (2019)	• 교사(진로전담, 중 학교 담임) • 학교 관리자(교장 · 교감) • 학생(초6, 중3, 고2) • 학부모	• 학교 표본조사 - 교사 및 학교 관리자 는 학교당 1인 - 학생 및 학부모는 각 학교당 1학급(전체, 약 20명 내외)	온라인 조사
초 · 중등 진로교육 현황조사 (2020)	• 교사(진로전담, 고 등학교 담임) • 학교 관리자(교장 · 교감) • 학생(초6, 중3, 고2) • 학부모	• 학교 표본조사 - 교사 및 학교 관리자 는 학교당 1인 - 학생 및 학부모는 각 학교당 1학급(전체, 약 20명 내외)	온라인 조사
초 · 중등 진로교육 현황조사 (2021)	• 교사(진로전담, 중 학교 담임) • 학교 관리자(교장 · 교감) • 학생(초6, 중3, 고2) • 학부모	• 학교 표본조사 - 교사 및 학교 관리자 는 학교당 1인 - 학생 및 학부모는 각 학교당 1학급(전체, 약 20명 내외)	온라인 조사
초 · 중등 진로교육 현황조사 (2022)	• 교사(진로전담, 고 등학교 담임) • 학교 관리자(교장 · 교감) • 학생(초6, 중3, 고2) • 학부모	• 학교 표본조사 - 교사 및 학교 관리자 는 학교당 1인 - 학생 및 학부모는 각 학교당 1학급(전체, 약 20명 내외)	온라인 조사

출처: 김민경 외(2022: 8-10) 재구성.

(2) 조사 내용

진로교육 현황조사는 진로교육 투입, 과정, 성과를 조사한다. 진로교육 투입 영역은 학교의 진로교육 환경, 지역사회의 협력 정도, 관리자의 인식 등의 내용으로 구성되며, 진로교육 과정 영역은 학교 진로교육 내용과 학생, 학부모의 진로교육 참여 등의 내용을 포함한다. 진로교육 성과 영역은 진로교육 만족도와 진로교육의 성과 등의 내용으로 구성되어 있다. 대상별 조사 내용은 〈표 8-3〉과 같다.

〈표 8-3〉 조사영역별 조사 내용

조사 영역	투입	과정	성과
조사 내용	진로교육 환경 여건, 진로교육 지역사회 협력, 관리자의 인식	학교 진로교육 내용, 학생의 진로활동 참여, 담임교사 진로교육 내용, 학부모 진로활동 참여, 가정에서의 진로교육	학교 진로교육 만족도, 학생의 진로인식 및 학교생활

진로교육 현황조사 결과는 국가통계포털(www.kosis.kr) 및 진로정보망(www.career.go.kr)을 통해 공개되며, 진로교육 현황조사 결과를 바탕으로 국가 진로교육 정책 추진 방향을 설정하는 환류 체계를 갖추고 있다. 예컨대, 2021년 초·중등 진로교육 현황조사 결과(〈표 8-4〉 참조)를 바탕으로 학교 진로교육 정책 추진 시 학생들이 스스로 진로를 설정하고 개척해 나갈 수 있는 학교 진로교육 혁신, 신산업 분야 진로체험 기회 확대, 직업세계에 대한 심화된 체험 기회를 위한 진로교육 생태계 조성 등의 세 가지 진로교육 정책 방향을 제시하였다(교육부, 2022).

〈표 8-4〉 2021 초·중등 진로교육 현황조사 결과 요약

- 온라인기반 산업의 발달로 코딩 프로그래머, 가상(증강)현실전문가 등 컴퓨터공학자/소프트웨어개발자 희망직업의 순위가 전년 대비 상승
  - 중: 컴퓨터공학자/소프트웨어개발자 (2020) 11위 → (2021) 8위
  - 고: 컴퓨터공학자/소프트웨어개발자 (2020) 7위 → (2021) 4위

- 희망 직업이 없는 학생은 자신이 '무엇을 좋아하는지 모르기 때문에' '내가 잘하는 것과 못하는 것을 몰라서' 직업 선택에 어려움을 겪는 것으로 확인
  - 1순위: 내가 무엇을 좋아하는지 몰라서(중 50.2%, 고 49.5%)
  - 2순위: 내가 잘하는 것(강점)과 못하는 것(약점)을 몰라서(중 24.4%, 고 18.5%)
- 희망하는 진로활동은 초 · 중 · 고 학생 모두 진로체험을 1순위로 선호하는 것으로 나타남
  - 초: 1위 진로체험(83.5%), 2위 수업 중 진로탐색(81.4%), 3위 진로심리검사(80.7%)
  - 중: 1위 진로체험(87.2%), 2위 진로심리검사(80.1%), 3위 진로상담(74.7%)
  - 고: 1위 진로체험(85.9%), 2위 진로심리검사(82.8%), 3위 진로상담(81.0%)

출처: 교육부(2022a)에서 일부 발췌함.

〈표 8-5〉 초 · 중등 진로교육 현황조사 조사 대상별 조사 내용(2022년 조사 기준)

대상	영역	내용
학생	학교 진로활동 참여와 만족도	• 학교생활 · 진로활동 만족도 • 학교 진로활동별 참여 현황 및 만족도, 향후 참여 희망
	진로체험	• 진로체험 유형별 참여 현황 및 도움 정도, 향후 참여 희망 • 진로체험 활동 시 학생 의사 반영 정도 • 창업가정신 함양 및 창업체험 교육 활동별 참여 현황 및 만족도
	진로교육 정보 및 지원	• 진로교육 관련 사이트 인지 • 진로정보 주요 획득 경로 • 진로정보 내용별 필요도 • 부모와의 대화 수준 • 진학 · 취업 지원 프로그램 참여

	진로계획	• 학생의 희망 직업 • 고등학생의 진로계획과 준비 수준 • 중소기업 취업에 대한 인식 • 창업에 대한 인식 • 학생의 희망 교육 수준
	진로인식 및 학교생활	• 진로개발역량 수준 • 자율적 학습동기 및 자기주도학습 수준 • 진로교육 현황조사 만족도
진로 전담 교사	진로교육 환경 여건	• 학교 진로교육 계획 수립 • 학교 진로교육 예산 편성 • 학교 진로교육 담당 부서(조직) 및 인력 • 학교 진로교육 공간 • 지역 진로체험지원센터 • 진로교육 집중학년 · 학기제
	진로교육 내용	• '진로와 직업' 수업 및 과목 채택 • 교과연계(교과 통합) 진로교육 • 창의적 체험활동 내 진로활동 운영 • 초등학교의 진로교육 운영 내용 • 진로심리검사, 진로상담, 진로체험, 진로동아리 • 창업가정신 함양 및 창업체험 교육 • 진로 · 진학 프로그램 • 학부모 대상 자녀 진로교육
	진로교육 지역사회 협력	• 학교 진로교육협의회 운영
	진로교육 정보 및 방식	• 진로교육 관련 사이트 • 진로교육 자료 습득 경로 • 진로교육 온라인 수업
	진로전담교사 역할 수행	• 진로전담교사의 업무별 중요도 및 수행 수준 • 진로교육 관련 연수 내용

	진로교육 인식 및 요구사항	• 학교 관리자의 진로교육 인식 및 지원 • 진로전담교사와 담임교사 간의 연계 • 학교 진로교육 활성화 필요 요소 • 학교 진로교육 활성화 및 개선 관련 의견 • 진로교육 현황조사 만족도
담임 교사	진로교육 인식	• 진로교육 관련 인식 수준 • 창업가정신 함양 및 창업체험 교육
	진로교육 내용	• 진로교육(지도) 내용 • 진로전담교사와의 소통 • 교과연계(교과 통합) 진로교육 운영 • 창업가정신 함양 및 창업체험 교육
	진로교육 정보	• 진로교육 관련 사이트 인지
	진로교육 요구사항	• 학교 진로교육 활성화 필요 요소 • 학교 진로교육 활성화 및 개선 관련 의견 • 진로교육 현황조사 만족도
학교 관리자	진로교육 인식	• 진로교육 인식 수준 • 진로교육 정책의 도움 • 창업가정신 함양 및 창업체험 교육 인식 수준
	진로교육 지역사회 협력	• 진로교육 지역사회 협력 수준
	진로전담교사 업무 관련 인식	• 진로전담교사 업무별 중요도 및 수행 수준
	진로교육 요구사항	• 학교 진로교육 활성화 필요 요소 • 학교 진로교육 활성화 및 개선 관련 의견 • 진로교육 현황조사 만족도
학부모	학교 진로교육 인식	• 학부모의 진로교육 활동별 필요성 인식
	학교 진로활동	• 학교 진로활동별 자녀 참여 • 자녀의 학교생활 및 학교 진로활동 만족도 • 학부모의 학교 진로교육 참여

외부 진로활동	• 자녀의 외부 기관 진로활동
자녀 진로에 대한 관심	• 자녀와의 대화 수준 • 자녀에 대한 기대 교육 수준
진로교육 정보	• 진로정보 내용별 필요도 • 진로교육 자료 활용 및 만족도 • 시 · 도교육청 및 교육지원청 프로그램 참여 및 만족도
진로교육 요구사항	• 진로지도 역량 강화 필요사항 • 진로교육 현황조사 만족도

출처: 교육부(2022a).

2) 시 · 도교육청의 진로교육평가

'시 · 도교육청 진로교육평가'는 시 · 도의 진로교육 발전을 지원하고 시 · 도 간의 진로교육 격차를 완화하기 위한 목적으로 「진로교육법」 제23조에 근거하여 실시되고 있다.

시 · 도교육청 평가는 지방교육자치제 실시와 함께 시 · 도교육청의 행정적 · 재정적 운영의 자율성이 점차 강화됨에 따라 지역 교육의 질적 향상을 위하여 1996년부터 실시되었다(백순근, 2002). 이후 평가영역 및 항목의 조정, 평가방식 변화 등을 거쳐 왔으며, 지방교육자치가 강화됨에 따라 2019년 교육청 자체평가를 도입하여 교육청 자체적으로 정책진단과 환류 기능을 강화하였고, 교육부 평가는 필요한 평가만 하는 방향으로 개선되었다.

「2017년 시 · 도교육청 평가 편람」에 평가영역 및 평가지표를 살펴보면, 8개의 평가영역과 27개 지표로 구성되며, 정량평가와 정성평가를 포함하고 있다. 평가 편람에는 평가지표별 평가목적과 평가내용 및 세부목표, 측정산식, 자료출처 및 기준, 평가서식, 평가방법, 평정척도 및 점수 등이 세부적으로 제시되어 있다.

〈표 8-6〉 2017년 시·도교육청 평가영역 및 평가지표

평가영역	평가지표	배점	비고
1. 학교교육 내실화(23점)	1. 중학교 자유학기제 운영	6	
	2. 인성교육 중심 수업 강화 노력	6	정성 포함
	3. 학교체육·예술교육 활성화	4	정성 포함
	4. 기초학력 향상 노력 및 학업중단 예방	5	
	5. 영재교육 활성화	1	
	6. 학교통일교육 활성화	1	신설
2. 학교폭력 및 학생 위험 제로 환경 조성(20점)	1. 교육 분야 안전관리 기반 구축	9	
	2. 현장중심 학교폭력 예방 및 근절 노력	8	정성 포함
	3. 학생 정신건강증진 및 자살예방 노력	3	
3. 능력중심사회 기반 구축(11점)	1. NCS 기반 교육과정 운영	1	
	2. 직업교육 체제 강화	5	정성 포함
	3. 진로탐색·진로설계 지원	5	
4. 교육비 부담 경감(13점)	1. 사교육비 부담 완화	6	정성 포함
	2. 유아교육비 부담 경감	3	
	3. 방과후학교 활성화 및 초등 방과후 돌 봄 기능 강화	4	
5. 교육현장 지원 역량 강화(10점)	1. 일반고 맞춤형 교육 활성화	3	정성 포함
	2. 농어촌학교 등 교육지원 강화	1.5	
	3. 교원연수 활성화	1	격년제 평가
	4. 시·도교육청 '정부3.0' 추진	1	정성 포함
	5. 교원의 교육전념 만족도	2	
	6. 지방교육행정협의회 운영 노력 강화	0.5	신설
	7. 다문화교육 활성화 노력	1	신설, 정성
6. 교육수요자 만족도 제고(13점)	1. 교육수요자 만족도	8	
	2. 청렴도 및 향상도	5	
7. 시·도교육청 특색사업(10점)	1. 교육청 특색사업	10	정성

	1. 우수 교육정책 추진 등(가점)	+5	
8. 가 · 감점사항	2. 기관장 비리 등 사회적 물의를 일으킨 사건 등(감점)	-5	
계		100	

출처: 교육부(2016).

　시 · 도교육청의 진로교육평가는 2011년 교육부에 진로교육 정책과가 신설되며 2012년(2011년 실적)부터 도입되었고, 2014년부터는 시 · 도교육청 평가영역 중 하나로 포함되어 실시되었다. 「2017년 시 · 도교육청 평가 편람」(교육부, 2016)에 따르면, 진로교육평가지표는 '3-3. 진로탐색 · 진로설계 지원' 지표로 학생의 꿈과 끼를 키울 수 있도록 개인 맞춤형 진로설계 지원 활동 강화하기 위한 목적으로, ① 진로체험(캠프) 학생 참여 비율, ② 진로체험 전용활동실 설치 현황, ③ 진로진학상담교사 배치율, ④ 학부모 진로코치 양성 현황, ⑤ 중 · 고등학교 직업인 멘토 초청 활용 현황을 측정할 수 있는 지표로 구성되었다.

〈표 8-7〉 3-3. 진로탐색 · 진로설계 지원 평가지표별 달성 목표

평가지표	2013	2014	2015	2016	2017	2018
3-3-1. 진로체험(캠프) 학생참여 비율	35%	25%	40%	60%	65%	70%
3-3-2. 진로체험 전용활동실 설치 현황	40%	45%	50%	55%	60%	65%
3-3-3. 진로진학상담교사 배치율	89%	93%	97%	100%	100%	100%
3-3-4. 학부모 진로코치 양성 현황	1%	1.1%	1.2%	1.8%	1.8%	1.8%
3-3-5. 중 · 고등학교 직업인 멘토 초청 활용 현황	2시간	3시간	4시간	7시간	7시간	7시간

출처: 교육부(2016: 56-59).

각 지표별 측정산식은 다음과 같다.

(1) 진로체험(캠프) 학생 참여 비율(1.8점)

$$\frac{진로체험(캠프)참여학생\ 수}{전체\ 중\cdot고등학생\ 수} \times 100$$

① 진로체험: 현장직업체험*, 직업실무체험, 현장견학형(1/4 적용), 학
과체험형(강연형 제외)

   * 현장직업체험: 4시간 이상 실적, 단 6시간 이상 실적은 150% 가산 시간 인정

② 진로캠프
- 6시간 이상의 진로활동만 해당
- 2일에 걸쳐 실시한 6시간도 인정(동일 프로그램, 동일 학생의 경우)
- 진로캠프에 활용한 실적은 '직업인 초청활용' 등 타 실적과 이중으
로 활용 불가

(2) 진로체험 전용활동실 설치 현황(0.9점)

$$\frac{진로체험활동실\ 설치\ 학교\ 수}{전체\ 중\cdot고등학생\ 수} \times 100$$

(3) 진로진학상담교사 배치율(0.9점)

$$\frac{진로진학상담교사\ 배치\ 학교\ 수}{전체\ 중\cdot고등학생\ 수} \times 100$$

- 도서벽지, 학생 수 100명 미만 소규모 학교 등 특수한 경우 순회(겸
임)교사 배치 인정

(4) 학부모 진로코치 양성 현황(0.9점)

$$\frac{\text{진로코치 양성 인원(누계)}}{\text{전체 초 · 중 · 고등학생 수}} \times 100$$

- 학부모 진로코치: 20시간 이상 진로교육 연수 이수자
- 2018년 평가(2017년 실적)양성 인원부터는 40시간 이상 이수

(5) 중 · 고등학교 직업인 멘토 초청 활용 현황(0.5점)

$$\frac{\text{직업인 초청활동 참석 학생 수} \times \text{직업인 활용시간(연간)}}{\text{전체 중 · 고등학생 수} \times 1/3} \times 100$$

3) 교육기부 진로체험기관 인증

교육부는 학생들이 다양한 진로체험 기회를 제공받을 수 있도록 양질의 진로체험기관을 발굴하고자 2016년부터 '교육기부 진로체험기관 인증제'를 실시하고 있다. 진로체험기관 인증제는 「진로교육법」 제19조(교육기부 진로체험기관 인증)와 「진로교육법 시행령」 제9조에 근거하고 있다.

진로체험기관 인증제는 교육부 사업을 통해 이루어지고 있으며, 사업 공고 이후 진로체험기관의 신청을 받아 4단계의 심사 절차를 통하여 인증이 이루어진다. 진로체험기관 신청 대상은 진로체험기관 중 최근 2년간 교육기부(무료)로 진로체험 프로그램을 운영한 실적이 1회 이상 있는 기관이어야 한다.

[그림 8-2] 진로체험기관 인증절차

진로체험기관 인증지표는 체험처 성격 및 의지, 체험처 환경 및 안전,

체험프로그램의 운영과 질 등 3개 항목과 항목별 3~4개의 내용으로 구성되며, 재인증을 받는 기관의 경우 인증 기간 중 교육기부 횟수가 가점 지표로 포함된다.

항목	주요 내용	배점
체험처 성격 및 의지	– 비영리성 및 교육적 중립성 확보(3) – 기관의 이해 및 의지, 임직원의 지원(3) – 체험기관과 체험프로그램과의 연관성(3)	9점
	+	
체험처 환경 및 안전	– 체험활동 공간 · 시설의 건전성(3) – 체험활동 공간 · 시설의 쾌적성(3) – 체험처의 안전관리 현황(3)	9점
	+	
체험프로그램의 운영과 질	– 체험프로그램의 구체성 및 현실성(3) – 학교 및 지역센터와의 협력도(3) – 체험프로그램의 지속성(3) – 체험프로그램 지원 인력(현장 멘토 등) 확보(3)	12점
	계	30점
가점 지표	○ 인증기간 중 교육기부 횟수(재인증기관) 　– 12회 이상(+3)	총점에서 가점 부여

[그림 8-3] 진로체험기관 인증지표 구조

출처: 교육부(2022c).

　인증기준은 인증지표 총점(30점) 기준으로 심사점수가 20점 이상이며, 전 항목에서 부적절 지표가 하나도 없는 경우 무료 진로체험프로그램 운영 실적이 있으며, 기관 인증 후 3년간 교육기부 프로그램(무료)을 총 12회 이상 운영할 구체적인 계획이 있는 경우에 인증한다. 2022년에는 신산업 분야 진로체험을 강조함에 따라 과거 무료 교육기부 실적이 없는 경우에도 신청이 가능하도록 하여 신산업 분야 진로체험처 발굴을 견인하기도 하였다.

심사는 3단계로 이루어지며, 1단계는 시 · 군 · 구에 설치 및 운영되고 있는 진로체험지원센터를 중심으로 이루어진다. 진로체험지원센터 관계자와 교육청 지원인력 등으로 구성된 현장실사단이 인증신청 기관에 대한 서면 및 현장 심사를 진행하며, 인증심사 지표에 따라 시스템에 결과표를 작성한다. 2단계는 권역별 인증심사단이 1단계 심사결과에 대한 검토를 통해 진로체험기관 인증 후보기관을 선정한다. 3단계는 2단계에서 선정된 인증 후보기관을 대상으로 교육기부 진로체험기관 인증위원회가 심의 및 의결하여 이루어진다.

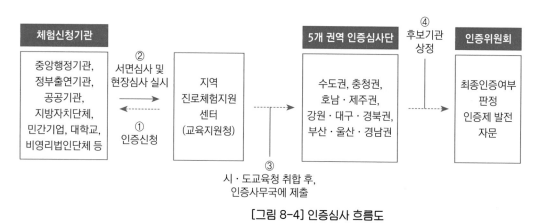

[그림 8-4] 인증심사 흐름도

출처: 교육부(2022c).

인증기관으로 선정되면, 교육부장관 명의의 인증서가 수여되며, 인증사무국은 인증서 발급대장 및 인증기관별 인증서 대장을 작성 및 관리한다. 인증 유효기간은 인증일로부터 3년간 유효하며, 인증기관은 기관 홍보에 활용할 수 있는 인증마크 사용 권한과 인증현판이 제공된다.

인증기관의 사후점검은 소관 진로체험지원센터를 통하여 인증 조건 준수 여부 확인이 이루어지며, 사후점검 지표로는 프로그램 내용 및 적절성(연 4회 여부, 프로그램 구성 등), 강사의 질(강사 전문성, 진로체험 실무자 성범죄 경력조회 등), 체험처 안전성 확보(소방시설, 대피로 등)의 3개 지표를 활용한다.

 ## 국가 진로교육평가의 나아갈 방향

대내외적 사회 환경 변화에 대응하며 진로교육이 지속적으로 발전해 나가기 위해서는 진로교육의 현황 등을 정확하게 파악하고 이를 개선 및 발전시키기 위한 노력이 필요하다. 「진로교육법」 제정을 통해 국가 수준의 진로교육평가의 기초가 마련되었다면, 앞으로는 학교의 상황과 지역의 여건을 고려하여 보다 체계적인 진로교육평가가 이루어질 필요가 있다. 또한 국가 차원에서 이루어지는 진로교육평가의 결과가 국가 진로교육의 개선과 발전을 위해 활용할 수 있는 방안이 보다 구체적으로 마련되어야 한다.

첫째, 국가 진로교육의 목적과 목표에 대한 논의가 필요하다. 「진로교육법」 제1조에 따르면, 진로교육의 목적은 '학생에게 다양한 진로교육 기회를 제공함으로써 변화하는 직업세계에 능동적으로 대처하고 학생의 소질과 적성을 최대한 실현하여 국민의 행복한 삶과 경제 사회 발전에 기여한다.'이며, '변화하는 직업세계와 평생학습사회에 적극적으로 대응할 수 있도록 스스로 진로를 개척하고 지속적으로 개발해 나갈 수 있는 진로개발역량의 함양'을 목표로 한다.

'학교 진로교육 목표와 성취기준'을 통해서는 '학생 자신의 진로를 창의적으로 개발하고 지속적으로 발전시켜 성숙한 민주시민으로서 행복한 삶을 살아갈 수 있는 역량을 기른다.'를 목표로 진로교육 정책 수립 및 평가의 지침 및 준거로 활용하고 있다.

2022 개정 '진로와 직업' 교육과정에서는 '자기주도적 진로개발역량 함양'을 목표로 한다. 종합해 보면, 우리나라 진로교육은 초·중등학생

의 진로개발역량 함양에 중점을 두고 있다. 이로 인해 우리나라의 진로교육평가 연구는 개인 수준의 역량 변화 및 태도 변화에 중점을 두고 있다(서영인 외, 2013).

그러나 직업세계의 변화, 일하는 방식의 변화는 진로교육의 범위를 확장하여 성인기에도 지속적인 진로관리의 역량이 필요함을 의미한다. 또한 진로개발은 개인의 역량개발뿐 아니라 노동시장 참여와 유연화에 기여하며, 이를 통해 범죄 감소, 세입 증가 등의 2차적 경제적 성과를 가져온다. 또한 생산성 증가, 삶의 질 개선 등의 사회적 성과로 이어진다 (Hooley & Dodd, 2015). 이로 인하여 국제사회에서는 진로지도를 국가의 주요한 사회정책으로 다루고 있다. 따라서 이러한 접근은 국가 진로교육을 개인의 진로개발을 넘어서 평생학습과 공공정책의 영역으로 어떻게 평가할 것인가에 대한 논의를 필요로 한다.

둘째, 현재 국가 차원에서 이루어지고 있는 진로교육평가 제도에 대한 검토가 필요하다. 현재 시 · 도교육청의 진로교육평가 지표는 진로체험 참여 횟수(1.5회 이상)로 평가하고 있다. 이는 진로체험의 양적 확대에 기여했으나, 진로체험이 실질적으로 학생들이 양질의 진로개발에 기여하고 있는가를 측정하기에는 한계가 있다. 또한 진로교육평가를 '진로체험'으로 대표하여 측정하는 것이 타당한가, 진로체험을 실시할 수 있는 지역의 여건과 상황에 대한 고려가 이루어졌는가 등에 대해서도 심도 깊은 논의가 필요하다. 그리고 그 과정에서 전문가 및 정책 담당자, 현장 실무자 등의 의견 수렴과 협업을 통한 지표 선정 작업이 이루어져야 하며, 시 · 도별 자체 평가 방안이 체계적으로 마련되고 활성화될 필요가 있다. 장현진, 윤형한과 임건주(2017)는 시 · 도교육청의 진로교육평가지표 개선을 위하여 다음의 다섯 가지 기본 방향을 제시하였다.

- 학교 진로교육 목표 달성에 기여
- 국가 진로교육 정책 실천을 견인

- 시·도 간 진로교육 지원 수준을 변별하고 격차를 완화
- 시·도별 진로교육 환경여건에 따른 형평성 고려
- 제도의 시의를 고려한 단기 및 중·장기 방안 마련

무엇보다 진로교육평가가 평가를 위한 평가에 그치지 않고 자체적으로 개선을 유도하며, 질적 수준을 향상시켜 궁극적으로 국가 진로교육의 발전과 활성화에 기여할 수 있어야 한다. 이를 위해서는 국가 수준의 진로교육에 대한 지속적인 모니터링이 요구된다. 특히 진로교육 정책과 관련하여 진로교육 정책의 수립 절차와 집행 과정, 정책 집행 결과, 사회 전반에 미치는 파급효과 등을 체계적으로 살펴보며, 평가를 기획하고 설계하는 단계에서부터 평가결과의 활용도를 높이기 위한 노력이 필요하다.

 참고문헌

강석주(2004). 중등학교 담임교사 역량 탐구: 일반계 고등학교 담임교사역량을 중심으로. 교육학연구, 42(4), 237-264.

강윤희, 안선회(2015). CIPP 평가모형에 근거한 2014년 서울형 자유학기제 평가: 중학교 진로교육과 진학지도를 중심으로. 교육문제연구, 28(4), 195-232.

교육부(1997). 고등학교 교육과정. 교육부 고시 제1997-15호.

교육부(2015a). 2015 개정 교육과정 창의적 체험활동 해설.

교육부(2015b). 고등학교 교양 교과 교육과정. 교육부 고시 제2015-74호[별책 19].

교육부(2016). 2017년('16년 실적) 시ㆍ도교육청 평가 편람(안). 교육부(지방교육자치과).

교육부(2018). 2015 개정 교육과정 평가기준: 고등학교 교양 교과.

교육부(2022a). 2021 초ㆍ중등 진로교육 현황조사 결과 발표. 보도자료(2022. 1. 18.).

교육부(2022b). 2022 초ㆍ중등 진로교육 현황조사 결과 발표. 보도자료(2022. 12. 19.).

교육부(2022c). 2022년 제2차 교육기부 진로체험기관 인증제 사업 공고. 보도자료(2022. 7. 25.).

교육부, 부산광역시교육청, 한국청소년상담복지개발원(2021). 학생 진로개발 역량검사 도구 개발 최종보고서. 청소년상담연구, 223.

교육부, 한국직업능력개발원(2018). 중학교 교과연계 진로교육 교수ㆍ학습 프로그램.

구경호, 남수미(2019). CIPP 모형에 기반한 자유학기 활동 프로그램의 평가척도 개발. 한국청소년활동연구, 5(2), 31-55.

김동춘(1999). 학교해체 현상을 통해 본 한국의 국가, 계급, 그리고 청소년: 왜 지금 우리는 청소년을 이야기하는가?. 세미나 발표집, 17-23. 인제대학교 청년문화센터.

김민경 외(2022). 2022년 국가진로교육센터 운영 지원 1. 초·중등 진로교육 현황조사.

김봉환(2002). 교사 진로지도능력 개발의 문제점과 개선방안. 상담과 지도, 37, 119-134.

김석우(2020). 교육평가의 이해(2판). 학지사.

김은경(2014). 진로진학상담교사의 역량 척도 개발. 경성대학교 대학원 박사학위논문.

김재춘, 소경희, 부재율, 양길석(2017). 예비·현직 교사를 위한 교육과정과 교육평가(5판). 교육과학사.

김지연(2021). 고등학교 담임교사가 인식하는 우수 진로전담교사의 직무수행 특성에 대한 개념도 연구. 진로교육연구, 34(1), 43-72.

김진숙, 조보경, 이민형, 김슬보, 김지혜(2018). 교과 연계 진로교육 현황 분석 및 발전방안 탐색. 한국교육과정평가원.

김혜숙(2008). 교육프로그램 평가를 위한 종합적 평가모형 개발 및 타당화 연구: u-러닝 연구학교 프로그램 평가를 중심으로. 서울대학교 대학원 박사학위논문.

김혜숙(2015). 교육프로그램 평가의 이론과 실제. 교육과학사.

남명호(1995). 수행평가의 타당성 연구. 고려대학교 대학원 박사학위논문.

류영철(2014). 진로진학상담교사의 역량모형 개발. 한국교육, 41(4), 25-51.

류영철(2016). 일반고 진로진학상담교사의 역량지표 개발. 사회과학논총, 19, 95-124.

박도순 외(2012). 교육평가: 이해와 적용(수정·보완판). 교육과학사.

박도순, 원효헌, 이원석(2011). 교육평가. 문음사.

박태웅(2021). 눈떠보니 선진국. 한빛비즈.

배상훈, 한송이(2015). 대학생의 수업 외 활동이 능동적·협동적 학습 및 대학
　　몰입에 미치는 영향. 교육학연구, 53(2), 323-356.

배호순(2008). 교육프로그램 평가론. 원미사.

백순근 편(1998). 중학교 각 교과별 수행평가의 이론과 실제. 원미사.

백순근(1998). 수행평가의 이론과 실제. 원미사.

백순근(2002). 시·도교육청평가의 문제점 및 개선 방안. 아시아교육연구(Asian
　　Journal of Education), 3(2), 135-151.

사회과학연구원(2004). 누가 서울대학에 들어오는가. 서울대 사회과학연구원.

서영인, 채재은, 김수경, 박경호(2013). 한국대학의 성과분석 모형 및 지표개발 연
　　구. 한국교육개발원.

서우석, 홍성표, 선곡유화, 박정근, 박정희, 김동정(2022). 진로전담교사의 직
　　무수행 및 성과에 대한 다차원적 인식 분석. 진로교육연구, 35(1), 209-236.

서울대학교 교육연구소(1998). 교육학 대백과사전. 하우동설.

서유정, 김민경, 류지영, 박나실, 김나라, 안유진, 안중석(2020). 2020년 국가진
　　로교육센터 운영 지원 1. 초·중등 진로교육 현황조사. 한국직업능력연구원.

성열관, 김진수, 양도길, 엄태현, 김성수, 김선명(2017). 교육과정 통합 어떻게 할
　　것인가. 살림터.

성태제(2019). 현대교육평가(5판). 학지사.

손은령, 문승태, 임경희, 김희수, 손진희, 임효진, 여태철, 최지영, 손민호, 고홍
　　월, 공윤정, 허창수(2017). 진로진학상담교육론. 사회평론아카데미.

송영수(2000). 21세기 지식경영 시대와 핵심역량접근방안. 산업교육, 2000년 2월
　　호, 76-79.

엄미리, 권정언(2017). 일반 교원의 진로지도 및 상담 직무영역에서의 핵심역
　　량 도출에 관한 연구. 직업능력개발연구, 20(2), 125-160.

오헌석(2007). 역량중심 인적자원개발의 비판과 쟁점 분석. 역량기반교육 개혁국

제학술대회발표논문집, 3, 37.

윤세은(2022). 중등 예비교사의 진로지도능력 함양 교직과목의 교육과정기준 개발 연구. 고려대학교 대학원 석사학위논문.

이관춘, 김은경(2012). 기업교육론. 학지사.

이승엽(2022). 일반고등학교 진로전담교사 직무수행 수준 측정도구 개발. 진로교육연구, 35(2), 113-147.

이종범, 최동선, 고재성, 이혜숙(2010). 진로·진학상담교사 양성을 위한 표준교육과정 개발연구. 교육과학기술부.

이지연, 이영대, 정윤경, 최동선, 김나라, 장석민, 정영근, 남미숙, 이건남(2009). 교육과정과 연계된 진로교육 운영모델 구축. 한국직업능력개발원.

임정훈(2021). 진로전담교사 대상 연구 동향. 진로교육연구, 34(2), 1-23.

장현진(2017). 학교 진로교육 내실화를 위한 제언. 한국교육개발원 교육정책네트워크 정보센터.

장현진, 윤형한, 김민경, 류지영, 이지은, 유미애(2016). 진로교육 현황조사(2016). 한국직업능력개발원.

장현진, 윤형한, 임건주(2017). 시·도교육청 진로교육평가지표 개선 연구. 진로교육연구, 30(1), 21-46.

장현진, 이종범(2015). 진로진학상담교사 양성 표준교육과정 개정 연구. 한국직업능력개발원.

장현진, 이진솔(2016). 진로진학상담교사의 교육요구도 분석. 농업교육과 인적자원개발, 48(4), 139-164.

정문성(2017). 토의·토론 수업방법 84. 교육과학사.

정윤경(2016). 중등 진로진학상담교사의 역할과 과제. 2016 한국진로교육학회 추계학술대회지, 61-82.

정재삼(2004). 교육프로그램평가. 교육과학사.

정종진(2013). 교육평가 이론과 실제. 양서원.

정진철, 류지은, 서예린(2019). 국외 교원양성기관의 진로교육 교육과정 운영

사례와 함의. 진로교육연구, 32(1), 1-18.

정철영, 정진철, 서우석, 임소현, 이현민(2020). 고교학점제 도입에 따른 고등학교 진로전담교사 직무 재구조화. 서울대학교 진로직업교육연구센터.

정철영, 정진철, 이종범, 남중수, 정지은, 임소현(2017). 교원양성기관의 진로교육 교육과정 내용 분석. 진로교육연구, 30(3), 151-171.

정철형, 서우석, 조동섭, 박행모(2014). 교사의 진로교육 이해를 위한 교원양성과정 실태 분석 연구. 교육부.

조영기(2006). 초등학교 수행평가 실태분석 및 개선방안. 교육연구, 2006-06, 한국교육정책연구소.

조영아, 곽미선(2021). 진로전담교사의 전문성 구성요소 탐색 연구. 한국교육학 연구, 27(3), 231-260.

최정희(2020). 교과-비교과 연계 교육과정(Co-Curriculum)이 학생의 전공역 량과 만족도에 미치는 영향: D 대학교 공과대학 '일반수학 2'의 사례를 중 심으로. 교육문화연구, 26(3), 515-533.

한국교육과정평가원(2017). 과정을 중시하는 수행평가, 이렇게 해요!. KICE 연 구·정책브리프, 5, 1-7.

한국교육평가학회(2004). 교육평가 용어사전. 학지사.

한국진로교육학회(2011). (선진 패러다임을 위한) 진로교육의 이론과 실제. 교육과 학사.

한병철(2015). 심리정치. 문학과 지성사.

한병철(2023). 정보의 지배. 김영사.

한홍련, 김석우(2010). CIPP모형을 적용한 중학교 방과후학교 프로그램 평가지 표 개발. 교육과학연구, 41(1), 151-182.

홍세희, 노언경, 정송, 조기현, 이현정, 이영리(2020). 교육평가의 기초와 이해. 박 영스토리.

황정규(2000). 한국 교육평가의 쟁점과 대안(pp. 9-19). 황정규 편. 교육평가의 네 가지 원리. 교육과학사.

Bailey, L. J. (1973). Career Exploration for Elementary Children: A Curriculum Model. Retrieved from http://files.eric.ed.gov/fulltext/ED094161.pdf.

Bauman, Z. (2011). *Culture in a Liquid Modern World*. 유태준 역(2013). 유행의 시대. 오월의 봄.

Boyatzis, R. E. (1982). *The competent manager: A model for effective performance*. John Wiley & Sons.

Drake, S. M. (1998). *Creating integrated curriculum: Proven ways to increase student learning*. Corwin Press.

Dressel, P. L. (1958). The meaning and significance of integration. In N. B. Henry (Ed.), *The integration of educational experiences: The fifty-seventh yearbook of the National Society for the Study of Education* (pp. 3-25). University of Chicago Press.

Forgarty, R. (1991). *How to Integrate the Curricula: The Mindful School*. Hawker Brownlow Education, Illinois.

Fortmann-Roe, S. (2012). Understanding the Bias-Variance Tradeoff. retrieved from http://scott.fortmann-roe.com/docs/BiasVariance.html.

Guba, E. G., & Lincoln, Y. S. (1981). *Effective evaluation*. Jossey-Bass.

Guba, E. G., & Lincoln, Y. S. (1983). Epistemological and methodological bases of naturalistic inquiry. In G. F. Madaus, M. S. Scriven, & D. I. Stufflebeam (Eds.), *Evaluation models: Viewpoints on educational and human services evaluation*. Kluwer-Nijhoff Publishing.

Guba, E. G., & Lincoln, Y. S. (1989). *Fourth generation evaluation*. SAGE.

Herman, J. L., Aeschbacher, P. R., & Winters, L. (1992). *A practical guide to alternative assessment*. Alexandria: Association for supervision and curriculum development.

Herman, J. L., Gearhart, M. G., & Baker, E. L. (1993). Assessing writing portfolios: Issues in the validity and meaning of scores. *Educational Assessment, 1*, 201-224.

Hooley, T., & Dodd, V. (2015). *The economic benefits of career guidance.* Careers England.

House, E. R. (1983). Assumptions underlying evaluation models. In G. F. Madaus, M. Scriven, & D. L. Stufflebeam (Eds.), *Evaluation models: Viewpoints on educational and human services evaluation.* Kluwer-Nijhoff.

Hoyt, K. B. (1974). *Career guidance, career education, and vocational education. Paper presented at the luncheon meeting of the Guidance Division of the American Vocational Association.* New Orleans, LA.

Ingram, J. B. (1979). *Curriculum Integration and Life Long Education Hamburg.* UNESCO Institute for Education.

Jacobs, H. H. (1989). *Interdisciplinary curriculum: Design and implementation. Association for Supervision and Curriculum Development.* VA: Edwards Brothers.

Kirkpatrick, D. L. (1959). Techniques for evaluating training programs. *Journal of American Society of Training Directors, 13*(3), 21-26.

Klemp, G. O. Jr. (Ed.). (1980). *The assessment of occupational competence. Report to the National Institute of Education.* National Institute of Education.

Linn, R. E., Baker, E. L., & Dunbar, S. B. (1991). Complex, performance-based assessment: Expectations and validation criteria. *Educational Researcher, 20*(8), 15-21.

McClelland, D. (1973). Testing for competence rather than intelligence. *American Psychologist, 28*(1), 1-14.

McTighe, J., & Ferrara, S. (1998). *Assessing Learning in the classroom.*

Student Assessment Series. National Education Association.

Mirabile, R. J. (1997). Everything you wanted to know about competency modeling. *Training & Development, 51*(8), 73−77.

Morrisett, I., & Stevens, W. W. (1967). *Steps in curriculum analysis outline.* Colorado: Social Science Education consortium, University of Colorado, mimeo.

Parlett, M., & Hamilton, D. (1976). Evaluation as illumination: A new approach to the study of innovatory programs. In G. V. Glass (Ed.), *Evaluation Studies Review Annual, 1.* Sage.

Rice, J. M. (1915). *The people's government: Efficient, bossless, graftless.* John C. Winston.

Rossi, P. H., Lipsey, M. W., & Freeman, H. E. (2004). Expressing and assessing program theory. *Evaluation: A systematic approach, 7,* 133−168.

Sanders, J. R., & Cunningham, D. J. (1973). A structure for formative evaluation in product development. *Review of Educational Research, 43,* 217−236.

Sanders, J. R., & Cunningham, D. J. (1974). Techniques and procedures for formative evaluation. In G. D. Borich (Ed.), *Evaluating educational programs and products. Educational Technology.*

Schiersmann et al. (2012). *NICE handbook for the academic training of career guidance and counseling professionals.*

Scriven, M. (1967a). An Introduction to Meta-evaluation. In R. E. Stake (Ed.), *Curriculum Education. Rand Mcnally,* 39−83.

Scriven, M. (1967b). The methodology of evaluation. In R. E. Stake (Ed.), *Curriculum evaluation . (American Educational Research Association Monograph Series on Evaluaton, No. 1* (pp. 39−83). Rand McNally.

Scriven, M. (1973). Goal-free evaluation. In E. R. House (Ed.), *School evaluation*. Mccutchen Publishing.

Scriven, M. (1974). Standards for the evaluation of educational programs and products. In G. D. Borich (Ed.), *Evaluating educational programs and products*. Educational Technology.

Scriven, M. (1991). *Educational thesaurus* (4th ed.). CA: Sage.

Sears, S. (1982). A Definition of Career Guidance Terms: A National Vocational Guidance Association Perspective. *Vocational Guidance Quarterly, 31*(2), 137-143.

Spencer, L., & Spencer, S. (1993). *Competence at work: Models for superior performance*. John Wiley & Sons.

Stake, R. E. (1975a). *Evaluating the arts in education: A responsive approach*. Merrill.

Stake, R. E. (1975b). *Program evaluation, particularly responsive evaluation* (occasional paper No. 5). Western Michigan University Evaluation Center.

Stufflebeam, D. L. (1971). The relevance of the CIPP evaluation model for educational accountability. *Journal of Research and Development in Education, 5*(1), 19–25.

Stufflebeam, D. L. (1973). An introduction to the PDK book: Educational evaluation and decision-making. In B. R. Worthen & J. R. Sanders (Eds.), *Educational evaluation: Theory and practice*. Wadsworth.

Taba, H. (1962). *Curriculum development: theory and practice*. Harcourt, Brace & World.

Tallmadge, G. K. (1977). *Ideabook: jDRP (ERIC DL 48329)*. Government Printing Office.

Tyler, R. W. (1949). *Basic principles of curriculum and instruction*. University of Chicago Press.

Worthen, B. R., Sanders, J. R., & Fitzpatrick, J. L. (1997). *Program evaluation: Alternative approaches and practical guidelines* (2nd ed.). Longman.

중앙일보(2007. 4. 28.). 도올고함(孤喊): 청탁수박(淸濁秀薄).

김혜영(2019). 명(明)견(見)만(萬)리(利) 프로젝트를 통한 특성화고 학생들의 진로역량 키우기. 2019년 진로교육 연구대회 수상작. Retrieved from: https://www.career.go.kr/cnet/front/web/courseEdu/courseEduAwardView.do?BBS_SEQ=147832&pageIndex=1&searchProgm=%EB%AA%85&searchYear=&searchSectSe=

이미경(2020). Mi Re Do 프로그램을 이용한 미래 진로역량 도달하기 프로그램. 2020년 진로교육 연구대회 수상작. Retrieved from: https://www.career.go.kr/cnet/front/web/courseEdu/courseEduAwardView.do?BBS_SEQ=151702&pageIndex=1&searchProgm=mi&searchYear=&searchSectSe=let's talk science(2022. 3. 17.). Precision and Accuracy. retrieved from https://letstalkscience.ca/educational-resources/backgrounders/precision-and-accuracy.

한국대학평가원 홈페이지(http://aims.kcue.or.kr/EgovPageLink.do?subMenu=3040000).

표준국어대사전(2022. 12. 2.). Retrieved from https://stdict.korean.go.kr/search/searchResult.do

찾아보기

저자 소개

김성현(Kim, Sunghyun)

경북대학교 교육학 박사
전 송원대학교 상담심리학과 교수
현 순천향대학교 교육대학원 진로진학상담전공 주임교수

〈주요 저서 및 논문〉
『초등학생용 학습집중력 향상 프로그램(LCIP-E): 지도자용 매뉴얼』(교육과학사, 2012)
『중·고등학생용 학습집중력 향상 프로그램(LCIP-A): 지도자용 매뉴얼』(교육과학사, 2012)
『의사소통기술과 언어습관』(공저, 박영story, 2019)
「진로의사결정 훈련 프로그램이 학업중단 청소년의 진로성숙도에 미치는 영향」(2012)
「대학생 취업불안 감소훈련 프로그램 개발」(2016)
「학교 밖 청소년의 자아존중감과 진로성숙도가 사회적응에 미치는 영향」(2018)
「학업중단 청소년의 자아탄력성과 자아존중감이 진로성숙도에 미치는 영향」(2023)

남현우(Nam, Hyunwoo)

고려대학교 교육학 박사
전 한국교육평가학회 회장
현 순천향대학교 청소년교육상담학과 교수

〈주요 저서 및 논문〉
『검사 동등화 방법』(교육과학사, 2001)
『교육연구방법론』(3판, 공저, 교육과학사, 2020)
「서답형이 포함된 행렬표집 가교문항 설계에서 베이지안 IRT 동등화의 위계적 모형화 가능성」
 (2017)
「베이지안 문항반응이론 동등화에서 상위 사전정보 부여 방식들의 효과성 비교」(2019)

양길석(Yang, Kilseok)

고려대학교 교육학 박사
전 한국교육과정평가원 선임연구위원
현 가톨릭대학교 교직과 교수

〈주요 저서 및 논문〉
『교육평가: 이해와 적용』(공저, 교육과학사, 2007)
『예비・현직 교사를 위한 교육과정과 교육평가』(5판, 공저, 교육과학사, 2017)
「대학수학능력시험의 변천 과정과 쟁점 분석」(2010)
「대학 강의평가 영향 요인에 대한 메타 연구」(2014)
「키워드 네트워크 분석을 통한 『교육평가연구』의 최근 연구경향 분석」(2019)
「디지털 리터러시 역량의 자기진단 평가도구 개발」(2020)

조영아(Cho, Youngah)

서울대학교 교육학 박사
현 가톨릭대학교 교육대학원 진로진학상담전공 교수

〈주요 논문〉
「진로전담교사 전문성 발달 양상 연구」(2022)
「Does career guidance narrow the aspiration gap? Socioeconomic status and
   occupational aspirations of school children」(2022)

홍성표(Hong, Sungpyo)

서울대학교 교육학 박사
현 가톨릭대학교 교육대학원 진로진학상담전공 교수

〈주요 논문〉
「일반계 고등학생의 내재적 동기에 의한 대학 전공선택 요인 분석」(2022)
「진로전담교사의 직무수행 및 성과에 대한 다차원적 인식 분석」(2022)
「청소년의 진로체험 참여 유형화 및 특성 분석」(2022)

정지은(Jeong, Jieun)

서울대학교 교육학 박사
현 한국직업능력연구원 연구위원

〈주요 저서 및 논문〉
『OECD 주요국의 인재개발』(공저, 한국직업능력개발원, 2019)
『모든 국민의 안정된 삶을 위한 미래인재전략』(공저, 박영사, 2021)
「대학생 진로역량 척도 개발」(2017)

진로진학상담총서 **2**

진로교육평가
Career Education Evaluation

2023년 10월 20일 1판 1쇄 인쇄
2023년 10월 30일 1판 1쇄 발행

지은이 • 김성현 · 남현우 · 양길석 · 조영아 · 홍성표 · 정지은
펴낸이 • 김진환
펴낸곳 • (주) **학지사**
　　　　04031 서울특별시 마포구 양화로 15길 20 마인드월드빌딩
대 표 전 화 • 02)330-5114　　팩스 • 02)324-2345
등 록 번 호 • 제313-2006-000265호

홈 페 이 지 • http://www.hakjisa.co.kr
인스타그램 • https://www.instagram.com/hakjisabook

ISBN 978-89-997-2993-5　93370

정가 19,000원

출판미디어기업 **학지사**
간호보건의학출판 **학지사메디컬** www.hakjisamd.co.kr
심리검사연구소 **인싸이트** www.inpsyt.co.kr
학술논문서비스 **뉴논문** www.newnonmun.com
교육연수원 **카운피아** www.counpia.com